臺灣歷史與文化 研究輯刊

九 編

第 14 冊

石魄天旌
——台灣本島現存清代貞節牌坊之形制與圖像研究

施雲萍 著

花木蘭文化出版社

國家圖書館出版品預行編目資料

石魄天旌——台灣本島現存清代貞節牌坊之形制與圖像研究／
施雲萍 著 — 初版 — 新北市：花木蘭文化出版社，2016〔民
105〕

目 4+236 面；19×26 公分
（臺灣歷史與文化研究輯刊 九編：第 14 冊）
ISBN 978-986-404-482-5（精裝）

1. 古蹟 2. 清代 3. 臺灣

733.08　　　　　　　　　　　　　　　　105001813

ISBN-978-986-404-482-5

9 789864 044825

臺灣歷史與文化研究輯刊
九 編 第十四冊　　　　　ISBN：978-986-404-482-5

石魄天旌
——台灣本島現存清代貞節牌坊之形制與圖像研究

作　　者　施雲萍
總 編 輯　杜潔祥
副總編輯　楊嘉樂
編　　輯　許郁翎
出　　版　花木蘭文化出版社
社　　長　高小娟
聯絡地址　235 新北市中和區中安街七二號十三樓
　　　　　電話：02-2923-1455／傳真：02-2923-1452
網　　址　http://www.huamulan.tw 信箱 hml810518@gmail.com
印　　刷　普羅文化出版廣告事業
初　　版　2016 年 3 月
全書字數　164220 字
定　　價　九編 24 冊（精裝）台幣 50,000 元

石魄天旌
——台灣本島現存清代貞節牌坊之形制與圖像研究

施雲萍　著

作者簡介

施雲萍，台灣台中人。逢甲大學歷史與文物研究所碩士，淡江大學中文系學士。曾參與逢甲大學歷史與文物研究所李建緯教授所主持之〈臺中市萬和宮暨文物館文物登錄與研究計畫〉、〈臺灣傳統版印特藏室文物清點與現況檢視委託專業執行案〉、〈新港遺珍 新港奉天宮既存文物普查、登錄與研究〉、〈（第二期）彰化縣古蹟中既存古物登錄文化資產保存計畫〉、〈彰化縣古蹟中既存古物登錄文化資產保存計畫〉等調查研究案。目前任教於台中市立至善國中。

提　要

　　牌坊是中國特有的門洞式建築，其形式起源於古代的衡門，其功能起源於里坊制度。為了表現居住者的社會地位，坊門於是產生代表身分的功能。人們為使坊的門面更加華美，逐漸加入華表與闕的元素，使牌坊形制走向複雜與華麗。宋代社會經濟發達，里坊制度消失，使得牌坊脫離坊牆及門的性質，變成獨具特色的建築小品。明代，牌坊成為皇帝展現皇恩的賞賜。到了清代，旌表聚焦於女子的貞節孝烈。由於清朝旌表制度的完備，使得具旌表資格而得以建坊的人數大增，因此遺存至今的牌坊也最多。

　　貞節牌坊為朝廷旌賞的產物，因此本身具有高度的政治性與教化性。這種特性反映於牌坊的建築形制上，就是其高度的統一性。為了彰顯朝廷旌表的意義與教化的功能，牌坊的形制具有不易變動的特性。牌坊圖像的空間佈局，也為了達到最大的宣傳效果，而與圖像的製作工藝結合，使觀者於不同距離、不同視角都能在刻意且精心的安排之下，達成最有效的觀看。

　　台灣本島現存的清代貞節牌坊在形制與圖像的空間佈局上，承襲了上述的風格。形制與圖像空間佈局的固定性，使牌坊產生無可取代的正式性（formality），並內化成為觀者對貞節牌坊既有的習慣意義與視覺意義。觀看的過程即是觀者將認知中的牌坊與眼前所見的牌坊相互映證的過程，而朝廷的不言之教也因此得以傳達。

誌　謝

　　無論什麼事，得之於人者太多，出之於己者太少。

　　因爲需要感謝的人太多了，就感謝天吧。

——陳之藩〈謝天〉

　　三年前，在現實狀況不理想卻因緣俱足的情況下，我搭上了進修的班機，緩緩啓航。升空的過程，阻力奇大無比：必須餬口的工作、母兼父職的角色、程度落後的跨領域新手老學生、……多重角色重疊，壓得我幾乎喘不過氣。幾度在撐不下去的邊緣，最後總因您們的支持、鼓勵與陪伴，終能堅持下來。

　　旅程中途，我暫時卸下工作行囊。時間相對餘裕後，我終於能好好念念書、過過單純的生活。翱翔於翰林天際，常讓我恍惚於學生生活的夢幻美好與現實生活的壓力之間。少了收入的燒錢日子，生活壓力就像空氣一樣無所不在。但因爲有您們的體諒與支持，才能讓我的人生暫時脫軌，任性享受逐夢的充實。

　　航程逐漸進入尾聲，地面跑道已閃爍出熟悉亮燈，一切都將回歸原位！回到既有的身分、過著既定的生活，但我知道，這次降落，已不同於以往。因爲您們，讓經歷的這一切，都變成回憶中，可拿來下酒的——曾經美好。

　　感謝劉還月老師、鄧陳興研究員與好友翁英傑在我初踏入研究領域時所給予的鼓勵與幫助，沒有您們就沒有這美好的開始。感謝恩師李建緯教授，因爲您一路的提攜、體諒與照顧，才能讓多重身份的我順利完成學業。感謝歷文所全體的老師，因爲您們的盡心教學，才能讓程度不佳的我，得以有趕上的機會。感謝論文口試委員盧泰康老師與林承緯老師，有您們的提點與指

導，才能讓我思考更全面、論點更周全。感謝助教與學習夥伴們，在我分身乏術時，幫我承擔了許多瑣事。感謝如家人般的朋友：琪萱、偉琳、博揚等，雖然不時打著種種藉口吃喝玩樂，卻又常常相互分憂解勞、討論學習，這種同患難共享樂的日子，終身難忘。感謝我的父母家人，總由著我自作主張，仍給予無限的支持。感謝我的帆，忍受了三年永遠都在寫功課的媽媽。

感謝所有曾經幫助我、照顧過我的人，感謝上天！

中華民國一百零二年七月，雲萍於台中敬筆

目 次

第一章 緒 論

第一節 研究動機與文獻回顧

一、研究動機

　　牌坊是中國的特色建築之一，屬於門洞式類的小品建築。根據楊仁江的研究，明、清兩代台灣本島、金門地區記載於文獻中的牌坊共 44 座（本論文【表 3-1-1】，頁 60～62）。〔註1〕這 44 座牌坊中，明代佔 8 座，清代佔 36座。又這 44 座牌坊中，台灣本島有 32 座，金門地區有 12 座。在台灣本島 32座牌坊中，屬於旌表女性貞節孝烈的牌坊有 18 座，〔註2〕其他類別牌坊共 14座。從以上的數據可歸納出：文獻記載中的牌坊，時代以清代、地區以台灣本島之牌坊爲大宗，其中又以旌表女性的貞節孝烈牌坊爲主。

〔註 1〕 楊仁江於《苗栗賴氏節孝坊調查研究》中，整理了台灣與金門兩地在文獻中曾提及的牌坊共 44 座，並製表。參見：楊仁江，《苗栗賴氏節孝坊調查研究》（苗栗：苗栗縣政府，1996.6），頁 34～37。筆者在此基礎上，想進一步瞭解澎湖建坊的狀況，因此查找了（清）林豪的《澎湖廳志》。在《澎湖廳志》卷8 人物（下）中提及：名媛 9 名、貞烈 11 名、節孝 312 名。312 名入史的節孝女子中，顏伍娘曾於乾隆 53 年（1788），由澎湖廳張豐以節孝旌其閭，並賜「冰操鶴算」匾。吳氏於道光 4 年（1824），由通判蔣鏞通報請旌，然未准行。此外，再無旌表之事，而建坊則未曾提及。此可呼應楊仁江的研究中，何以不曾出現澎湖牌坊之因。參見：（清）林豪，《澎湖廳志》（南投：臺灣省文獻委員會，1993.6，原臺灣文獻叢刊第 164 種），頁 255～301。

〔註 2〕 因爲文獻中記載關於旌表女子的牌坊包含貞、節、孝、烈 4 種，故而以「貞節孝烈牌坊」稱之。然現存的牌坊中則無「貞烈」或「節烈」類的牌坊，故而以「貞節孝類牌坊」稱之。下文亦同。

　　又根據筆者實地田野調查的結果與參考資料，台灣本島、金門地區現存完整的牌坊共有 19 座。〔註3〕以時代來區分：明代 1 座，清代 17 座，日治 1 座。以地點來區分：台灣本島 14 座，金門地區 5 座。以牌坊的性質來區分：旌表女性貞節孝類牌坊 11 座，其他類別 8 座（包含恩榮坊、官坊、義坊、孝坊、墓道坊等）。〔註4〕又台灣本島現存的 14 座牌坊中，旌表女性貞節孝類的牌坊有 8 座，其他類別 6 座。由上述調查資料來看，台灣本島、金門地區現存的牌坊中，時代亦以清代，地區亦以台灣本島的貞節孝類牌坊爲大宗。

　　從以上兩大方向的分析結果來看，要研究台灣地區的牌坊，時間應以清代，地點應以台灣本島，類別應以貞節孝類之牌坊爲研究主體。

　　一座座巍峨的牌坊坐落於市井，爲何多數都與女性有關？它背後隱藏著什麼樣的故事？它要彰顯什麼？爲何要用這樣的形式彰顯？

　　當觀者站在一座牌坊下瞻仰建築物的同時，他們看到了什麼？觀者與被觀者之間，產生了怎樣的交流？這樣的交流所代表的文化意涵爲何？

　　以現存的這 19 座牌坊爲例，不同時代、不同地區、不同類別的牌坊，其形制似乎沒有太大的變化。〔註5〕牌坊是古代皇帝旌賞的產物，若以牌坊的旌表性質與無上的榮耀來看，既是聽本家自行建坊，爲何沒有極盡所能地凸顯各家的特色，反倒呈顯了千篇一律的形態？若是建築形制因特殊原因而必須遵守規制，導致牌坊在造形上無法隨本家所欲，那麼這個原因是什麼？此因素是否也影響了牌坊上裝飾圖像的選擇與佈局？對呈現圖像的工藝，是否也

〔註 3〕筆者實地調查了 12 座台灣現存的牌坊，保存狀況大致良好。筆者將調查資料整理製表，附錄於本論文後之「附錄七：台灣本島現存清代牌坊調查表」。另，新竹李錫金孝子坊，筆者參考漢寶德的修復計畫，台中社口之林振芳墓道坊建於日治之明治 38 年（1905，光緒 31 年），不在本論文之研究時間斷限內。而金門地區的牌坊，筆者參考閻亞寧與陳炳容的相關研究資料。根據陳炳榮對金門地區牌坊的研究指出：金門現存完整的牌坊共 5 座，殘坊共 9 座。綜合以上，筆者整理出台灣、金門地區，現存完整的牌坊共 19 座。參見：漢寶德主持，《新竹楊氏節孝坊與李錫金孝子坊修復計畫》（新竹：新竹市政府，1991.6）。閻亞寧，《金門縣第一級古蹟邱良功之母節孝坊之調查研究》（金門：金門縣政府，1995.9）。陳炳容，《金門的古墓與牌坊》（金門：金門縣政府，1997.08）。

〔註 4〕參見：本論文「表 3-1-2：台灣本島與金門地區現存牌坊一覽表」，頁 65～66。

〔註 5〕牌坊圖表參見：本論文「附錄一：台灣本島現存牌坊圖表 A」、「附錄二：金門現存牌坊圖表」。

有連帶的影響？

　　由上所述，牌坊此一建築小品，在形制或裝飾上似乎都呈顯了某種一致性。因此，本論文以台灣本島現存的 8 座清代貞節牌坊爲研究對象，試圖對其形制與圖像做分析，期望能解答上述之各種疑惑。

二、文獻回顧

　　本論文研究的對象爲台灣本島現存清代的貞節牌坊，研究的方向是試圖對這些牌坊的形制與圖像做分析。筆者將相關的文獻資料，歸納爲三大方向，即：建築相關類、裝飾與圖像分析類、女性與旌表研究類。

（一）建築相關類之文獻回顧

1.總論類文獻

　　中國古代許多典籍，其本身雖非屬建築類專書，然其內容廣博，對建築兼而論之。《詩經》〔註6〕爲目前最早提到牌坊形制之源——衡門者。《淮南子》、〔註7〕《古今注》、〔註8〕《後漢書》、〔註9〕《續齊諧記》〔註10〕則提及牌坊的元素之一：華表。筆者可由這五本書，大略了解衡門與華表的作用。《洛陽伽藍記》、〔註11〕《唐六典》、〔註12〕《冊府原龜》〔註13〕提及烏頭門。烏頭門爲牌坊形制演變過程中，相當重要的一個過渡型，這幾本古籍談論了烏頭門的來源及形制。烏頭門後被「欞星門」之名取代，「欞星」原作「靈星」，即「天田星」，《星經》〔註14〕中說明靈星掌管畿內田苗之事。古代天子

〔註6〕　程俊英，《詩經譯注》（上海：上海古籍出版社，2004.7）。

〔註7〕　（西漢）劉安著、熊禮匯注譯，《新譯淮南子》（臺北市：三民書局股份有限公司，2001.1）。

〔註8〕　（西晉）崔豹，《古今注》（台北市：藝文印書館，無出版日期，百部叢書集成之九四），畿輔叢書第四函。

〔註9〕　（南朝宋）范曄，《後漢書》（臺北市：台灣書局，無出版日期）。

〔註10〕　（南朝梁）吳均，《續齊諧記》（台北市：藝文印書館，無出版日期，百部叢書集成之九），古今逸史第四函。

〔註11〕　（北魏）楊衒之，《洛陽伽藍記》（臺北市：臺灣商務印書館，1966，四部叢刊續編史部）。

〔註12〕　（唐）張九齡等撰、李林甫等注，《唐六典》（臺北市：臺灣商務印書館，1983，景印文淵閣四庫全書第五九五冊）。

〔註13〕　（北宋）王欽若、楊億等奉敕撰，《冊府原龜》（台北市：台灣中華書局，1967，景印文淵閣四庫全書第九○四冊。

〔註14〕　甘公、石申著、王雲五主編，《星經及其他二種》（臺北市：台灣商務印書館，1965.12）。

祭天必先祭靈星，北宋仁宗建祭天的郊臺時，設置「靈星門」，因形制與窗櫺似，又為與「靈星」區別，故而改稱「櫺星門」。

筆者在研究的過程中發現，各家對牌坊的各部位名稱說法不一，若不將名稱統一，勢必造成論述的困難。因此筆者欲從古籍追本溯源，參照（北宋）李誡《營造法式》、〔註15〕試圖為牌坊各構造定名。《營造法式》是中國第一本由官方編著有關建築工程做法的著作。書中介紹了各種建築構件的名稱，並規範了各種建築的材料、尺寸與工法。梁思成的《營造法式註釋》〔註16〕則有助於筆者對《營造法式》內容的了解。

又梁思成《中國建築史》、〔註17〕劉致平《中國建築類型及結構》、〔註18〕劉敦楨《劉敦楨文集》、〔註19〕尚秉和《歷代社會風俗事物考》〔註20〕等書，對牌坊的起源各有不同的看法。參考先進們的論述，能增廣本文在探討牌坊起源的面向。

此外，劉敦楨《劉敦楨文集》中的〈牌樓算例〉、〔註21〕梁思成《清式營造則例及算例》〔註22〕以及姚承祖、張至剛的《營造法原》，〔註23〕分別對北方與江南牌坊的建築規制，訂出各部詳細的比例。〔註24〕這些數據，有助於筆者在對清代台灣地區貞節牌坊的外在形制比較時，提供明確的比較依據，並歸納出差異，做出結論。

林會承的《台灣傳統建築手冊——形式與做法篇》、〔註25〕李乾朗、俞怡

〔註15〕（北宋）李誡奉敕撰，《營造法式》（臺北市：臺灣商務印書館，1983，景印文淵閣四庫全書第六七三冊）。

〔註16〕梁思成，《營造法式註釋》（台北：明文書局，1984.12）。

〔註17〕梁思成，《中國建築史》（台北市：明文書局，1981.10）。

〔註18〕劉致平，《中國建築類型及結構》（台北：尚林出版社，1984.9）。

〔註19〕劉敦楨，《劉敦楨文集》（台北：明文書局，1984.12）。

〔註20〕尚秉和，《歷代社會風俗事物考》（臺北市：臺灣商務印書館股份有限公司，1985.12）。

〔註21〕劉敦楨，《劉敦楨文集‧牌樓算例》，頁179～225。

〔註22〕梁思成，《清式營造則例及算例》（台北市：明文書局，1985.10）。

〔註23〕（清）姚承祖著、張至剛增編、劉敦楨校閱，《營造法原》（台北市：明文書局，1987.6）。

〔註24〕劉敦楨《劉敦楨文集‧牌樓算例》，梁思成《清式營造則例及算例》以上兩本著作為北方牌坊系統規制的代表。姚承祖著、張至剛增編《營造法原》為江南牌坊系統代表。

〔註25〕林會承，《台灣傳統建築手冊——形式與作法篇》（台北市：藝術家出版社，1995.07）。

萍合著之《古蹟入門》、〔註 26〕李乾朗之《台灣古建築圖解事典》、〔註 27〕王其均《中國建築圖解辭典》，〔註 28〕均爲筆者在了解與查找傳統建築相關資料的工具書。陳謀得《古風老牌坊——中國古代建築藝術》、〔註 29〕漢寶德《中國的建築與文化》〔註 30〕兩本書均提到：中國建築中，主軸與對稱的概念。這個概念，有助於筆者分析牌坊圖像的空間分佈。樓慶西《中國小品建築十講》中，〔註 31〕對牌樓、華表、闕等建築有精要的說明，是研究牌坊的入門書籍。

期刊部分：范存星、謝翠琴以法國凱旋門及明清時期中國的牌坊相互比較，認爲凱旋門與明清之牌坊在表現傳統或風俗、情感、見證歷史、象徵文明上具有相同性質。然而牌坊在建材種類（如：木質、石質、磚質牌坊）與宗教意涵的表現上更勝法國凱旋門。〔註 32〕林秀琴在〈淺析閩南傳統建築屋頂文化的形成〉〔註 33〕一文中提到：閩南地區傳統民居的屋頂以硬山式爲多，懸山式則出現於閩南山區，歇山式則多使用於寺觀，而廡殿式只有泉州孔廟的大成殿一例。燕尾起源於中國宮廷建築的鴟尾〔註 34〕代表神聖不可侵犯之意。閩南地區受海洋文化的影響，表現出對柔和線條及奇巧裝飾的欣賞。本文有助於筆者對比牌坊的屋頂形式及思考閩地牌坊所呈現的線條感。樓建龍將福建傳統民居分爲 5 個區系類型，分別爲閩東型、閩北型、閩西型、閩中山地型與閩南型。其中閩南型以紅磚紅牆爲其特色，又細分爲莆仙、泉廈與漳詔三區塊。泉廈好裝飾，重雕刻與剪粘；漳詔則以金彩技術稱

〔註 26〕 李乾朗、俞怡萍，《古蹟入門》（臺北市：遠流出版事業股份有限公司，1999.10）。

〔註 27〕 李乾朗，《台灣古建築圖解事典》（台北市：遠流出版事業股份有限公司，2003.07）。

〔註 28〕 王其均，《中國建築圖解辭典》（北京：機械工業出版社，2006.12）。

〔註 29〕 陳謀得，《古風老牌坊——中國古代建築藝術》（北京：人民美術出版社，2003.12）。

〔註 30〕 漢寶德，《中國的建築與文化》（臺北市：聯經出版事業股份有限公司，2004.9）。

〔註 31〕 樓慶西，《中國小品建築十講》（台北市：藝術家出版社，2004.12）。

〔註 32〕 范存星、謝翠琴，〈中國傳統景觀建築與國外景觀建築的比較辨析——以法國的凱旋門與明清的牌坊爲例〉，《內蒙古科技與經濟》，第 19 期，總第 149 期（內蒙古自治區呼和浩特市，2007.10），頁 107～108。

〔註 33〕 林秀琴，〈淺析閩南傳統建築屋頂文化的形成〉，《福建文博》，2009 年：第 1 期（福建省福州市，2009），頁 50～56。

〔註 34〕 此「鴟尾」爲作者林秀琴的用法，筆者依照原著呈現。

勝。〔註35〕清代早期台灣的移民多從閩南來，閩南建築的特色，尤其是泉廈好裝飾的特點，對台灣牌坊產生了什麼樣的影響？這是令筆者好奇的地方。李昕在〈析中國牌坊〉〔註36〕一文中提出：牌坊從風格上來看可分爲高大雄偉的北派與小巧玲瓏的南派。又官宦牌坊多由封建官吏修建於道路橋樑外，平民修建之孝子坊、節女坊則多見於安徽、福建、江西、浙江四川等地。楊芳對連城清代的木雕花板作調查，並針對這些現存的木雕花板的工藝、題材、藝術特點做說明。〔註37〕楊芳提出：「不同建築部位用不同內容的木雕藝術進行裝飾創作，顯示出不同的藝術特色。」〔註38〕石牌坊爲仿木牌坊而來，其中的裝飾構件對木結構有諸多仿造。這篇文章有助於筆者對比牌坊的花板圖像與工藝，並思考牌坊上不同部位與不同工藝技巧的裝飾，是否具有不同的意涵在。牌坊是一種門洞式建築，其形制與功用都從門演變而來。林瑤、阮宏宇的〈談中國建築的「門」藝術〉〔註39〕概說了門的各個部位與裝飾藝術，讓筆者對「門」的裝飾有基礎性的認識。許康、張晶晶、馬利亞於〈淺析中國古代牌坊的造型藝術〉〔註40〕一文中，分別對牌坊的重要構件進行說明，並提出牌坊的特色爲輕盈空靈、虛實相間，表現出道家「氣」的觀念。付秀飛、謝甜瓊則提出中國牌坊在公共空間中具有視覺標識、創造優質空間及具審美價值等三種作用。〔註41〕馮双元的〈鴟尾起源考〉〔註42〕一文，詳細論述了鴟尾此一建築裝飾的起源，對筆者在「鴟尾」或「蚩尾」一詞的定名，非常有幫助。

〔註35〕 樓建龍，〈福建傳統民居區系類型概述〉，《福建文博》，2009年：第2期（福建省福州市，2009），頁13～17。

〔註36〕 李昕，〈析中國牌坊〉，《遼寧公安司法管理幹部學院學報》，2009年：第4期（遼寧省瀋陽市，2009），頁123～124。

〔註37〕 楊芳，〈連城清代木雕花板調查〉，《福建文博》，2010年：第2期（福建省福州市，2010），頁59～63。

〔註38〕 楊芳，〈連城清代木雕花板調查〉，頁61。

〔註39〕 林瑤、阮宏宇，〈談中國建築的「門」藝術〉，《作家》，2010年：第8期（吉林省長春市，2010.4），頁255～256。

〔註40〕 許康、張晶晶、馬利亞，〈淺析中國古代牌坊的造型藝術〉，《四川建築科學研究》，36：6（四川省成都市，2010.12），頁236～238。

〔註41〕 付秀飛、謝甜瓊，〈中國牌坊在公共空間中的作用〉，《藝術探索》，25：1（廣西壯族自治區南寧市，2011.2），頁128。

〔註42〕 馮双元，〈鴟尾起源考〉，《考古與文物》，2011年：第1期（陝西省西安市，2011），頁58～63。

2. 牌坊類文獻

　　牌坊爲中國建築的一個品類，近來有不少相關的研究書籍。林文龍在《臺灣史蹟叢論》中冊人物篇中，對台中大甲林氏貞孝坊有全面性的介紹。〔註43〕錦繡出版社的《中國建築》系列套書，其中〈禮制與建築〉〔註44〕提到牌坊的禮制性與紀念碑性；〈屋頂〉〔註45〕論述中國建築中各種不同形式的屋頂及其適用的場合，以及所代表的身分內涵；〈門〉〔註46〕則論及闕門以及牌坊獨特的門的性質；〈牌坊〉〔註47〕則對牌坊此一種建築做全面性簡要的論述。此套書論述精要、圖片精美，筆者於本文引用不少。上述提及的四本，是認識牌坊或牌坊部件的入門好書。韓昌凱《北京的牌樓》〔註48〕以及《華表·牌樓》〔註49〕二書，前者全面的介紹北京的各種牌樓，書後附錄的〈北京牌樓一覽表〉，詳細記錄北京368座古今各種材質的牌樓，詳實調查之精神，值得筆者學習。後者則將調查範圍擴大，重點放在各地方牌樓及樓頂的特色介紹；又對牌樓的細部，如：斗栱、匾額……等都附有線繪圖及工程結構圖，更從建築與工程的層面來解析牌樓。鄭岩、汪悅進《庵上坊——口述、文字和圖像》，〔註50〕從女性的角度、石雕工藝的角度、家譜及口述歷史的角度來分析庵上坊，這種以多種面向論述牌坊的方法，不僅爲庵上坊灌注了新的生命，也開啓牌坊研究的新方法。宿巍《牌坊》〔註51〕一書，簡單扼要地介紹牌坊的起源、演變、形制、工藝、坊主人的故事、以及牌坊的社會功能和歷史意義。全書的章節架構與本論文部分類似，內容上則較基本，屬於入門書款。金其楨、崔素英《牌坊·中國》〔註52〕則是一本全面又詳實論述牌坊的參考書。不僅對牌坊的起源、形制構造演變、建材結構及演變各方面，援引古今，

〔註43〕 林文龍，《臺灣史蹟叢論·中冊·人物篇》（台中：國彰出版社，1987.9）。
〔註44〕 柳肅，《中國建築·禮制與建築》（台北：錦繡出版事業股份有限公司，2001.08.30）。
〔註45〕 樓慶西，《中國建築·屋頂》（台北：錦繡出版事業股份有限公司，2001.09.10）。
〔註46〕 侯幼彬，《中國建築·門》（台北：錦繡出版事業股份有限公司，2001.09.20）。
〔註47〕 萬幼楠，《中國建築·牌坊》（台北：錦繡出版事業股份有限公司，2001.12.10）。
〔註48〕 韓昌凱，《北京的牌樓》（北京：學苑出版社，2002.8）。
〔註49〕 韓昌凱，《華表·牌樓》（北京：中國建築工業出版社，2009）。
〔註50〕 鄭岩、汪悅進，《庵上坊——口述、文字和圖像》（北京：三聯書店，2008）。
〔註51〕 宿巍，《牌坊》（長春：吉林出版集團有限責任公司，2009.12）。
〔註52〕 金其楨、崔素英，《牌坊·中國》（上海：上海大學出版社，2010.10）。

介紹詳盡，文中所舉之例不僅遍及整個大中國還兼論其他州的牌坊，可以說是一部牌坊小百科。筆者對牌坊的許多概念是從這本書建立的，其中論及牌坊的起源部分，金其楨、崔素英認為應分別從牌坊的形制起源與功能起源兩方面分開論述。筆者相當贊同此一論點，並認為這樣的說法解決了牌坊起源不一的問題。

　　以上書籍大都是針對牌坊此一建築小品的通論，文中所舉之例都是以大陸地區的牌坊為主，難免有不夠貼切之感。幸而從 1986 年開始，台灣地區（含金門）開始針對自己土地上的牌坊做一系列的調查研究與修復，這些調查研究與修復的報告書，給本論文提供了第一手的材料，彌補筆者在調查時因時間與器材的限制而產生的不足，使本論文的材料更完整。這些調查研究與修復報告書計有：漢寶德主持《新竹市張氏蘇氏節孝坊之研究與修護》、〔註 53〕楊仁江〈臺北市黃氏及周氏節孝坊之研究（上）〉以及〈臺北市黃氏及周氏節孝坊之研究（下）〉、〔註 54〕漢寶德《新竹市楊氏節孝坊與李錫金孝子坊修復計畫》、〔註 55〕承德造形工程有限公司《大甲鎮轄內第三級古蹟「林氏貞孝坊」規劃研究報告書》、〔註 56〕閻亞寧《金門縣第一級古蹟邱良功之母節孝坊之調查研究》、〔註 57〕楊仁江《苗栗賴氏節孝坊調查研究》、〔註 58〕陳炳容《金門的古墓與牌坊》、〔註 59〕楊仁江《臺北黃氏節孝坊修護工程工作報告書》、〔註 60〕符宏仁建築師事務所《邱良功母節孝坊修護工程工作報告書及施工紀錄》、〔註 61〕張德南《新竹市的牌坊》、〔註 62〕楊仁江《第

〔註 53〕　漢寶德主持，《新竹市張氏蘇氏節孝坊之研究與修護》（新竹：新竹市政府，1986）。

〔註 54〕　楊仁江，〈臺北市黃氏及周氏節孝坊之研究（上）〉，《臺北文獻》，85（臺北，1988.9），頁 1～62。楊仁江，〈臺北市黃氏及周氏節孝坊之研究（下）〉，《臺北文獻》，86（臺北，1988.12），頁 119～134。

〔註 55〕　漢寶德主持，《新竹楊氏節孝坊與李錫金孝子坊修復計畫》。

〔註 56〕　承德造形工程有限公司，《大甲鎮轄內第三級古蹟「林氏貞孝坊」規劃研究報告書》（台中縣大甲：台中縣大甲鎮公所，1995.6）。

〔註 57〕　閻亞寧，《金門縣第一級古蹟邱良功之母節孝坊之調查研究》。

〔註 58〕　楊仁江，《苗栗賴氏節孝坊調查研究》。

〔註 59〕　陳炳容，《金門的古墓與牌坊》。

〔註 60〕　楊仁江，《臺北黃氏節孝坊修護工程工作報告書》（台北市：台北市政府，1998）。

〔註 61〕　符宏仁建築師事務所，《邱良功母節孝坊修護工程工作報告書及施工紀錄》（金門：金門縣政府，1999.10）。

〔註 62〕　張德南，《新竹市的牌坊》（新竹：新竹市文化局，2004.12）。

三級古蹟賴氏節孝坊修護工程工作報告書》〔註63〕等 10 本專書，兩篇期刊。筆者直接引用其中數據以及各研究調查報告的線繪圖，以補自行調查時器材的限制及繪圖能力之不足，亦學習其中的研究方法，以充實本論文的內容。

　　與牌坊相關的期刊論文類：金其楨之〈論牌坊的源流及社會功能〉〔註64〕一文爲《牌坊・中國》一書的簡要版，可爲閱讀書籍前的概念前導資料。陳建標對福建地區的牌坊做了許多調查與研究，其〈漳州詔安明代牌坊調查〉、〔註65〕〈漳州清代牌坊建築裝飾〉、〔註66〕〈福建明清名人墓道坊調查〉、〔註67〕〈屏南縣清代節孝坊群的保護與利用〉、〔註68〕〈福建漳州城明代功名坊建築探略〉、〔註69〕〈福建歷史建築瑰寶——仙游清代「樂善好施」坊〉〔註70〕等文章中的調查資料，爲本論文引用福建地區牌坊數據之來源，對本論文在進行台灣與福建地區牌坊的對照上，提供很大的幫助。此外，胡剛〈湖南石雕牌坊及其裝飾設計研究〉、〔註71〕李克克〈單縣節孝牌坊研究〉、〔註72〕苗紅磊〈單縣石牌坊及其石雕藝術略考〉〔註73〕三篇文章，擴展本文在台灣地區與福建地區牌坊研究外，其他區域牌坊研究的相關參考資料。

〔註63〕楊仁江，《第三級古蹟賴氏節孝坊修護工程工作報告書》（苗栗市：苗栗縣政府，2004）。

〔註64〕金其楨，〈論牌坊的源流及社會功能〉，《中華文化論壇》，2003 年：第 1 期（四川省成都市，2003），頁 71～75。

〔註65〕陳建標，〈漳州詔安明代牌坊調查〉，《福建文博》，2009 年：第 2 期（福建省福州市，2009），頁 26～31。

〔註66〕陳建標，〈漳州清代牌坊建築裝飾〉，《福建文博》，2009 年：第 4 期（福建省福州市，2009），頁 42～48。

〔註67〕陳建標，〈福建明清名人墓道坊調查〉，《福建文博》，2010 年：第 2 期（福建省福州市，2010），頁 26～31。

〔註68〕陳建標，〈屏南縣清代節孝坊群的保護與利用〉，《福建文博》，2010 年：第 4 期（福建省福州市，2010），頁 27～32。

〔註69〕陳建標，〈福建漳州城明代功名坊建築探略〉，《南方文物》，2010 年：第 4 期（福建省福州市，2010），頁 174～177。

〔註70〕陳建標，〈福建歷史建築瑰寶——仙游清代「樂善好施」坊〉，《文博》，2010 年：第 6 期（陝西省西安市，2010），頁 66～70。

〔註71〕胡剛，〈湖南石雕牌坊及其裝飾設計研究〉（湖南師範大學碩士學位論文，2010.4）。

〔註72〕李克克，〈單縣節孝牌坊研究〉（青島理工大學碩士學位論文，2010.12）。

〔註73〕苗紅磊，〈單縣石牌坊及其石雕藝術略考〉，《設計藝術研究》，2011 年：第 3 期（湖北省武漢市，2011.6），頁 83～87。

3. 古蹟類

台灣本島現存清代之 8 座貞節牌坊，均已列入不同等級的古蹟加以保護。〔註74〕這類資料，通常對各古蹟有基本的簡介，是了解這 8 座牌坊的基礎入門參考資料。〔註75〕

（二）裝飾與圖像分析類之文獻回顧

本論文對牌坊上裝飾圖像的分析，不針對每一幅圖像的主題（subject matter）或藝術母題（motifs）做細部解說，亦不探求圖像創作者的本意，而是將重點聚焦於裝飾圖像在牌坊上的空間佈局分析。即使如此，對牌坊裝飾圖像的故事及其製作工藝技巧的了解，仍為研究圖像空間佈局的第一步。牌坊為中國建築的一個品類，故而其結構與裝飾必然與建築有一定程度的相關。又清代台灣建造牌坊的匠師多為建造廟宇的匠師，故牌坊上的裝飾圖像和空間安排或許與廟宇的裝飾有相近之處。因此以下書籍，為筆者在了解、查找圖像與工藝技法時所使用的工具書。施鎮洋、李榮聰《鹿港龍山寺·天后宮木雕藝術概覽》，〔註76〕對鹿港兩大寺廟的木雕作品，有非常詳盡的解說並搭配精美彩圖。有些平時因擺放位置而不易或忽略觀看的廟宇裝飾，都能清楚呈現，使筆者對書中每一幅圖像的典故有更深的了解。吳慶洲《中國建

〔註74〕 牌坊古蹟等級，參見：張素玢、陳鴻圖、鄭安晞，《臺灣全志·卷二》（南投：臺灣文獻館，2010.11），頁 131～132。

〔註75〕 這類資料，筆者參考的有：林衡道文、高而恭圖，〈台灣西海岸的勝蹟──民國 57 年 12 月調查〉，《臺灣文獻》，20：3（南投，1970.9），頁 65～77。林衡道、郭嘉雄編著，《台灣古蹟集·第一輯（含第一、二冊）》（台中：臺灣省文獻委員會，1977.4）。林衡道，《台灣勝蹟採訪冊》（台中：臺灣省文獻委員會，1977.9）。洪敏麟，《臺南市市區史蹟調查報告書》（台中：臺灣省文獻委員會，1979.6）。林衡道，《臺灣古蹟全集》（台北：戶外生活雜誌社，1980.5）。（日）衫山靖憲，《臺灣名勝舊蹟誌》（台北：成文出版社，1985）。苗栗縣文化中心，《苗栗史蹟巡禮》（苗栗：苗栗縣文化中心，1990.5）。黃靜宜、王明雪主編，《台南歷史散步（上）》（台北：遠流出版社，1995.5）。何良正等編著，《台灣的古蹟──北台灣》（台北新店：遠足文化，2004）。吳漢恩等編著，《台灣的古蹟──南台灣》（台北新店：遠足文化，2004）。卓克華，《從古蹟發現歷史──卷の一：家族與人物》（臺北市：蘭臺網路出版商務股份有限公司，2004.8）。王浩一，《台南舊城魅力之旅·中輯》（台南：台南市政府，2004.9）。河出圖社策劃，《古地圖台北散步 1895 清代台北古城》，（台北：果實出版，2004.10）。羅永昌，《悠悠古蹟情》（台北市：唐山出版社，2006.9）。張素玢、陳鴻圖、鄭安晞，《臺灣全志·卷二》。

〔註76〕 施鎮洋、李榮聰，《鹿港龍山寺·天后宮木雕藝術概覽》（彰化縣鹿港鎮：施鎮洋工作室，1999.6）。

築・脊飾》，〔註77〕對中國建築中的脊飾溯源並分區介紹，有助於筆者對牌坊上蚩尾裝飾的了解。陳平《雕梁畫棟：古代居住文化》，〔註78〕在魏晉南北朝一章提到蚩吻〔註79〕的出現與使用，以及秦漢時期所使用的捲草紋於此時的轉變。蚩尾〔註80〕是牌坊建築檐頂的重要飾物，捲草紋則通常爲牌坊雀替的紋飾，這兩本書的介紹，有助於筆者對這兩類裝飾的了解。康諾錫《台灣廟宇圖鑑》，〔註81〕介紹台灣從北到南以及宜蘭、澎湖的 25 間重要廟宇。其中重要建築構件與裝飾圖像都有特寫照片，方便筆者比對廟宇和牌坊在這兩方面的異同。樓慶西《裝飾之道》，〔註 82〕在第二章建築裝飾的表現手法中提到：象徵與比擬、形象的程式化與變異、裝飾情節內容的表現等。筆者發現。牌坊因其教化意味濃厚，更是善加利用此類裝飾技巧。康鍩錫《台灣古建築裝飾圖鑑》，〔註83〕本書除了在各種裝飾圖像的辨認上對筆者相當有助益外，其頁面編排方式很適合田野調查表的編排，值得參考。樓慶西《磚雕石刻》，〔註84〕雖然只在第六章簡介了石牌樓的功能、造型、裝飾，但本書其他主題中之雕刻紋飾的介紹，有助於筆者在牌坊紋飾圖像上的比對。

在關於裝飾與圖像分析方面的參考書籍，英人・E.H.貢布里希（Ernest Hans Gombrich，1909～2001）所著的《秩序感──裝飾藝術的心理學研究》（*THE SENSE OF ORDER －A study in the psychology of decorative art*）一書，〔註 85〕從心理學的角度來看裝飾藝術。貢布里希強調作品和觀者之間所產生的交流，作品因觀者而產生意義。德裔美籍藝術史學家潘諾夫斯基（Erwin Panofsky，1892～1968）的《造型藝術的意義》（*Meaning in the Visual Arts*）

〔註77〕　吳慶洲，《中國建築・脊飾》（台北：錦繡出版事業股份有限公司，2002.02. 28）。

〔註78〕　陳平，《雕梁畫棟：古代居住文化》（南京：江蘇古籍出版社，2002.3）。

〔註79〕　此「蚩吻」爲《雕梁畫棟：古代居住文化》一書的用法。

〔註80〕　「蚩尾」一詞，爲本論文統一之用法，原因於本論文第二章第二節說明。

〔註81〕　康諾錫，《台灣廟宇圖鑑》（臺北市：貓頭鷹出版：城邦文化發行，2004.2）。

〔註82〕　樓慶西，《裝飾之道》（北京：清華大學出版社，2011.4）。

〔註83〕　康鍩錫，《台灣古建築裝飾圖鑑》（台北市：貓頭鷹出版：家庭傳媒城邦分公司發行，2012.4）。

〔註84〕　樓慶西，《磚雕石刻》（臺北市：龍圖騰文化，2012.12）。

〔註85〕　英文原版：E.H. Gombrich, *THE SENSE OF ORDER －A study in the psychology of decorative art*（New York: Phaidon Press Inc., Second edition, 1984）。
　　　　筆者引用中文翻譯版：（英）E.H.貢布里希（Ernest Hans Gombrich）著，范景中、楊思梁、徐一維譯，《秩序感──裝飾藝術的心理學研究》（長沙市：湖南科學技術出版社，2000.01）。

〔註 86〕一書，則是強調作品和作者之間的關聯。潘諾夫斯基把圖像當成文本，強調讀者應回到作者創作的時空背景去解讀作品。這兩種不同的理論，一則是注重觀者的感受，一則是回到創作者本身。本論文採取貢布里希「視覺心理分析」的觀點，對台灣現存清代貞節牌坊上的圖像做空間佈局的分析，並探討這樣的佈局對觀者觀看所產生的效果問題。

葉青從敘事觀點切入研究牌坊，其〈從敘事特徵看民間牌坊的功能指向──以江西奉新縣「濟美牌坊」爲例〉〔註 87〕一文指出：牌坊上的文字與紋飾並不著重於坊主人的個人事蹟，反倒是不斷提示朝廷所傳達的無形之教。因此，牌坊重視的是當代在政令或本家榮耀上的宣傳效果。其上的紋飾不必然與坊主人或事蹟有必然關聯，反而是一種藝術程式化的創造，圖像的母題（motifs）可於前人的建築紋飾中找到來源。牌坊身爲旌表宣傳性的公共建築，其存在的意義需要靠人們的解讀。這篇文章的論點，著重於觀者對作品的解讀，與本論文所要切入的觀點相同。以往對牌坊的研究，較少從敘事或圖像與觀者的角度切入，此文「程式化的敘事觀點」，對本論文有很大的啓發。

（三）女性與旌表研究類之文獻回顧

本論文雖是著重對「物」／「牌坊」的研究，然而貞節牌坊旌表的對象爲婦女，旌表的依據爲貞節孝烈的事蹟，建坊的準則爲旌表的條件，這些都隱含於牌坊這個「物」當中。對物的研究不能忽略其精神意涵，因此關於女性、貞節觀以及清代旌表的相關研究文獻，是本文在了解貞節牌坊之精神內涵的參考資料。

與女性研究的相關書籍有：郭松義《倫理與生活──清代的婚姻關係》。〔註 88〕本書的第九章，詳述了清代各朝旌表制度的演變，對筆者在整理清代的旌表制度，有很大助益。盧葦菁針對明清女子守貞寫了《矢志不渝：明清

〔註 86〕 英文原版：Erwin Panofsky, *Meaning in the Visual Arts*（Chicago: University of Chicago Press, 1982, 1939 first print）。

筆者引用中文翻譯版：（美）歐文・潘諾夫斯基（Erwin Panofsky）著，李元春譯，《造型藝術的意義》（台北：遠流出版社，1997.7）。

〔註 87〕 葉青，〈從敘事特徵看民間牌坊的功能指向──以江西奉新縣「濟美牌坊」爲例〉，《江西社會科學》，2008 年：第 12 期（江西省南昌市，2008.12），頁 30～39。

〔註 88〕 郭松義，《倫理與生活──清代的婚姻關係》（北京：商務印書館，2000.8）。

時期的貞女現象》一書。〔註 89〕書中指出：明清時期的貞女現象與當時的政
治、社會與家庭背景都有密切關係。除了一般認爲的女子守貞是出於逼迫者
外，更認爲當時的教育背景與明清時期經濟和文化的發達，反而是促使婦女
主動守貞的原因。經由本書的說明，筆者反思婦女在守貞節方面的主動與被
動問題，擴大了筆者對貞節牌坊的思考層面。李丰春在《中國古代旌表研究》
〔註 90〕中提及：旌表活動的目的，是要達到社會秩序的和諧與穩定。因此爲
達此目的的最初手段，就是先讓這樣的價值觀內化成爲民眾的行爲準則。接
著使民眾在賞和罰的威懾之下，化觀念爲行爲，最終達成穩定並控制基層社
會的目的。貞節牌坊是旌表貞節的產物，原不單單只是一種朝廷對婦女合宜
行爲的嘉獎。事實上貞節牌坊的背後，隱藏著上位者對下位者的無形操控，
也隱藏著下層階級渴望向上流動的願望。本書的論述又更加擴展筆者對牌坊
此一建物精神內涵的認識。

　　與台灣女性研究的相關書籍有：卓意雯《清代台灣婦女的生活》〔註 91〕
提出：台灣兼具移墾與文治社會的特質，使得影響婦女生活的因素很多。不
僅傳統的社會機制對婦女的地位有著決定性的影響，〔註 92〕台灣地理位置以
及早期的移墾與移民政策以及社會的動盪，又使台灣的婦女地位發展出異於
原鄉的特殊狀況。〔註 93〕從本書的論述，筆者能更清晰的看見清代台灣婦女
的實際生活狀況，對筆者在論述牌坊的文化意涵上，有相當的啓發。黃朝進
《清代竹塹地區的家族與地域社會——以鄭、林兩家爲中心》，〔註 94〕描述了
清代竹塹地區兩大家族——鄭家與林家——來台移民及發跡的過程，並討論
了大家族如何對當地的社會產生影響，以及地域社會中的權力平衡關係。本

〔註 89〕　（美）盧葦菁著、秦立彥譯，《矢志不渝：明清時期的貞女現象》（南京：江
　　　　　蘇人民出版社，2010.11）。

〔註 90〕　李丰春，《中國古代旌表研究》（昆明：雲南大學出版社，2011.6）。

〔註 91〕　卓意雯，《清代台灣婦女的生活》（台北：自立晚報文化出版部，1993.5）。

〔註 92〕　如：女子必須依附男子取得社會地位、媳婦在家中附屬於婆婆以及年長一輩
　　　　　的女性等與大陸原鄉相同的觀點。

〔註 93〕　如：台灣因移墾社會而特別重視經濟條件，加上清初男多女少的人口壓力，
　　　　　因而發展出重財婚與許多變例婚。然而在開發完成，人口性別比例趨於正常
　　　　　之後，重男輕女的觀念使得溺女的陋習漸漸於台灣產生。又因爲社會的動盪，
　　　　　女子往往涉入民變或械鬥之中，這是台灣婦女異於大陸原鄉婦女很大的特
　　　　　色。參見：卓意雯，《清代台灣婦女的生活》。

〔註 94〕　黃朝進，《清代竹塹地區的家族與地域社會——以鄭、林兩家爲中心》（臺北
　　　　　縣新店市：國史館，1995.6）。

書為筆者欲了解新竹張氏節孝坊之張氏生平與其夫家時，所查找的資料。牌坊雖經由家族中女性的守節而獲致旌表所建，然而若本家在社會與經濟上無一定的能力，建坊之舉必然困難重重甚至無所成。從查找張氏的生平，使筆者了解到牌坊背後所暗藏之地方有力人士之權力運作。《臺灣省通志稿・第九冊》〔註95〕之〈禮俗篇〉、〈人口篇〉分別敘述清代台灣的婚俗、民間信仰中之迷信、清代人口的變化以及鬻子溺女的惡習，讓筆者對清代台灣的社會狀況有更清楚的認識。

　　另外在期刊論文方面：盛清沂在《臺灣文獻》中發表之〈臺灣省清代二十五種方志暨連雅堂先生臺灣通史人物傳記索引〉〔註96〕及〈臺灣省二十三種地方志列女傳記索引〉〔註97〕二文，按姓名首字筆畫順序表列了清代台灣出現於方志中的男性與女性，並略述其生平事蹟。這兩篇文章是相當好的搜尋工具類文章，方便了筆者查找8座貞節牌坊之女性與其家族成員的事蹟。

　　與貞節、旌表或女權相關的文章有：陳俊杰於〈明清士人階層女子守節現象〉〔註98〕中指出：社會控制與秩序是借助倫理的力量來實現。守節與倫理意識形態相連，一但被質疑，將會動搖整個社會賴以維繫的道德基礎。這個現象說明了何以貞節現象在中國社會所具有的無可撼動的地位。牛志平〈古代婦女的貞節觀〉，〔註99〕列舉了從春秋起到清代婦女之貞節觀的變化。牛志平認為古代婦女的貞節觀是到中唐之後，才開始明文禁止寡婦再婚，宋代貞節之風愈盛，元明清則達於極點。費絲言則由反面著手，關心在全國（指清雍、乾時期）提倡表彰節烈婦女的同時，若婦女的貞操被侵犯，官方與家族間在面對此等「醜事」時處理態度上的矛盾，以及婦女如何主動影響「醜事」的判決。〔註100〕這篇論文與盧葦菁的《矢志不渝：明清時期的貞女

〔註95〕臺灣省文獻委員會主編，《臺灣省通志稿・第九冊》（台北：捷幼出版社，1999.9）。

〔註96〕盛清沂，〈臺灣省清代二十五種方志暨連雅堂先生臺灣通史人物傳記索引〉，《臺灣文獻》，20：1（台北市，1969.3），頁76～127。

〔註97〕盛清沂，〈臺灣省二十三種地方志列女傳記索引〉，《臺灣文獻》，20：3（台北市，1969.9），頁149～189。

〔註98〕陳俊杰，〈明清士人階層女子守節現象〉，《二十一世紀》，27（香港，1995.2），頁98～107。

〔註99〕牛治平，〈古代婦女的貞節觀〉，《歷史月刊》，26（台北市，1990.3），頁19～24。

〔註100〕費絲言（Janet M. Theiss），〈醜事，盛清的貞節政治〉，《近代中國婦女史研究》，14（台北，2006），頁255～271。

現象》都強調了婦女在守貞節上所具有的主動性與影響性。周坤認爲徽商在自然環境的影響下遠行經商並獲得巨大的成功，在人文環境上又是宋明理學的發源地，因此在賈而好儒的心態驅使下，使牌坊文化深深融入徽州文化的血脈中，成爲古代中國牌坊文化最爲繁盛和發展的地區。〔註101〕張獻梅則從過去民居、祠堂、牌坊的建築形式，來探討宋代理學對女性的禁錮。〔註102〕李興寧試圖從史料、方志、傳記及女教書籍中，來推演出從「列女」走向「烈女」的過程中，政府詔令與旌表制度、女性的宗教信仰、明清時期清節堂與恤嫠會等，都扮演了推波助瀾的重要角色。〔註103〕柴旭健由上古時期的母權制度到處女情結，來探討整個女權在生活型態進入農耕之後的轉變，以及宋朝理學制度的提倡下整個女權衰落的過程。〔註104〕王傳滿則認爲徽州深受宋明理學的薰陶，因此牌坊的建立不僅是對女性的旌表，更是宗族施展權力的象徵。〔註105〕

　　與台灣旌表研究有關的文章有：周宗賢於〈清代臺灣節孝烈婦的旌表研究〉〔註106〕中指出：清代初期由於移民政策的關係導致台灣男女比例不均，因此乾隆以前，多有婦女再醮的情況。然而乾隆以後海禁政策的放鬆，使人口性別比例漸趨平衡，於是忌避再醮的風氣也就逐漸形成，相較於大陸原鄉並不遜色。由於女子守節後要維持生活的不易，導致許多子弟因而缺乏適當、公平的教養，終成爲社會問題而卻不見於史傳。因子弟顯達而獲旌者，實在是社會中的少數。筆者發現，在牌坊的相關研究上，較少人從女子守節導致生活困難，致使後代子弟成爲社會問題的層面，來思考女性守節旌表一事。尹章義在〈清代台灣婦女的社會地位〉〔註107〕一文指出，台灣因移民政策的

〔註101〕周坤，〈牌坊文化與徽州商人〉，《青海師範大學學報（哲學社會科學版）》，2006：2（青海，2006.3），頁51～56。

〔註102〕張獻梅，〈宋代理學禁錮女性在建築上的反映〉，《重慶科技學院學報（社會科學版）》，2007：4（重慶，2007.8），頁125～126。

〔註103〕李興寧，〈中國古代女性貞烈觀念的強化與深化探究——以明清史籍列女傳爲討論範圍〉，《宗教哲學》，42（台北，2007.12），頁115～128。

〔註104〕柴旭健，〈從母權制到處女情結看女權的衰落〉，《樂山師範學院學報》，23：6（四川，2008.6），頁59～67。

〔註105〕王傳滿，〈明清徽州節烈婦女的牌坊旌表〉，《文山師範高等專科學校學報》，23：2（雲南，2010.6），頁43～46。

〔註106〕周宗賢，〈清代臺灣節孝烈婦的旌表研究〉，《臺北文獻》，35（臺北市，1976.3），頁113～155。

〔註107〕尹章義，〈清代台灣婦女的社會地位〉，《歷史月刊》，26（台北市，1990.3），

影響，使得台灣男多女少，故而清初女性地位較高。即使到了清代後期，台灣婦女的地位仍是普遍高於內地。在林豪的《一肚皮集》筆下，台灣婦女能會計持家、參與商務，是相當優秀的。反倒是到了日治時期，才真正使台灣婦女地位卑下。吳琼媚在其碩士論文〈清代台灣「妾」地位之研究〉〔註108〕中提及：清代台灣為妾之女性大多因家境貧窮或妓女從良之因，故而在家中、在社會上所受到的保護極少，但被要求的責任與妻者一般，連守貞、守節的條件也相當。故而妾之守寡育子之困境相對難於妻者，但卻不因此而得到更多的肯定。妾會被表彰往往因其有科舉功名的後代，可見得勢之男性對女性社會地位的主導性。台灣本島現存 8 座清代貞節牌坊中之新竹張氏節孝坊之主人翁為新竹鄭家——鄭用錦之繼室，撫養前妻之子，子長有成，為之題請旌表。新竹蘇氏節孝坊之主人為新竹巨賈吳家——吳國步之側室，亦因子有成，而得以受封並獲准旌表建坊。吳琼媚的研究，可將方志中簡略記載之節婦事蹟，得以有更多當時生活情況的還原。楊婉伶的碩士論文〈新竹浦雅吳家的女性〉〔註109〕談論到：婚姻關係對吳家而言是政治與經濟的網絡線，因此吳家的女性大抵仍扮演傳統婦女的角色。新竹蘇氏節孝坊的女主人翁即為吳家之媳，然蘇氏卻不同於其他吳家女性的傳統角色，實際經營家族事業，並具有相當地位，實在特殊。耿慧玲由研究台灣現存的婦女碑誌中發現：台灣的貞節碑誌數量明顯少於大陸地區，其原因與移民社會以及原住民對女性地位的看法不同於漢人社會有關。〔註110〕劉佳則由角色扮演與榜樣塑造，來看清代台灣烈女群體因政府控制力強弱的不同，而產生的地域差異。台灣本島的烈女人數呈現由南到北遞減的特點，並且在同治以前因呈報旌表的困難，故而受旌表的烈女多為官員文人家庭背景者，光緒以後，平民百姓出身者才漸多。守節、撫子、孝養老人為烈女受旌表的原因，然而各地因生活環境的不同，各原因受重視的程度就不同。〔註111〕由此文可見，不同地區的女

頁33～41。

〔註108〕 吳琼媚，〈清代台灣「妾」地位之研究〉（國立臺灣師範大學歷史研究所碩士論文，2000.6）。

〔註109〕 楊婉伶，〈新竹浦雅吳家的女性〉（國立臺灣師範大學歷史系碩士論文，2003.8）。

〔註110〕 耿慧玲，〈台灣碑誌中貞節現象研究〉，《朝陽人文社會學刊》，6：2（台中，2008.12），頁121～143。

〔註111〕 劉佳，〈角色扮演與榜樣塑造——清代台灣烈女群體的地域差異〉，《新北大·史學》，NO.7（台北，2009.10），頁83～128。

性，在家庭和社會上所扮演的角色及所發揮功用的不同。

　　爲充分了解台灣本島現存清代各貞節牌坊女主人之事蹟，各種官書典籍
與方志類書，均爲筆者查找之對象。〔註112〕

　　綜合以上文獻回顧，筆者發現：建築相關類文獻著重於牌坊的形制，牌
坊類與建築裝飾類的相關文獻除了介紹牌坊的源流、形制外，對牌坊主人事
蹟與圖像也略有著墨。然而圖像的部分，最多止於對圖像做到第二性或程式
主題（secondary or conventional subject）的說明，缺乏共時研究（synchronic
study）。圖像分析類的文獻，則較少以牌坊爲分析對象。女性與旌表類的文
獻，雖對建坊制度、牌坊的基本形制或有介紹（如：牌坊之柱數、間數、樓
數等），然其上的裝飾則頂多爲基本的圖像（images）介紹（如：此花板爲「孔
明夜送出師表」）。針對以上回顧，筆者以爲：牌坊不僅爲中國的特色建築，
貞節牌坊更是所有牌坊類別中別具歷史意義者。貞節牌坊因旌表而乘載的特
殊意義，是否對這類牌坊在形制與圖像的空間佈局產生影響，是本論文討論
的方向。因此，筆者試圖將上述三大方向（建築、圖像、女性研究）的文獻
加以整合，從貢布里希之視覺心理學的觀點，來分析台灣本島現存清代貞節
牌坊上之形制與圖像。

第二節　研究方法與章節架構

一、研究方法

　　本論文以台灣本島現存 8 座清代貞節牌坊爲研究對象，試圖從牌坊與觀

〔註112〕　此類書籍，筆者參考的有：臺灣省苗栗縣政府民政局，《臺灣省苗栗縣誌》
（苗栗：苗栗縣政府，1974.6）。連雅堂，《台灣通史》（台北：大通書局，
1984.10）。（清）周璽，《彰化縣志》（南投：臺灣省文獻委員會，1993.6，原
臺灣文獻叢刊第 156 種）。沈茂蔭，《苗栗縣志》（南投：臺灣省文獻委員會，
原臺灣文獻叢刊第 159 種，1993.6）。陳培貴，《淡水廳志》（南投：臺灣省文
獻委員會，臺灣歷史文獻叢刊第 172 種，1993.6）。林豪，《東瀛紀事》（南投：
臺灣省文獻委員會，原臺灣文獻叢刊第 8 種，1997.6）。蔡青筠，《戴案紀略》
（南投：臺灣省文獻委員會，原臺灣文獻叢刊第 206 種，1997.6）。林漢泉，
《新竹市志》（新竹：新竹市政府，1997.12）。陳朝龍著、林文龍點校，《合
校足本新竹縣采訪冊》（南投：台灣省文獻委員會，臺灣歷史文獻叢刊，
1999.01）。陳運棟，《重修苗栗縣志》（苗栗：苗栗縣政府，2006.3）。（清）謝
金鑾、鄭兼才合纂，《續修臺灣縣志》（臺北市：行政院文化建設委員會，
2007.6）。

者之間互動的角度切入，對貞節牌坊的形制與圖像的空間佈局做分析。本論文所採用的方法分三部分：

（一）田野調查

研究歷史不能只是埋首書堆，紙上談兵。田野調查為收集第一手材料，最直接的方法，若能與文獻相互配合，必能達到證史、正史、補史的功效。趙世瑜〈田野工作與文獻工作──民間文化史研究的一點體驗〉〔註113〕與李華鳳等〈田野研究的理論與實務〉〔註114〕二文正是說明這個道理。劉還月與黃卓權兩位先進，為地方文史工作者，有相當豐富的田野經驗。閱讀他們有關實地田野調查的相關著作，對筆者實地進行田野工作有相當的助益。〔註115〕王明珂〈誰的歷史：自傳、傳記與口述歷史的社會記憶本質〉、〔註116〕張文義講、周玉惠整理〈口述歷史的準備與進行〉、〔註117〕高淑媛〈口述資料整理的藝術〉、〔註118〕游鑑明〈口述歷史面面觀──以女性口述歷史為例〉〔註119〕四文，說明了如何進行口述訪問、訪問完的口述資料整理的方法等。由於本論文的調查對象為台灣本島現存清代的 8 座貞節牌坊，牌坊的主人為女性，在過去以男性為主的史觀主導下，對女性的紀載相當少，因此正確的使用口訪資料，將能補正史之不足。

筆者運用以上理論與方法，實地調查這 8 座貞節牌坊，調查內容包括所能測量到的各部位尺寸、記錄牌坊上所有能見之文字與非文字訊息、牌坊現

〔註113〕趙世瑜，〈田野工作與文獻工作──民間文化史研究的一點體驗〉，《民俗研究》，1996 年第 1 期（山東省濟南市，1996），頁 8～14。

〔註114〕李華鳳等，〈田野研究的理論與實務〉，《地理教育》，25（台北市，1999），頁 41～53。

〔註115〕劉還月，《台灣民俗田野手冊：行動引導卷》（台北：常民文化，1991）。
劉還月，《田野工作實務手冊》（台北：常民文化，1996）。
劉還月，《臺灣民俗田野行動入門》（台北：常民文化，1999）。
黃卓權，《進出客鄉：鄉土史、田野與研究》（台北：南天出版社，2008）。

〔註116〕王明珂，〈誰的歷史：自傳、傳記與口述歷史的社會記憶本質〉，《思與言》，34：3（台北市，1996.9），頁 147～183。

〔註117〕張文義講、周玉惠整理，〈口述歷史的準備與進行〉，《宜蘭文獻》，30（宜蘭市，1997.11），頁 37～55。

〔註118〕高淑媛，〈口述資料整理的藝術〉，《宜蘭文獻》，30（宜蘭市，1997.11），頁 56～66。

〔註119〕游鑑明，〈口述歷史面面觀──以女性口述歷史為例〉，《近代中國》，149（台北市，2002.6），頁 17～27。

況、立坊地點環境、訪問附近居民、攝影等。調查後，將所有調查資料配合查找的文獻，整理成牌坊調查表，希望能有系統地呈現調查結果。〔註120〕此外，台南泮宮坊、台南接官亭坊、台南重道崇文坊、台北急公好義坊，爲本論文研究的對照組，因此也一併實地調查，收集資料，以方便運用。不過，受限於時間及金費，金門及福建地區的牌坊資料，只能引用其他先進的調查報告或研究資料。

（二）類型比較分析

筆者針對牌坊的外在形制，從柱數、柱式、樓數、樓檐的形式做分析。又依據《清式營造則例及算例》〔註121〕與《營造法原》〔註122〕的建築比例規制，將台灣本島現存清代牌坊各部分的數據比例，與文獻做比較，再與金門地區、福建地區的牌坊數據做對照。從這兩個方向的比較分析，試圖歸整這些牌坊的型類。希望藉由這樣的方式，找出台灣本島現存清代貞節牌坊在外在形制與建築比例上和台灣本島現存之其他類牌坊以及金門及福建地區現存牌坊的相同或相異性。

（三）圖像空間分析

潘諾夫斯基重視作品和作者之間的關聯，他將作品的主題與意義區分爲三個層次。這三個層次分別爲：第一性或自然主題（primary or natural subject matter）、第二性或程式主題（secondary or conventional subject）及內在意義或內容（intrinsic meaning or content）等彼此相對應的三個層次。他認爲：作品中凝縮了創作當時的社會與文化等各方面因素，因此要了解作品，就必須了解作者及其創作當下的時空背景，深層分析作者與作品的內在意義或內容。

然而，貢布里希在第三個層次上，更強調作品和觀者之間產生的交互影響。作品要有觀眾才能產生意義，觀者在觀看作品時，勢必受到自身當下時空的影響，因此重視圖像對觀者所引起的心理感受。

過去談論牌坊裝飾圖像的文章，大多只論及到圖像表現的故事原型（如：這是蘇武牧羊的故事、這是精忠報國的故事等），較少論及作品與作者及其當下的時空問題。更少從貢布里希的觀點，探討觀者與圖像間的交互影響。因

〔註120〕　參見：本論文「附錄七：台灣本島現存清代牌坊調查表」。
〔註121〕　梁思成，《清式營造則例及算例》。
〔註122〕　（清）姚承祖著、張至剛增編、劉敦楨校閱，《營造法原》。

此本文即是要運用貢布里希的觀點，從觀者心理分析的角度出發，來分析牌坊上的圖像，看是否能歸結出不同的看法。

　　爲使文章能以較清晰的方式呈現，筆者將所有資料或數據以表格方式呈現，再從表格所呈現的現象做分析說明，以求得結論。

二、章節架構

　　本論文共分五個章節，除第一章爲緒論外，其餘四個章節的架構與內容安排如下：

　　第二章，牌坊總論。本論文的研究對象爲台灣本島現存之清代貞節牌坊，因此在論文的一開始先對牌坊做全面性的介紹。第一節先論牌坊的名稱、起源、形制構造與演變，第二節再針對牌坊各部位構件的名稱做解說。名正才能言順，先統一並了解各部構件的名稱，才能繼續下文的論述。緊接著說明牌坊的分類。由於牌坊有許多種不同的分類方式，筆者希望能有全面性的呈現，因此第二節的份量稍重。第三節則介紹建坊地點與雕刻工藝。牌坊因其建築的旌表義與教化義，因此建坊地點的選擇有其相對應的條件。牌坊各部件的雕刻工藝與圖像的呈現方式密切相關，先了解工藝技法，才能於圖像分析時運用。

　　第三章，台灣本島現存清代貞節牌坊之調查與分析。在說明完牌坊此一建物後，將焦點轉回到本論文的研究對象——台灣本島現存的 8 座清代貞節牌坊。筆者將自己實地田野調查的資料與文獻資料做對比，並以表格及圖表的方式呈現分析，針對本論文的兩大重點：台灣本島現存清代貞節牌坊的形制與圖像的空間佈局做論述，期望能於這兩部分做出結論。

　　第四章，旌表與貞節觀的發展及台灣本島現存貞節牌坊主人之事蹟。前兩章都是從牌坊的外在論述，本章由外而內，回到貞節牌坊的內在意涵——即旌表制度與貞節觀上論述。先論及旌表與貞節觀的發展及其與女性的密切關係，再整理清代的貞節旌表制度。由清代的貞節旌表制度再對照台灣本島現存貞節牌坊主人的事蹟並做出小結，歸納台灣本島與大陸原鄉在旌表婦女的貞節上有無異同。

　　第五章，結論與後記。先論台灣本島現存清代貞節牌坊之文化意涵，再對本論文做後記補充。本章爲整篇論文作結，除了先統整全文各章的論述重點外，還希望在形制與圖像的分析外，能與貞節牌坊的精神內涵做更緊密的

扣合，因此再擴充論及貞節牌坊的文化意涵。

　　貞節牌坊的旌表人物爲女性。自古以來，女性在宗族、種族繁衍以及家庭維繫和子女教育上，都扮演相當重要的角色，其地位與重要性不言可喻。然而，在過去的歷史上，女性總是沉默無聲。唯一有機會能於青史留名的方法，就是獲得旌表，寫入史書，建坊以供後人景仰、憑弔。而作爲旌表褒獎產物的貞節牌坊，不僅是本家無上的榮耀，更是朝廷寄託教化於無形的載體。因此，牌坊不僅僅只是中國建築的小品，貞節牌坊本身更是有其文化意涵。期望這樣加深、加廣的論述，能使本論文有更完整的呈現。

第二章　牌坊總論

　　貞節牌坊爲牌坊類建築的其中一種，要研究清代台灣本島現存的貞節牌坊，必先從了解牌坊此一建築品類著手。故而在本論文的一開始，筆者即先針對牌坊的名稱、起源、形制、各部構造與牌坊的雕刻工藝等論述，希冀能對牌坊此一建築體有完整的了解，以方便下文各章的論述。

第一節　牌坊的名稱、起源、形制構造與演變

一、牌坊的名稱

　　「牌坊」，古稱「綽楔」，[註1] 與「牌樓」之稱互通，然就其形制來看，實有意義上的不同，筆者認爲應先加以釐清。

　　「牌坊」指的是立柱與橫樑所構成之門洞式建築，其最基本的形制爲兩立柱構成一開間，柱間之上橫架一樑枋 [註2]，以起聯繫作用，所形成之二柱一間的基本牌坊式樣。此式樣還可分成柱不出頭與柱出頭兩式，柱出頭者稱之爲「沖天式牌坊」，爲牌坊的基本形制【圖2-1-1】、【圖2-1-2】。[註3] 至於「牌樓」指的則是在柱不出頭之額枋上，加上木構或仿木構樓閣的檐頂，形成坊頂類似屋宇式建築的牌樓，因而以「樓」稱之【圖2-1-3】。

〔註1〕　綽楔：「古時樹於門首，以示旌表的木頭。」參見：周何總主編，《國語活用詞典》（台北：五南圖書出版股份有限公司，2004.07），頁1561。

〔註2〕　「坊」、「枋」音同義不同。坊：「里巷。」；枋：「建築名詞，兩柱間起聯繫作用的橫木。」參見：周何總主編，《國語活用詞典》，頁444、1057。

〔註3〕　劉敦楨於〈牌樓算例〉中指出：「牌樓亦云牌坊，……就不出頭者，似古之衡門。」「牌樓之發達自木造之衡門，烏頭門演繹進化。」參見：劉敦楨，《劉敦楨文集》，頁179、181。

圖 2-1-1
金門城北門外的墓坊

圖 2-1-2
杭州西冷印社小石坊

圖 2-1-3
北嶽恆山木牌樓

圖版：陳炳榮，《金門的古墓
與牌坊》，頁143。
圖註：此方已遭受破壞，非原
制，然其殘存之形制爲
二柱一間出頭式牌坊。

圖版：萬幼楠，《中國建
築·013·牌坊》，
頁17。
圖註：此坊形制爲二柱一
間沖天式石牌坊。

圖版：萬幼楠，《中國建築·
013·牌坊》，頁17。
圖註：此坊形制爲四柱三間七
樓屋宇式木牌樓。

　　然而，在牌坊形制的發展演變中，此兩種類型逐漸相互揉合，沖天式牌坊也加樓，而沒有樓之牌坊亦以樓稱之，因此「牌坊」與「牌樓」之名逐漸互稱而通用了【圖2-1-4】、【圖2-1-5】。故本論文所稱的「牌坊」，是廣義上的定義。

圖 2-1-4　安徽歙縣棠越牌坊群之
清代「節勁三冬」坊

圖 2-1-5
瀋陽清福陵石牌坊

圖版：萬幼楠，《中國建築·013·牌坊》，頁
32。

圖版：萬幼楠，《中國建築·013·牌坊》，頁
16～17。

圖註：此兩坊均爲四柱三間沖天式仿木結構三樓之石牌坊，其形制揉合了沖天式牌坊與屋宇
式牌樓的特色。

二、牌坊的起源

　　關於牌坊的起源，其時間由近到遠，大致有以下幾種說法：明清說、〔註4〕漢闕說、〔註5〕華表說、〔註6〕衡門說。〔註7〕另外，還有兼採華表說與衡門說者。〔註8〕筆者認為：前四種說法，乃因其各自的立論點不同而立說。

　　所謂的明清說，梁思成在《中國建築史》中是這麼說明的：

> 宋元以前僅見烏頭門於文獻，而未見牌樓遺例。今所謂牌樓者，實
> 為明清特有之建築型類。明代牌樓以昌平明陵之石牌樓為規模最
> 大，六柱五間十一樓。唯為石建，其為木構原型之變型，殆無疑義，
> 固可推知牌樓之形成，必在明以前也。大同舊鎮署前牌樓，四柱三
> 間，其斗拱、簷拱橫貫全部，且作重簷，審其細節似屬明構。清式
> 牌樓，亦由官定則例，有木石，琉璃等不同型類。其石牌坊之作法，
> 與明陵牌樓比較幾完全相同。〔註9〕

根據此段文字，筆者認為：梁思成是就樓簷的形式，認為牌樓是明清時特有的建築。其原因為在這之前只有關於烏頭門的文獻記載，而沒有牌樓的遺例，但並不否認明清石牌樓形式的形成，是在明以前對木牌坊仿樣，逐漸演變而來的。由此觀之，梁思成的牌樓起源於明清之說，乃是就牌樓的形式來立論，

〔註4〕　正文下段將有引文及說明，此不贅舉。

〔註5〕　梁思成於《中國建築史》指出：「牌坊為明清兩代特有之裝飾建築，蓋自漢代之闕，六朝之標，唐宋之烏頭門櫺星門演變形成者也。」參見：梁思成，《中國建築史》，頁244～245。

〔註6〕　尚秉和於《歷代社會風俗事物考》中認為：「古今注，堯立誹謗之木，今之華表木也，以衡木交柱頭，若花也，形若桔橰，大路交衢悉施焉，或謂之表木，以表王者納諫也，亦以表識衢路也。又尸子，堯立誹謗木於四達之衢，按古今注所言，古華表之形與今之牌樓無異。然則今北平城內之東四牌樓，西四牌樓，仍唐虞之制也。」參見：尚秉和，《歷代社會風俗事物考‧卷三‧五帝時代》，頁18。

〔註7〕　劉敦楨認為，牌坊發軔於民居之門。在《劉敦楨文集‧牌樓算例》提到：「牌樓亦云牌坊，……就不出頭者言，似始於古之衡門。……其沖天式柱出頭者，疑即《史記》高祖功臣侯年表所云之『伐閱』。……故牌樓之起原，及其變遷年代，雖待爬梳考證，不能遽定，要皆發軔於民居之門，略可推之。洎後二者互相採雜變通，日趨繁複，遂有近世牌樓之制。」參見：劉敦楨，《劉敦楨文集》，頁179。葉青亦認為牌坊起源於衡門。葉青，〈從敘事特徵看民間牌坊的功能指向──以江西奉新縣「濟美牌坊」為例〉，頁30～31。

〔註8〕　劉致平、張德南則兼採衡門說與華表說。參見：劉致平，《中國建築類型及結構》，頁64。張德南，《新竹市的牌坊》，頁13～29。

〔註9〕　梁思成，《中國建築史》，頁250。

若從其對木牌坊形式的仿樣解釋來看，必可將牌樓的起源往前追溯。

漢闕說，指的是坊門在演變的過程中，因加入了「闕」的形制而成為「牌樓」來立論。華表說，指的是坊門因加入了華表此元素而成為烏頭門，最後演變成沖天式牌坊來立論。衡門說，則是回歸牌坊最基本的構件——柱子和橫樑，從形制來探討此類建物的源流而立論。而兼採華表說與衡門說者，則是因牌坊形制均有此兩類元素而立論。另外，不管各家對牌坊的起源認定為何，牌坊此一建物在宋代脫離坊門而成為獨立的建築，標識與旌表功能性加強，為各家所認同。

綜合以上說法，不難看出這些起源論，分別是從牌坊的形制起源、形制演變或功能來立說，都涵蓋了牌坊的部分發展，卻未竟全面。任何物件絕對不會憑空產生，其形制與功能必有所本，並在逐漸演變的過程中，融入了所需的元素，轉變為一種看似全新形態或全新功能之物。〔註10〕牌坊亦是如此。因此欲溯牌坊的起源，筆者贊同金其楨與崔素英的觀點：應該分別就坊的形制起源與功能起源探討，再看此兩者的結合之源，如此才能較為妥當、週全。〔註11〕

關於牌坊形制的起源，必須從「衡門」說起。古代「衡」與「橫」相通，所謂的「衡門」指的是兩根柱子上架一橫樑，再於立柱側安門扇，所構成之最原始形制之門【圖2-1-6】、【圖2-1-7】。

圖2-1-6　古代衡門示意圖　　　圖2-1-7　吉林永吉北蘭屯衡門

圖版：樓慶西，《中國小品建築十講》，頁14。　　圖版：萬幼楠，《中國建築·013·牌坊》，頁13。

〔註10〕 "nothing comes from nothing", *Art and Illusion*. Ernest Gombrich, *Art and Illusion*（N.Y.: Phantheon Book Inc., 1960）。

〔註11〕 金其楨、崔素英，《牌坊·中國》，頁6。

　　關於「衡門」的起源，可分別從文獻與考古資料來看。文獻記載最早出現「衡門」一詞者，爲《詩・陳風・衡門》：「衡門之下，可以棲遲。」一語。〔註12〕《詩經》成書於春秋（西元前 770～476）中後期，其所收錄的內容多爲春秋中期的作品，〔註13〕因此，「衡門」應在春秋中後期就已經出現。由於牌坊最基本的形制──兩柱一間，與衡門的形制相仿，因此推論衡門應爲牌坊形制的淵源，並產生於春秋中後期。持此一看法者有：劉敦楨、〔註14〕金其楨、〔註15〕李昕〔註16〕與崔素英〔註17〕等。

　　考古資料方面，在西元 2000 年的考古資料中，發現了樓蘭古國所遺存的西漢時的「衡門」。〔註18〕此衡門爲兩立柱上架一橫木，此形制與兩柱一間的衡門與基本牌坊形制相似。因此就文獻與考古材料的發現來說，牌坊原始的形制，應與衡門有密切的淵源關係，而文獻資料說明衡門在春秋時代即已產生，考古材料說明衡門在漢代確實就已經存在了。因此明清說，絕對無法說明牌坊形制的本源。而漢闕說，也無法說明原始衡門與加上闕樓後之牌樓在形制上的演變關係。

　　雖然衡門的形式與基本牌坊形式相同，都爲兩柱一間一額枋類形，但衡門是否就可認定爲牌坊的起源？即：此兩種建物除了形式上的關聯之外，其性質、功能是否能畫上等號？很明顯的，衡門只具備門的性質，並沒有牌坊的獨立義、與旌表義，也無法說明衡門與沖天式牌坊或屋宇式牌樓的關係。因此，還必須從牌坊的功能起源來探討，以解上述之疑惑。

〔註12〕程俊英，《詩經譯注》，頁 205。

〔註13〕《詩經譯注》：「《詩經》分爲風、雅、頌三大類，共三百零五篇。」「《詩經》都是周詩，它產生的年代，大約上起西周初年，下至春秋中葉，歷時五百多年。」參見：程俊英，《詩經譯注》，頁 1。

〔註14〕劉敦楨於〈牌樓算例〉中指出：「牌樓亦云牌坊，……就不出頭者，似古之衡門。」「牌樓之發達自木造之衡門，烏頭門演繹進化。」參見：劉敦楨，《劉敦楨文集》，頁 179、181。

〔註15〕金其楨於〈論牌坊的源流及社會功能〉指出：「牌坊並非如歷來所說的『起於宋』，而是起於春秋中葉。」參見：金其楨，〈論牌坊的源流及社會功能〉，頁 71。

〔註16〕李昕於〈析中國牌坊〉中指出：「牌坊的源起並非漢闕而是衡門。因爲闕身形制似碑，沒有立柱構成的明間供人出入，且往往成雙成對的出現在墓前。」參見：李昕，〈析中國牌坊〉，頁 123。

〔註17〕金其楨、崔素英，《牌坊・中國》，頁 6～7。

〔註18〕金其楨、崔素英，《牌坊・中國》，頁 7～8。

牌坊之「坊」，指的就是坊門，起於古代城市的「里坊制」，此制從春秋戰國一直沿用到唐代。所謂的里坊制指的是一種平民百姓的聚居制度：「考古代民居所聚曰里，里門曰閭。」〔註19〕城市的居民聚居於一個個用圍牆封閉起來的區塊之中，此區塊在隋以前稱爲「里」，唐代則稱爲「坊」。爲方便進出與管理，圍牆之東西向或南北向會設門，此門稱爲「閭」或「坊門」。〔註20〕坊門設有專人管理，朝啓暮閉，以達維護里民安全及方便管理

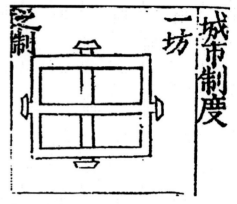

圖 2-1-8　坊制圖

圖版：鄭岩、汪悅進，《庵上坊：口述、文字和圖像》，頁52。

之效。因此，「坊門」最初是一種門洞式的建築物，是做爲進出與道路起點、終點的標示【圖2-1-8】。

　　漸漸地坊門除了標示作用外，還有了旌表義：「士有嘉德懿行，特旨旌表，榜於門上者，謂之『表閭』。魏晉以降或云坊，其義實一。」〔註21〕「表閭」就是「榜其閭里」，也就是「旌門」，朝廷賜予有功德之人木牌，並張掛於坊門之上，以作爲表彰與教化之用，這就是「牌坊」名稱中，「牌」字的來由與牌坊旌表功能的開端。

　　從文獻來看，最早的「表閭」行爲，始於西周，《尚書‧武成》與《史記‧周本紀》都分別有「式商容閭」與「表商容之閭」的記載。〔註22〕但從考古材料來看，尚未發現西周時期與「表閭」相關的遺物，因此確切的年代有待

〔註19〕劉敦楨，《劉敦楨文集》，頁179。
〔註20〕若里坊較大，則東西向、南北向皆兼而設之。
〔註21〕劉敦楨，《劉敦楨文集》，頁179。
〔註22〕《尚書》是由西漢孔安國所注，《史記》是由西漢司馬遷所撰。因此，此處是由西漢時代來看最早的「表閭」行爲。又「式商容閭」、「表商容之閭」記載的內容爲：商容是一位受百姓愛戴的賢者，爲紂王所不容。周武王初定之時，乘車過商容之閭，以手扶軾，以表禮賢之意。因此，從文獻來看，此最早的「表閭」行爲，與後來將木牌懸掛於閭門之上的「表閭」，仍是有些許的不同。「式商容閭」典故參見：（唐）孔穎達，《尚書正義》（臺北市：臺灣商務印書館，1966，四部叢刊續編經部三），卷10，頁1317～1318。「表商容之閭」典故參見：（西漢）司馬遷，《史記》（臺北市：臺灣商務印書館，1983，景印文淵閣四庫全書），第243冊，頁243～98。

考證。不過透過研究可知，到了戰國時，直接在坊門的匾額牌上刻字，「表閭」之制，真正落實。〔註23〕由於坊門承載了旌表的榮譽，人們對坊門的形制愈加重視，原先簡單的衡門形制之坊門，無法滿足居民的需求，於是融入華表元素的烏頭門，與融入闕樓檐頂的牌樓，也就逐漸加入坊門的形制之中。牌坊形制與旌表功能相互影響的結果，促使牌坊走向多元與華麗，這就是華表說與漢闕說的由來。

　　因此，牌坊的起源問題，可歸結為：形制上源於春秋中後期的衡門，功能上源於西周的表閭之制。由於牌坊從單純的門洞式建築轉而承載榮譽旌表的功能，其形制就逐漸加入了華表與闕的元素，使得牌坊的形制因其功能的轉變而逐漸走向複雜與華麗。不過宋代以前，牌坊雖有旌表義但卻一直都沒有脫離里坊制與門的性質。關於牌坊形制何時獨立，並成為現今大眾對此一紀念性建築物的認知，筆者將於下文：〈牌坊的形制構造與演變〉中說明。

三、牌坊的形制構造與演變

　　從探尋牌坊的起源，了解到牌坊的形制與功能之間的關係後，下文即針對牌坊形制造形的詳細變化與脫離坊門性質而成為一獨立建築的過程加以說明。

　　「里坊制」從春秋戰國起，一直沿用到唐代。尤其在隋唐之際，城市中的里坊制度更為盛行，唐代西京的長安城與東都的洛陽城，都是里坊制最典型的代表【圖 2-1-9】。

　　【圖 2-1-9】中，每一方格就是一個里坊，坊與坊之間相隔高約 3 公尺的夯土牆。坊有大小之分，大坊內開十字大街，將坊分為 4 區，每一區再開十字巷，每一小區塊稱為「曲」。坊牆設門，門的多寡與坊的大小成正比。每坊皆有各自的名稱，坊與坊之間有著明顯的身分與職業的差別。〔註24〕

　　因為坊有等級貴賤的區別，因此唐人常以里坊之名指稱人物，如：「新昌楊相國」；甚至直接以坊名來代表居住其中的名人，如以「親仁」的坊名，直接代表居住其中的郭子儀。〔註25〕此外，自西周武王起，坊門承載了旌表的

〔註23〕戰國時期，燕昭王為表甘需之里，於其里門匾額上刻「明真」二字，將「表閭」制度真正落實。參見：金其楨、崔素英，《牌坊・中國》，頁9。
〔註24〕金其楨、崔素英，《牌坊・中國》，頁10。
〔註25〕鄭岩、汪悅進，《庵上坊——口述、文字和圖像》，頁51。

圖2-1-9　唐長安城平面圖

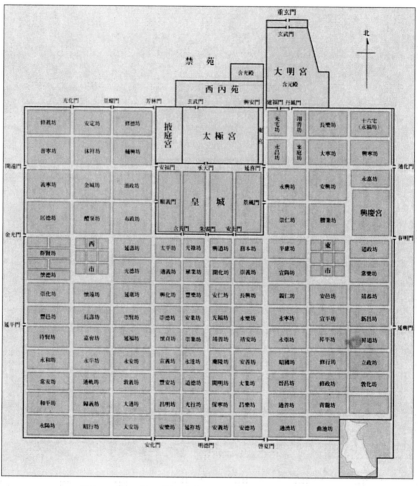

圖版：萬幼楠，《中國建築‧013‧牌坊》，頁14。

功能，因此，坊的形制受到極大的重視。為了使坊門更加華麗，於是產生於
上古時期的華表，就取代了坊門單調的立柱，使原本簡單的坊門成為「烏頭
門」的形式。

　　「華表」又稱為「桓表」，它的起源根據文獻：《淮南子》、《古今注》、《後
漢書》、《歷代社會風俗事物考》等，可歸納成兩種說法：其一為類似今日路
標的木柱演變而成；其二為源於上古堯舜所立的誹謗木。〔註26〕以尚秉和《歷

〔註26〕《淮南子‧主術訓》：「堯置敢諫之鼓，舜立誹謗之木。」參見：（西漢）劉安
　　　　著、熊禮匯注譯，《新譯淮南子》，卷九主術，頁451。

代社會風俗事物考·五帝時代》中，對「華表」的說法爲例：

> 古今注，〔註27〕堯立誹謗之木，今之華表木也，以衡木交柱頭，若
> 花也，形若桔橰，大路交衢悉施焉，或謂之表木，以表王者納諫也，
> 亦以表識衢路也。又尸子，〔註28〕堯立誹謗木〔註29〕於四達之衢，
> 按古今注所言，古華表之形與今之牌樓無異。然則今北平城內之東
> 四牌樓，西四牌樓，仍唐虞之制也。〔註30〕

由此段文字可知：華表起源的兩種說法，實則一也，意即此表木既可表識衢
路，又可供百姓提供諫言之用。除此之外，在先秦時期，華表的另一種功用
即樹於陵墓前以作爲標識。〔註31〕到了東漢，陵墓華表由木製改爲石製，被
稱爲神道石柱。〔註32〕其功能仍爲裝飾、標誌墓道，並多被用在帝王、貴族
的陵墓【圖 2-1-10】、【圖 2-1-11】。〔註33〕

《古今注》：「程雅問曰：堯設誹謗之木何也？答曰：今之華表木也，以衡木
交柱頭，若花也，形若桔橰，大路交衢悉施焉，或謂之表木，以表王者納諫
也，亦以表識衢路也。秦乃除之漢始復修焉。今西京謂之交午也。」參見：（西
晉）崔豹，《古今注》，卷下問答釋義第八，頁 5。

「桔橰」，根據《國語活用辭典》的解釋：「一種汲水的器具，用繩子懸在橫
木上，一端繫汲水桶，另一端繫重物，使互相上下汲取井水，以節省人力。」
參見：周何總主編，《國語活用詞典》，頁 1073。

《後漢書·楊震傳》：「臣聞堯舜之世，諫鼓謗木，立之於朝。」所謂「諫鼓」，
立於朝堂之外，人民有意見可擊鼓進諫。所謂「謗木」，立木柱於交通要道，
供人民書寫意見。參見：（南朝宋）范曄，《後漢書》，卷八十四·列傳第四十
四楊震傳，頁 6。

不過，《淮南子》成書於西漢，《古今注》爲西晉崔豹所著，《後漢書》成書於
南朝劉宋，而目前考古資料尚未發現與「誹謗木」相關的遺物，因此確切的
年代有仍待考證。

〔註27〕即前文所提之（西晉）崔豹，《古今注》。

〔註28〕《尸子》書名，戰國時期晉國人尸佼所著，爲秦相商鞅之門下賓客。

〔註29〕此處誹謗指的是：提出意見，議論是非。

〔註30〕尚秉和，《歷代社會風俗事物考·卷三·五帝時代》，頁 18。

〔註31〕（南朝梁）吳均《續齊諧記》：「張華爲司空于時，燕昭王墓前有一斑狸化爲
書生欲詣，張公過，問墓前華表曰，以我才貌可得見司空耶……」，由此可
見，戰國時期燕昭王墓前即樹有華表。參見：（南朝梁）吳均，《續齊諧記》
（台北市：藝文印書館，無出版期期，百部叢書集成之九，古今逸史第四函），
頁 2。

〔註32〕陳炳容，《金門的古墓與牌坊》，頁 113～114。

〔註33〕南朝、唐、宋、明、清的貴族墓葬中，均有多處神道石柱的遺跡。參見：金
其楨、崔素英，《牌坊·中國》，頁 12。

圖 2-1-10　華表　　　　　圖 2-1-11　北京天安門前的華表

圖版：萬幼楠，《中國建築·　　　　圖版：萬幼楠，《中國建築·013·牌坊》，
013·牌坊》，頁 12。　　　　　　　　頁 12。

　　隨著封建社會的建立，華表的諫言功能消失，倒是其帝王、貴族陵墓神
道石柱的功能，使其形制愈趨華麗。〔註34〕當里坊制與人的身分地位象徵牽
扯上關係之後，人們就愈加講究坊門的式樣了。爲了凸顯坊門的華麗，於是
將華表柱移到坊門上，取代原先單調的門柱，變成另一種新形制的門，稱爲
「烏頭門」【圖 2-1-12】。〔註35〕現存文獻中最早出現「烏頭門」者，爲北魏
楊衒之所撰的《洛陽伽藍記》。〔註36〕由於此類門式高大華麗，因此有權勢之
人家紛紛以此做爲府第大門，使得唐宋以降，中央不得不對烏頭門的使用訂
出規範，由此烏頭門具備了旌表之意。〔註37〕北宋以後，「櫺星門」取代「烏

〔註34〕樓慶西：「明清時期華表的柱身一般都做成龍柱，柱多成八角形……。」參見：
　　　　樓慶西，《中國小品建築十講》，頁 63。金其楨、崔素英：「唐宋時，陵墓前的
　　　　華表多爲棱形石柱，其紋飾、形制也多有等級規定。……明清時，華表的形
　　　　制、雕刻更爲精美、豪華，柱身由原先的棱形石柱改爲遍體雕鑿蟠龍、雲紋
　　　　文飾的圓柱。」參見：金其楨、崔素英，《牌坊·中國》，頁 13。
〔註35〕烏頭門之稱號，乃因此門兩側高於橫樑的柱子，柱頂安裝瓦筒，以防雨水對
　　　　柱身的侵蝕。瓦筒墨染、色黑，因而稱爲烏頭染。此類門式稱之爲「烏頭門」。
　　　　參見：（北宋）王欽若、楊億等奉敕撰，《冊府元龜》，卷 140·帝王部·旌表
　　　　第四，頁 904～514。
〔註36〕《洛陽伽藍記》：「永寧寺……所可異者，唯樓二重北門一道，不施屋，似烏
　　　　頭門。」參見：（北魏）楊衒之，《洛陽伽藍記》，卷 1，頁 7815～7816。
〔註37〕《唐六典》：「五品已（原）上得制烏頭門」。參見：（唐）張九齡等撰、李林
　　　　甫等注，《唐六典》，卷 23，頁 595～218。又「烏頭門」於宋代《營造法式中》

頭門」之稱，成爲大家普遍的稱法【圖2-1-13】。〔註38〕

　　宋代，由於經濟發達，原先封閉的里坊制不能因應商業的需求，故而從北宋起，坊牆就逐漸消失，原有的里坊制逐漸被街巷制所取代。原立於里坊出入口的坊門，因其標識性與旌表義，被保留下來，因而成爲一獨立性的建築體。〔註39〕因經濟需要而拆除坊牆，又因失去實質作用也拆除掉門扇的欞星門，從此就由門的形制獨立出來，成爲一種新的建築體——牌坊。又因欞星門的華表柱高出額枋，故而被稱之爲「沖天式牌坊」，是牌坊的主要形制【圖2-1-14】。由此，牌坊成爲一種具旌表義與紀念義的獨立性建築。

圖2-1-12　宋《營造法式》中之烏頭門

圖版：萬幼楠，《中國建築‧013‧牌坊》，頁15。

圖2-1-13　臺中市孔廟之欞星門

圖版：維基百科，欞星門條，http://zh.wikipedia.org/wiki/%E4%B9%8C%E5%A4%B4%E9%97%A8，2013.02.01。

又稱爲「閥閱」，而「閥閱」也成爲名門權貴的代名詞。參見：（北宋）李誡，《營造法式》，卷二總釋下烏頭門、華表，頁33～34；卷六小木作制度一烏頭門，頁121。

〔註38〕甘公、石申《星經》：「天田二星，在角北，主天子畿內地，左對疆界城邑邊塞。」參見：甘公、石申著、王雲五主編，《星經及其他二種》，頁29～30。靈星即天田星，主管畿內田苗。漢高祖規定祭天前先祭靈星，並修建靈星祠。北宋仁宗建祭天的郊臺時，設置「靈星門」，形制與窗欞似，又爲與「靈星」區別，故而稱「欞星門」。爾後，由於孔廟、寺觀、陵墓等重要建築之大門均以高大華麗的烏頭門形式興建，亦稱爲「欞星門」，因此「烏頭門」之稱就逐漸被「欞星門」取代了。

〔註39〕宋代雖然里坊制消失，然而人們仍以坊門作爲道路或地區的標識，並且以某坊名自稱或稱人的習慣仍存留，因此坊門被保留下來，而成爲一獨立的建築體。

圖2-1-14　　　　　　　　圖2-1-15　融合華美闕頂形式的牌
杭州西湖湖心亭沖天式牌坊　　　　　　樓（山東聊城清代山陝會館）

圖版：萬幼楠，《中國建築‧013‧牌坊》，頁　圖版：萬幼楠，《中國建築‧013‧牌坊》，頁
15。　　　　　　　　　　　　　　　　24。

　　隨著對華麗與氣勢的不斷追求，欞星門的形制已不能被人們滿足，於是
牌坊的元素又有了新的改變，有著華美檐頂的「闕」取代了「華表」與額枋
結合，產生了新形制的「牌樓」【圖2-1-15】。

　　「闕」是古代宮殿、祠廟和陵墓前的高大建物，分成基座、闕身和樓頂
三部分。樓頂是闕的主要裝飾部位，通常在檐下會有斗栱、樑枋以及雕刻等
裝飾物【圖2-1-16】、【圖2-1-17】。〔註40〕闕盛行於漢晉以前，而牌坊融入「闕
樓」的元素成為「牌樓」，根據文獻記載是在宋代。〔註41〕

　　闕樓融入牌坊的形制，在原坊門柱子上加蓋樓頂，使整座牌坊更顯高大
宏偉。明間之樓稱為「主樓」或「正樓」，次間之樓稱為「次樓」，稍間之樓
稱為「邊樓」。形制更大者，在主樓、次樓、邊樓間還有「夾樓」【圖2-1-18】。
因為額枋之上加了屋宇式樓檐，故此類牌樓亦稱之為「屋宇式牌樓」。

　　牌樓的裝飾重點在頂檐之下的斗栱、樑枋以及雕刻等裝飾物，檐脊上亦
有各式裝飾小獸。即使是石牌樓，最初亦仿木牌樓的形式，不僅檐頂雕刻出

〔註40〕闕又可分成單層闕和雙層闕。雙層闕指的是在大闕旁建一小闕，因為一高一
　　　低，因此又稱子母闕。闕頂上可起樓臺，供人瞭望、守備，通常左右各一，
　　　中間為通道。隨著功能性的演變，宮殿的闕樓因守備需要而愈形高大，祠廟
　　　和陵墓的闕樓則體積縮小，闕頂上也無法再起樓臺，成為一裝飾性的建物。
　　　參見：金其楨，〈論牌坊的源流及社會功能〉，頁72～73。
〔註41〕根據金其楨〈論牌坊的源流及社會功能〉一文引用《京師坊巷志》中所引宋
　　　代之文曰：「幽州城凡二十有八坊，坊門有樓。」由此可見，「牌樓」的形式
　　　出現於宋代。參見：金其楨，〈論牌坊的源流及社會功能〉，頁72。

圖 2-1-16
四川漢畫像磚上的門闕

圖版：萬幼楠，《中國建築‧013‧牌
坊》，頁 13。

圖 2-1-17
四川高頤墓石闕（子母闕）

圖版：萬幼楠，《中國建築‧013‧牌
坊》，頁 13。

圖 2-1-18　主樓、次樓、邊樓、夾樓示意圖（北京明十三陵石牌坊）

圖版：侯幼彬，《中國建築‧005‧門》，頁 24。
圖註：圖上說明文字為筆者自加。

垂脊、瓦片、滴水等木結構屋頂式樣，就連檐下木結構式斗栱、樑枋亦有相
當程度的「仿樣」（mimicry）【圖 2-1-19】。〔註42〕結合了闕樓的牌坊，使得工

〔註42〕貢布里希認為：仿樣是一種習慣勢力的延續，它讓我們容易適應新的材料、
　　　新的環境和新的工具。以牌坊為例，木結構牌坊為此類建築之主要形式，當
　　　人們以更耐用的石材來製作牌坊時，在石材上表現原本木牌坊之木結構的工
　　　藝，是一種必然現象。雖然在石材上雕鑿出斗栱等木結構構件會給石匠增加

匠在裝飾藝術上，有了更多發揮的空間，也滿足人對牌坊雄偉華麗的需求。

隨著牌坊形制的發展，原本沖天式華表柱的牌坊與柱不出頭但有華美簷頂的牌樓相互結合，使得牌坊兼具兩者的優點，成為「沖天式牌樓」【圖2-1-20】。

<table>
<tr><td>圖2-1-19
山西五台山龍泉寺石牌樓</td><td>圖2-1-20　安徽棠樾牌坊群之清代
「樂善好施」坊</td></tr>
<tr><td></td><td></td></tr>
<tr><td>圖版：樓慶西，《中國小品建築十講》，頁34。
圖註：此牌樓為石牌樓，但有多處仿木結構的雕鑿。</td><td>圖版：萬幼楠，《中國建築‧013‧牌坊》，頁31。
圖註：結合了華表柱與闕樓之「沖天式牌樓」。</td></tr>
</table>

四、小結

綜合上述，牌坊的形制起源於古代的衡門，由於里坊制使得坊得以代表其中的居民，而成為身分地位的象徵，使得其形制受到重視。又因為坊門的出入口性質，使其具備了告示的功能，而賦予坊門旌表、榮譽的象徵。為了滿足坊門的種種象徵義，「華表」與「闕」的元素加入坊門，使牌坊的形制愈趨高大華美。宋代經濟發達，使得里坊制解體，坊牆消失，牌坊的標識義與旌表義使得牌坊得以存留下來，成為一獨立式的特殊建築。由此牌坊由簡單的門洞式建築、出入口功能，演變成獨立式的沖天式牌坊、屋宇式牌樓與沖

許多額外的負擔，對石牌坊本身的建築結構也產生不了任何作用，但這樣的「仿樣」能讓人們更快接受「石」牌坊的形式。隨著人們對「石」牌坊的接受，才會逐漸發展出符合「石材」特質的石牌坊工藝。關於「仿樣」、「習慣勢力」，參見：（英）E.H.貢布里希著，范景中、楊思梁、徐一維譯，《秩序感——裝飾藝術的心理學研究》，頁193～201。

天式牌樓等多樣形制的建築，承載著空間分界與封建制度之下統治者與被統治者間相互需求的微妙關係。

第二節　牌坊的各部位構造名稱與分類

一、牌坊的各部位構造名稱

　　木牌樓與石牌坊在構造上略有差異，各家對牌坊的各部位稱呼也略有不同。為方便本論文說明，筆者以《營造法式》〔註43〕、《營造法式註釋》〔註44〕、《清式營造則例及算例》〔註45〕三本書為主，並參考《新竹市的牌坊》〔註46〕、《古蹟入門》〔註47〕、《台灣古建築圖解事典》〔註48〕、《金門的古墓與牌坊》〔註49〕等書，將牌坊各部位構造的名稱統一，並配合【圖2-2-1】、【圖2-2-2】、【圖2-2-3】、【表2-2-1】說明之。

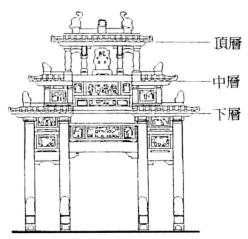

圖 2-2-1　牌坊分層圖

圖版：閻亞寧主持，《金門縣第一級古蹟邱良功之母節孝坊之調查研究》，頁27。

　　首先，先訂名「檐」字。筆者翻閱《國語活用辭典》〔註50〕，「檐」、「簷」兩字互通，今人也多半寫作「屋簷」。然《營造法式》「檐」字條寫到：「檐，余廉切，或做櫓，俗作簷者非是。」又於書中引《爾雅》、《說文》、《釋名》等古籍，說明檐的部位及別稱。〔註51〕故而筆者於本論文均使用「檐」字。

〔註43〕　（北宋）李誡奉敕撰，《營造法式》，所引用之頁數註明於各段落。
〔註44〕　梁思成，《營造法式註釋》，頁30～31、33～34、36、91、119、153、172、178。
〔註45〕　梁思成，《清式營造則例及算例》，頁76～78、80、82～83、85。
〔註46〕　張德南，《新竹市的牌坊》，頁70、93。
〔註47〕　李乾朗，《古蹟入門》，頁88～91。
〔註48〕　李乾朗，《台灣古建築圖解事典》，頁58～59、72、76。
〔註49〕　陳炳容，《金門的古墓與牌坊》，頁146。
〔註50〕　根據：《國語活用詞典》，「檐」、「簷」兩字均為屋頂向外延伸的部分，以障蔽風雨，兩字互通。參見：周何總主編，《國語活用詞典》，頁1117、1522。
〔註51〕　（北宋）李誡，《營造法式》，卷2，頁673～412。

圖 2-2-2　木牌樓各構造部件代號圖

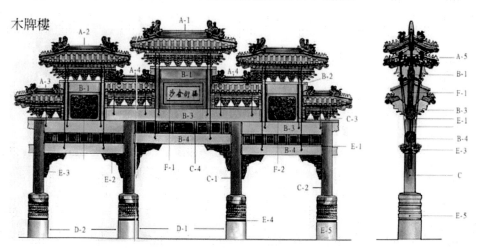

圖版：筆者參考：萬幼楠，《中國建築‧013‧牌坊》，頁 8～9，並根據本論文所需內容作修改。修改日期：2013.03.09。

圖 2-2-3　石牌坊各構造部件代號圖

（以台灣牌坊爲例）

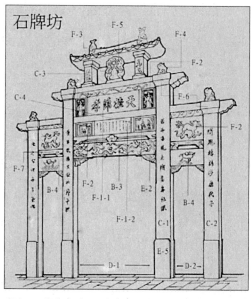

圖版：筆者參考：張德南，《新竹市的牌坊》，頁70，並根據本論文所需內容作修改。修改日期：2013.03.09。

表 2-2-1　代號說明

A 樓	D 間
A-1 正（主）樓	D-1 正間（明間、當心間）
A-2 次樓	D-2 次間
A-3 邊樓	
A-4 夾樓	
A-5 簷頂	
B 枋	**E 加固構件**
B-1 單額枋	E-1 挺鉤
B-2 平板枋	E-2 雀替
B-3 大額枋	E-3 雲墩
B-4 小額枋	E-4 鐵箍
	E-5 夾杆石
C 柱	**F 其他構件**
C-1 中柱	F-1 字板
C-2 邊柱	F-1-1 匾額
C-3 侏儒柱	F-1-2 字板（事蹟坊）
C-4 摺柱	F-2 花板
	F-3 蚩尾
	F-4 獅座
	F-5 龍鳳牌（聖旨碑）
	F-6 櫨枓
	F-7 櫨櫸腳

　　石牌坊原為木牌樓的仿樣，然以筆者調查台灣本島現存的牌坊發現，在牌坊的樓頂、斗栱等非石結構的重要部件上，做工均多所減省。故而台灣本島的石牌坊雖有樓簷，也浮雕瓦當、滴水，但整體屋簷的結構仿樣已相當表面化、形式化。甚至有些牌坊在第二層、第三層（原應為次樓、邊樓的部分）省去樓的形式，而僅以「捲雲紋」收結，完全看不出「樓簷」的形式了。〔註52〕這樣的做工雖然失去了對木牌樓的仿真，但相對的也更適合石材質的表現形式。這樣的情況，有可能是礙於當時石匠的來源及雕刻技術，或者是局限於坊主人本家的建坊金費，〔註53〕又或者是台灣現存的石牌坊在當時可能已漸漸發展出「石」牌坊本身特點的形式了。

　　柱的部分，一般說來木牌坊多圓柱，石牌坊多方柱，此乃為適應材質本身的特質而來。而根據林會承在《台灣傳統建築手冊形式與做法篇》的說法：屋身柱子截面形式的等級，圓形高於八角形再高於方形。〔註54〕筆者根據對台灣現存牌坊的實地調查與參考大陸地區關於牌坊的著作，似乎柱式在牌坊中並不特意表現等級之別。如北京明十三陵石牌坊為規制最高的六柱五間十一樓形式，然其立柱卻為方柱，整座牌坊的等級是從簷頂的數量與形式來表現。

　　C-3 侏儒柱，萬幼楠名為「高栱柱」，〔註55〕張德南名為「短柱」，〔註56〕陳建標名為「童柱」，〔註57〕許康、張晶晶、馬利亞名為「高拱柱」。〔註58〕首先先區分「栱」、「拱」二字。《營造法式》作「栱」，〔註59〕而《國語活用

〔註52〕　如：新竹楊氏節孝坊、蘇氏節孝坊、李錫金孝子坊，苗栗賴氏節孝坊，均屬此類。參見：本論文「附錄一：台灣本島現存牌坊圖表A」，紅色箭號處。

〔註53〕　若說是「局限於坊主人本家的建坊金費」，筆者有些許疑義。根據筆者調查結果，新竹蘇氏節孝坊之女主人蘇進治在夫吳國步亡故後，不但主持家政，更參與家族商業經營獲利甚豐。若是為榮耀家族，而族中經濟又足以支持，以大陸的牌坊為例，多是窮極雕工裝飾之美，而蘇氏節孝坊並不如此。關於蘇氏的生平，參見本文：第四章第三節〈台灣現存貞節牌坊主人之事蹟〉，頁112～113。

〔註54〕　林會承，《台灣傳統建築手冊──形式與作法篇》，頁83。

〔註55〕　萬幼楠，《中國建築‧牌坊》，頁8～9。

〔註56〕　張德南，《新竹市的牌坊》，頁72、80、87、92、94、102。

〔註57〕　陳建標，〈漳州詔安明代牌坊調查〉，頁28。陳建標，〈漳州清代牌坊建築裝飾〉，頁45。

〔註58〕　許康、張晶晶、馬利亞，〈淺析中國古代牌坊的造型藝術〉，頁237。

〔註59〕　（北宋）李誡，《營造法式》，卷1，頁673～407。

詞典》中，「栱」為「屋柱上，承屋梁的方木。」與「拱」字並無相通義。
〔註60〕筆者翻閱《營造法式》卷1提到，樑上短柱稱為「侏儒柱」，無其他相關的稱呼。故而筆者以為「高栱柱」、「侏儒柱」之稱皆可，而本文以《營造法式》之「侏儒柱」名之。

　　由於是「石」質牌坊，故而在加固構件上，用於木牌樓的挺鉤自然省去。雖然有夾杆石，但在台灣現存的牌坊中，此構件大多為裝飾性質，故而鐵箍、雲墩省去，雀替也從原本加固構件變為裝飾用途。

　　關於 F-3「蚩尾」之名，寫法眾多，應作「蚩尾」、「鴟尾」或者「鴟吻」？馮雙元於〈鴟尾起源考〉〔註61〕一文中，引（唐）蘇鶚《蘇氏演義》、（北宋）王溥《唐會要》、（宋）高承《事物紀原》、（北宋）李昉《太平御覽》及近人梁思成《營造法式注釋》等書，論證「鴟尾」一詞的起源。筆者實際翻找這幾本古籍〔註62〕並由其論證可得：目前最早提到「蚩尾」一詞者，為（唐）

〔註60〕 周何總主編，《國語活用詞典》，頁891、1077。
〔註61〕 馮雙元，〈鴟尾起源考〉，頁58～63。
〔註62〕 關於這幾本古籍資料如下：
　　(1) （唐）蘇鶚《蘇氏演義》：「蚩者，海獸也。漢武帝作柏梁殿，有上疏者云：『蚩尾水之精，能辟火災，可置之堂殿。』今人多作鴟字。見其吻如鴟鳶，遂呼之為鴟吻。顏之推亦作此鴟，劉孝孫事如做此。蚩尾既是水獸，作蚩尤之蚩是也。蚩尤銅頭鐵額牛角牛耳，獸之形也，作鴟鳶字即少意義。」參見：（唐）蘇鶚，《蘇氏演義》（台北市：藝文印書館，無出版日期，百部叢書集成之三五），藝海珠塵第五函，頁8。
　　(2) （北宋）王溥《唐會要》：「開元十五年七月四日。雷震興教門兩鴟吻，欄檻及柱災。蘇氏駁曰：東海有魚，虬尾似鴟，因以為名，以噴浪則降雨。漢柏梁災，越巫上厭勝之法，乃大起建章宮，遂設鴟魚之像於屋脊，畫藻井之文於梁上，用厭火祥也。今呼為鴟吻，豈不誤矣哉！」參見：（北宋）王溥，《唐會要》（台北市：藝文印書館，無出版日期，百部叢書集成之二七），聚珍版叢書第二十六函，卷44，頁12。
　　(3) （宋）高承《事物紀原》：「唐會要曰：漢柏梁殿災，越巫言海中有魚虬，尾似鴟，激浪則降雨，遂作其象於屋，以厭火災。……王子年拾遺記曰，鯀治水無功，自沉羽淵，化為玄魚。海人於羽山下修玄魚祠，四時致祭。嘗見灜瀬出水長百丈，噴水激浪必雨降。漢書越巫請以鴟魚尾厭火災，今鴟尾即此魚尾也。按王嘉晉人，晉去漢未遠，當時已作鴟字。蘇鶚之說亦未允也。吳處厚青箱雜記曰，海有魚虬，尾似鴟，用以噴浪則降雨。漢柏梁臺災，越巫上厭勝之法，起建章宮，設鴟魚之像於屋脊，以厭火災，即今世鴟吻是也。」參見：（宋）高承，《事物紀原》（台北市：台灣商務印書館，無出版日期，四庫全書珍本十二集），第二集，卷8，頁51～52。

蘇鶚《蘇氏演義》一書，其寫法爲「蚩尾」而非「鴟尾」。《事物紀原》與《太平御覽》關於「蚩尾」均引自《唐會要》，而《唐會要》中已說明「鴟吻」的寫法是錯誤的，不過其用法爲「鴟尾」。而《營造法式注釋》中對「蚩尾」的解釋來自於（北宋）李誡的《營造法式》。《營造法式》卷二的「鴟尾條」則是引《漢記》之文，其寫法爲「鴟尾」，並且也否定「鴟吻」的寫法。不過，馮雙元認爲《漢記》中的相關文獻有令人懷疑之處。

又楊仁江於〈臺北市黃氏及周氏節孝坊之研究（下）〉，〔註63〕亦引蘇鶚《蘇氏演義》及《古老傳》、《顏氏家訓》、《說郛》等古籍，認爲「鴟尾」乃「蚩尾」之誤，應追本溯源爲「蚩尾」才是。

從以上資料，筆者以（唐）蘇鶚《蘇氏演義》之「蚩尾」用法來定名。

F-6「櫨枓」，《營造法式》寫道：「爾雅栭謂之楶，即櫨也。」「釋名：盧在柱端都盧負屋之重也，枓在欒兩頭如斗負上橑也。」、「造枓之制有四：一曰櫨枓，施之於柱頭，其長與廣皆三十二分……」，〔註64〕一般作「坐斗」，爲疊斗中的最下層，具承重及穩定作用。台灣民間匠師稱爲「一雲斗」。

---

(4)　（北宋）李昉《太平御覽》：「唐會要曰：漢柏梁殿災後，越巫言海中有魚虬，尾似鴟，激浪即降雨，遂作其象於屋，以厭火祥。時人或謂鴟吻，非也。」參見：（北宋）李昉，《太平御覽》（臺北市：臺灣商務印書館，1983，景印文淵閣四庫全書第八九四冊），卷188，頁894～780。

(5)　（北宋）李誡《營造法式》，引《漢紀》曰：「柏梁殿災後，越巫言海中有魚虬，尾似鴟，激浪即降雨，遂作其象於屋，以壓火祥。時人或謂鴟吻，非也。」參見：（北宋）李誡，《營造法式》，卷2，頁673～416。

〔註63〕　楊仁江〈臺北市黃氏及周氏節孝坊之研究（下）〉：「蚩尾，今做鴟尾，疑爲後人之誤。按：蘇鶚纂（原）《蘇氏演義》卷上：「蚩者，海獸也。漢武帝作柏樑殿，有上疏者云：蚩尾水之精，能辟火災，可置之堂殿，今人多作鴟字。見其吻如鴟鳶遂呼之爲鴟吻，顏之推亦作此鴟，劉孝孫《事始》作此，蚩尾旣是水獸，作蚩尤之蚩是也。蚩尤銅頭鐵額牛角牛耳獸之形也。作鴟鳶字即少意義。」《古老傳》云：「蚩，聳尾出於頭上，遂謂之蚩尾。」《顏氏家訓》卷下：「東宮舊事何以呼鴟尾爲祠尾：答曰：張敞者，吳人不甚稽古，隨宜記注，遂鄉俗訛謬，造作書字耳。吳人呼祠祀爲鴟祀，故以祠代鴟。」明陶宗儀編，藍格舊鈔本，《說郛》卷九：「余按倦游雜錄云，漢以宮殿多災，術者言，天上有魚尾星，宜爲其象，冠於屋以禳之。今亦有自唐以來，寺觀舊殿宇，尚有爲飛魚形，尾上指者，不知何時易名爲鴟吻，狀亦不類魚尾。」由此可見，今人所指「鴟尾」，多係來自「蚩尾」之誤，本文追本溯源仍按原字，以免所雕「蚩」形，不得其解。」參見：楊仁江，〈臺北市黃氏及周氏節孝坊之研究（下）〉，頁129，註釋8。

〔註64〕　（北宋）李誡，《營造法式》，卷1，頁673～408。李誡，《營造法式》，卷4，頁673～432。

〔註65〕以台灣現存石牌坊來看，櫨枓大多爲裝飾性質。

二、牌坊的分類

關於牌坊的分類，筆者從牌坊的形式、主要建材與功能三個方向討論。

（一）從牌坊的形式分類

以牌坊的形式來看，可以從牌坊立柱之出頭與否；柱數、樓數；及樓檐的形式來看。一般在討論牌坊的等級時，也是先從柱數、開間數看起，進而比較樓數，最終以樓檐的形式來訂定等級高低。

1. 牌坊立柱之出頭與否

由牌坊的演變，可知牌坊從原來的衡門，加入華表與闕樓的元素，又受到當時社會環境的影響，而成爲現今所見的牌坊形式。因此，不管是有樓檐的牌樓，或是沒有樓檐的牌坊，其立柱若是突出於額枋之上者，則爲「柱出頭式」牌坊，又稱爲「沖天式」牌坊；若立柱沒有突出於額枋之上者，則爲「柱不出頭式」牌坊。〔註66〕

2. 牌坊的柱數、樓數

牌坊的基本結構，是由立柱、額枋、檐頂（針對牌樓而言）三部分所構成。柱與柱之間爲一個開間，一般說來柱數爲双數，開間數爲單數。〔註67〕牌樓上幾座檐頂，就稱爲幾樓，通常一座牌坊有一個主樓。〔註68〕「樓」也可稱爲「滴水」，因此有二個樓檐也可稱爲「二滴水」。〔註69〕柱數與樓數的多寡，有其嚴格的規定，在帝王時期是不容踰越的。最小的牌樓爲兩柱一間單樓，一般臣民最多只可用四柱三間七樓的形制，只有帝王神廟、陵寢才能使用六柱五間十一樓形制的牌坊。〔註70〕不過，隨著帝王時期的結束，牌坊的形制也愈趨自由。由於牌坊是從門逐漸演變而來的門洞式建築，因此，不

〔註65〕 李乾朗，《臺灣古建築圖解事典》，頁89。
〔註66〕 此處「牌坊」指的是本論文所定義之廣義的牌坊，包含牌樓在內。
〔註67〕 一般說來，牌坊的柱數爲雙，開間數爲單，但有變例者。如：北京頤和園蘇州街「沉香齋」的門臉坊，爲三柱兩間形式的牌坊，即爲一變例。參見：金其楨、崔素英，《牌坊・中國》，頁30，圖24。
〔註68〕 通常一座牌坊有一個主樓，然也有變例者，如：雲南永仁「方山勝景」牌坊，爲十二柱雙主樓牌坊。參見：金其楨、崔素英，《牌坊・中國》，頁31，圖25。
〔註69〕 張素玢、陳鴻圖、鄭安晞，《臺灣全志》，卷二・土地志・勝蹟篇，頁130。
〔註70〕 金其楨、崔素英，《牌坊・中國》，頁22。

管是幾柱幾間幾樓,「一」字形的牌坊為牌坊類建築的基本式樣。

在四柱三間「一」字形牌坊的基本式樣下,張德南將之分成「四柱等高式」與「中柱較高式」兩種。「四柱等高式」牌坊的穩定性高,護檐結構的合理性也高。「中柱較高式」的牌坊節點結構較不合理,穩定性較弱,但在牌坊高度相同時,此種類形的牌坊較「四柱等高式」的牌坊更具有高聳之感。〔註71〕

後來牌坊為因應凸顯身分、特色並兼顧禮制的規定,又或者是為避免阻擋交通等因素,而在「一」字形的結構之下產生各種變體。筆者參考金其楨、崔素英,《牌坊‧中國》一書,將其原本之 10 類變體牌坊,再次整理為:「八字形」、「＞－＜形」、「口字形」、「亭形」、「垂花柱形」、與「主次間變體形」等 6 類變體牌坊。〔註72〕

「八字形」的牌坊形式為:在原本二柱一間或四柱三間的「一」字形牌坊結構下,由兩邊側間共用邊柱的情形下,往牌坊面前延伸出新的牌坊,使牌坊的整體造型呈現「八字形」。一般說來,此類形制的牌坊從正面看或從側邊看都不違反一般四柱三間形式的牌坊類形【圖 2-2-4】、【圖 2-2-5】。

「＞－＜形」的牌坊形式為:在原本二柱一間或四柱三間的「一」字形牌坊結構下,由兩邊側間共用邊柱的情形下,往牌坊面前、後各延伸出新的牌坊,使牌坊的整體造型呈現「＞－＜」形。一般說來,此類形的牌坊也是為了規避柱數限制的變體,故而從牌坊的不同面來觀看,亦皆不超過四柱三間的形式【圖 2-2-6】、【圖 2-2-7】。

「口字形」的牌坊形式為:原本二柱一間或四柱三間的「一」字形牌坊結構下,再背對並排興建二柱一間或四柱三間的「一」字形牌坊,使兩座牌坊背對背,側邊加上額枋、樓檐(針對牌樓而言),使之連成一「口字

〔註71〕 張德南,《新竹市的牌坊》,頁 46～50。

〔註72〕 牌坊的變體類形為筆者參考金其楨、崔素英,《牌坊‧中國》一書中,對形態多樣的牌坊類形之舉例加以整理而來。原作將形態多樣的牌坊分成 10 類,筆者則將其中「八柱長方字形牌坊」、「四柱口字形牌坊」歸為「口字形」牌坊;「八柱亭形牌坊」、「十二柱杠鈴『日一日』形牌坊」、「樓頂疊坊形牌坊」等歸為「亭形」牌坊;「十二柱雙主樓牌坊」與「三柱兩間非對稱及不分主次間牌坊」合併為「主次間變體形」牌坊;「＞－＜形」牌坊則加以保留,而「坊柱傾斜形牌坊」之基本結構為四柱三間形式,只是立柱故意造斜,因此原書之此類形,筆者不特別分為一類討論。故而變異牌坊類形,總共 6 類。參見:金其楨、崔素英,《牌坊‧中國》,頁 23～32。

圖 2-2-4 「八字形」牌坊
（浙江紹興古玩市場正門）

圖版：橋網論壇，
http://qw.zj.com/bbs/viewthread.
php?tid=61530，2013.02.27。
圖註：此牌坊之四柱並非在同一直線上，兩
側邊柱往牌坊前縮，形成「八」字形。

圖 2-2-5 「八字形」牌坊
（山東聊城清代山陝會館）

圖版：Eric 在路上部落格，
http://erikontheway.blogbus.com/，
2013.02.20。
圖註：紅色示意線條與説明文字，爲筆者自
加。

圖 2-2-6 「＞－＜形」牌坊
（湖南澧縣車溪「余家牌坊」）

圖版：湖南省常德市湖湘文化交流協會，
http://cdhxwh.wlcn.gov.cn/wz.asp?id
=547，2013.02.27。

圖 2-2-7 「＞－＜形」牌坊
（江西宜黃縣潭坊鄉「大司馬」牌坊）

圖版：wananfei 的博客網，http://blog.sina.
com.cn/s/blog_413afc1f0100i48i.html
2013.02.28。

形」。此類形牌坊從前後面看為二柱一間或四柱三間的形式，從兩側看為二柱一間形式，均不超過禮制規範。如：安徽歙縣許國牌坊即為一例【圖2-2-8】、【圖2-2-9】。〔註73〕

「亭形」牌坊形式為：在原本「一」字形的牌坊的檐頂之下，加上成對的立柱，使檐頂與立柱成為「亭」形而稱之【圖2-2-10】、【圖2-2-11】。

「垂花柱形」的牌坊形式為：原本該立於地面的部分立柱，以垂花柱〔註74〕的形式垂吊於半空中，不僅可對牌坊的基本形制作變化，也可減少牌坊立柱對路面的分割，有利於道路交通的順暢【圖2-2-12】、【圖2-2-13】。

圖2-2-8　「口字形」牌坊
（安徽歙縣許國牌坊手繪圖）

圖2-2-9　「口字形」牌坊
（安徽歙縣許國牌坊）

圖版：萬幼楠，《中國建築・013・牌坊》，頁2。
圖註：圖上紅色線條及說明文字為筆者自加。

圖版：萬幼楠，《中國建築・013・牌坊》，頁28。

〔註73〕 安徽歙縣許國牌坊，從牌坊的陽面、陰面來看，此石坊為四柱三間三樓之沖天式牌樓形式；然而從牌樓的兩側邊看，此坊則為兩柱一間三樓沖天式牌樓形式，兩者巧妙的結合在一起，使牌坊的平面呈現「口」字形。因為共有四個面、八根立柱，故又稱之為「八腳牌坊」。相傳許國（字維楨，1527～1596）為明代三朝大老（嘉靖、隆慶、萬曆），因對朝廷有功，獲准回鄉建坊。然許國為凸顯自身之榮耀與牌坊形制之特殊，於是故意拖延建坊時間。皇帝抱怨建坊時間拖沓之久，連八腳牌坊都能建造出來了。許國於是謝恩，建造了這座相當特殊，卻又不違背禮制的八腳牌坊。

〔註74〕 台灣稱垂花柱為「吊筒」。

圖 2-2-10 「亭形」牌坊
（山西曲沃「大四牌樓」）

圖 2-2-11 「亭形」牌坊
（廣東潮州太平路牌坊街之「柱史坊」）

圖版：山西・曲沃──曲沃縣人民政府網，
http://www.quwo.gov.cn/WhlyViwe.asp?
ArticleID=834，2013.02.28。

圖註：此坊共四面，每一面均為二柱一間，在
簷樓下再各多加一柱，使之成為一「亭
形」八柱九樓牌坊。

圖版：逢甲大學李建緯老師提供。

圖註：在原本「一」字形牌坊簷頂下，加上戧
柱，使原立柱與戧柱共同支撐其上的簷
頂，使明間與次間成為有簷頂、有柱
體、但無牆面的「亭」形。〔註75〕

圖 2-2-12 「垂花柱形」
牌坊（北京成賢街牌坊）

圖 2-2-13 「垂花柱形」牌坊
（北京前門外老牌樓與新牌樓對照）

圖版：樓慶西，《中國小品建築十講》，頁 52。
圖註：為因應新都市與繁忙的交通而做出的變革。

圖版：樓慶西，《中國小品建
築十講》，頁 18。

　　「主次間變體形」牌坊：以上所論之牌坊，不管是最基本的「一」字形
或者是各類的變體，其牌坊的主次間仍明顯可辨。然此段所論之變體牌坊，

〔註75〕 金其楨與崔素英將加上戧柱的牌樓歸為「日一日形」牌坊。參見：金其楨、
崔素英，《牌坊・中國》，頁 25～27。

其形態之改變導致主次間的排列轉換或者是主次間不明。如雲南永仁的「方山勝景」牌坊，其形制爲「十二柱五間五樓」式。然此坊將次間移到正中，使兩側產生兩個主樓，好像是兩座「四柱三間三樓」式的牌坊，將其中一次間重疊的樣式【圖 2-2-14】。又如北京頤和園蘇州街「沉香齋」的門臉坊，其形制爲「三柱二間」沖天式，兩間無主次之分【圖 2-2-15】。

圖 2-2-14	圖 2-2-15
「主次間變體形」牌坊	「主次間變體形」牌坊
（雲南永仁的「方山勝景」牌坊）	（北京頤和園蘇州街「沉香齋」的門臉坊）

圖版：金其楨、崔素英，《牌坊・中國》，頁 31。　圖版：鐵血社區／老牌樓舊影圖文集，http://bbs.tiexue.net/post_929860_3.html，2013.03.04。

3. 牌坊的樓檐形式

　　牌坊加上樓檐成爲牌樓，不同的樓檐形式，代表了不同的身分等級，因此樓檐的形式亦可爲牌坊形式分類的一項指標。

　　中國傳統常見用於主建築的木構式屋頂，大致可分爲以下 7 種：硬山、懸山、廡殿、歇山、重檐廡殿、重檐歇山、假四垂式等【圖表 2-2-1】。〔註76〕

〔註76〕 另外，還有用於次建築之攢尖、捲棚式屋頂。攢尖式，即屋脊全部匯集到屋頂的最高點（此點稱爲「寶頂」），若屋頂外形爲圓形者，稱爲「圓攢尖」；爲四角椎形者，稱爲「方攢尖」；爲六角椎形者，稱爲「六角攢尖」，以此類推。此類屋頂多用於亭、塔、鐘鼓樓等附屬類建築。捲棚式，即無正脊而以偶數步架及彎曲桷木爲特色的屋頂，外觀與硬山、懸山式屋頂相似，但頂部呈和緩弧形，《清式營造則例及算例》稱爲「捲棚」，台灣稱爲「彎桷」。通常用於亭、軒、或廊道。參見：梁思成，《清式營造則例及算例》，頁 39。林會承，《台灣傳統建築手冊——形式與作法篇》，頁 88～90。李乾朗，《台灣古建築圖解事典》，頁 106～114。

圖表 2-2-1　屋頂形式示意圖表

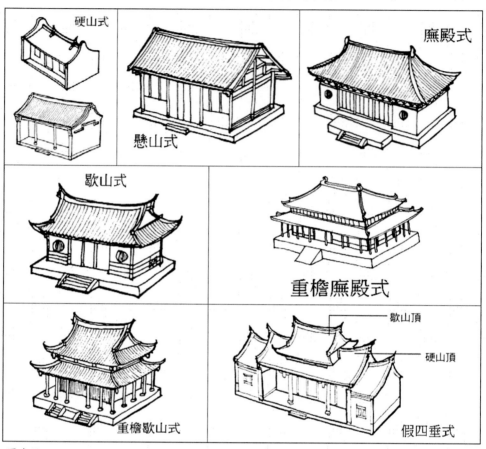

圖表註〔註77〕

　　硬山式，即山牆面高於屋頂面形式的屋頂。這種形式的屋頂，是台灣民間建築屋頂的主要形式。

　　懸山式，即屋頂的左右伸出於山牆之外，可以遮日擋雨。

　　廡殿式，即四面皆有斜坡的屋頂。這種形式的屋頂，是最尊貴的一種，一般只准宮殿和寺廟使用。

　　歇山式，即將兩座屋頂上下重疊，屋頂上半為硬山或懸山式，下半部為廡殿式。其尊貴性次於廡殿式屋頂，台灣重要建築的屋頂，大都使用燕尾式歇山頂。

〔註77〕 各圖之圖版：「重檐廡殿式」出自：林會承，《台灣傳統建築手冊──形式與作法篇》，頁88。其餘出自：李乾朗，《台灣古建築圖解事典》，頁107～108。

重檐廡殿、重檐歇山式，即分別於廡殿式、歇山式之屋頂上，再加上一層同樣形式的屋頂，使之成爲「重檐」形式。其尊貴性高於單檐式的屋頂，一般用於殿堂式廟宇的大殿。

假四垂式，即將兩座屋頂上下重疊，屋頂上半爲歇山式，下半部爲硬山式。此類屋頂造形挺拔，又可同時解決通風與採光的問題，爲廟宇所喜用。

根據清代規制，中國屋頂的等級依次爲：重檐廡殿、重檐歇山、廡殿、歇山、懸山、硬山。不同的身分等級，搭配不同形式的屋頂。

（二）從牌坊的主要建材分類

牌坊若按其構成的主材料可分爲：木牌坊、石牌坊、磚牌坊、鋼筋水泥牌坊。

早期的牌坊多爲木質，爲了不讓主體建築受雨水侵淋，現存的木質牌坊大多有樓檐。由於木質牌坊的樓檐是仿大木作屋頂的形式，因此樓檐的建築體甚是宏偉。除了屋頂面的屋脊、瓦片，整個樓檐最精彩的地方就是斗栱。斗栱能將屋檐挑出很多，因此牌樓顯得高大宏偉。爲了解決整座牌坊頭重腳輕的問題，除了有深入地下的夾杆石〔註78〕牢牢的夾住牌坊的立柱之外，還有戧柱〔註79〕斜抵住立柱，

圖 2-2-16　戧柱、鐵挺鉤示意圖
（北京頤和園「涵虛」木牌樓）

圖版：nipic 網，http://www.nipic.com/show/1/62/6910227k82fa10b9.html，2013.03.08。

以增加牌坊的穩定性。此外還有挺鉤將樓檐鉤在額枋之上，其作用也是增加牌坊的穩定度。不過，木質牌坊大多非功德坊，〔註80〕保存下來的數量亦不

〔註78〕夾杆石一大半深埋入地下的礎墩上，再以石、鐵等夯實。立於地表的夾杆石，將牌坊立柱夾住，再以鐵箍整個束緊，以增加牌坊的穩定。參見：金其楨、崔素英，《牌坊·中國》，頁33。

〔註79〕根據〈淺析中國古代牌坊的造型藝術〉一文：「戧柱上部頂住立柱，下部斜插入地下，其作用亦爲使牌坊更具穩定性。有些戧柱上部還支撐在高拱柱上，數量從8根到20根不等。」參見：許康、張晶晶、馬利亞，〈淺析中國古代牌坊的造型藝術〉，頁237。

〔註80〕根據金其楨、崔素英的說法：「木牌樓因多非功德坊，故主樓檐頂下基本上都

如石牌坊多【圖 2-2-16】。

　　石質牌坊原本爲木牌坊的「仿樣」，不僅結構大多仿木牌坊，也解決了木質牌坊保存不易的問題。因爲是石質的關係，重量使得出簷無法像木牌坊那麼大，因此樓簷氣勢略遜於木牌樓。不過也因爲樓簷的體積小，相對穩定度高，因此多不用夾杆石，而以抱鼓石前後夾住立柱即可。樓慶西認爲石牌樓以沖天柱的較多，〔註 81〕但筆者實地調查的結果，台灣本島現存的牌坊卻全爲石質非沖天式的牌樓形式。

　　台灣本島的石牌坊，取材多爲泉州白石與青斗石，少數使用觀音山石與砂岩。清代早期，台灣本島並不產石材，泉州白石與青斗石多從福建以壓艙石的方式運回台灣島，因此石材在數量與大小上頗受限制。〔註 82〕

　　泉州白石，屬花崗岩的一種，耐磨，不易風化，吸水度低。因質地堅硬，不易雕刻，易脆，因此不宜作精細雕刻，在台灣多作爲牌坊的主體結構使用。〔註 83〕台灣本島所見的「泉州白石」來自大陸泉州惠安一帶，外觀呈乳白色，當中雜有芝麻點似的深色，但不明顯，故而民間俗稱「泉州白石」。〔註 84〕

　　青斗石，屬火成岩中的玄武岩，因顏色帶綠，故而民間稱之爲「青斗石」。台灣本島之青斗石，大多出於大陸惠安，耐磨，不易風化、吸水度低。其岩石膠結度高，因此適合細緻的雕刻。〔註 85〕在台灣本島的牌坊中多用於鏤雕工藝的構件，如花板。〔註 86〕

　　觀音山石爲台灣本島產的石材，但要到晚清才開始使用，大量使用則要

　　　無恩榮龍鳳牌，整座牌樓上也無其他旌表文字。」參見：金其楨、崔素英，《牌坊‧中國》，頁 34。

〔註 81〕樓慶西，《中國小品建築十講》，頁 19。

〔註 82〕關於台灣牌坊的石材，逢甲大學歷史與文物研究所李建緯老師提供許多看法，以及許多相關參考書籍與老師尚未發表的相關文章給筆者，使筆者獲益良多。訪談日期：2013.03.18。

〔註 83〕根據筆者的實地調查，台灣現存的貞節牌坊中，除北投的周氏節孝坊外，其餘七座牌坊的主體石材均爲泉州白石。參見：本論文「附錄七：台灣本島現存清代牌坊調查表」之各「材質」欄。

〔註 84〕關於泉州白石，參見：閻亞寧，《古蹟磚石構件製作與應用之調查研究》（臺北：行政院文建會，1989），頁 57。

〔註 85〕關於青斗石，參見：吳文雄、楊燦堯、劉聰桂著，《臺灣的岩石》（台北：遠足文化，2005 年），頁 14～15。閻亞寧，《古蹟磚石構件製作與應用之調查研究》，頁 57。

〔註 86〕參見：本論文「附錄七：台灣本島現存清代牌坊調查表」之各「材質」欄。

到日治時期。〔註87〕因此，台灣本島現存的石牌坊中，只有北投的周氏節孝坊是使用觀音山石爲主建材所建造的石坊。〔註88〕

砂岩容易雕刻，但不耐磨、容易吸水、風化，並不適合做爲牌坊的主建築材料。台灣本島現存的石牌坊中，苗栗賴氏節孝坊的部分構件，如花板、花板旁摺柱，就因爲使用砂岩爲素材，因而風化嚴重，導致其上的浮雕紋飾模糊難辨。〔註89〕

又石牌坊在仿木牌坊的過程中，許多構件已無實質作用了，但仍然仿樣做出。貢布里西認爲：這是爲了使人們易於接受老式樣、新材質、新環境、新工具的作法。〔註90〕胡剛在其碩論〈湖南石雕牌坊及其裝飾設計研究〉也提到：石牌坊保留木牌坊的構件，一方面給牌坊留下完整的形象，另一方面也讓這些在石牌坊上無實際作用的構件，有了精神功能。〔註91〕

磚爲泥土燒製而成，使用於建築上比木、石來的便宜，因此在明代，磚開始被使用於牌坊的建築上。不過磚製的牌樓，大多用於門坊的製作上，獨立的磚質牌坊較少，其坊上也無眞的立柱，多以磚砌出柱子的樣子【圖2-2-17】、【圖 2-2-18】。有些磚牌坊在表面貼上琉璃，而形成爲數極少的琉璃牌坊。此類牌坊大多用於皇家，是牌坊中最高級的【圖 2-2-19】。另外，有些磚牌坊表面貼上瓷塊，而形成嵌瓷牌坊。不過此類牌坊工藝繁複，成本又高，爲數不多【圖 2-2-20】。

（三）從牌坊的功能分類

牌坊由單純門的性質逐漸被賦予身分與旌表之義，在脫離坊牆獨立後，成爲中華文化下獨具一格的小品建築。若從功能性質來對牌坊做分類，筆者歸納各家對牌坊功能的論述，分爲以下三類：標識類牌坊、空間分界與裝飾類牌坊、紀念類牌坊。

1. 標識類牌坊

牌坊的標識功能源於里坊制度。在里坊制之下，居民不僅常以坊名來自

〔註87〕 蘇秋金，〈近代八里觀音山石傳統打石業之發展〉，《北藝大文資學院學術研討會》，2008.12.04 於北藝大國際會議廳。

〔註88〕 楊仁江，〈臺北市黃氏及周氏節孝坊之研究（下）〉，頁 126。

〔註89〕 楊仁江主持及撰文，《第三級古蹟賴氏節孝坊修護工程工作報告書》，頁 71。

〔註90〕 （英）E.H.貢布里希著，范景中、楊思梁、徐一維譯，《秩序感——裝飾藝術的心理學研究》，頁 193～201。

〔註91〕 胡剛，〈湖南石雕牌坊及其裝飾設計研究〉，頁 31。

稱，也會以坊名來標示空間、地點。後來，里坊制消失，坊門因其標識功能而存留下來，並且擴大了其運用範圍，街巷路口、橋樑園林、宮苑府地、廟宇店鋪、山川名勝等處，無不豎立牌坊以作為標示指引之用【圖 2-2-21】。

圖 2-2-17　磚牌坊
（北京碧雲寺磚牌樓）

圖版：樓慶西，《中國小品建築十講》，頁
　　　23。
圖註：圖中之立柱、樑枋、斗栱、屋頂皆
　　　為磚石砌出。

圖 2-2-18　獨立磚牌坊
（山東桓台新城鎮「四世宮保」磚牌坊）

圖版：中國華文教育網，
　　　http://big5.hwjyw.com/zhwh/traditional
　　　culture/zgds/pf/200708/t20070828
　　　5057.shtml，2013.03.08。

圖 2-2-19　北京香山琉璃牌樓

圖版：樓慶西，《中國小品建築
　　　十講》，頁 41。
圖註：以琉璃貼出柱子和樑枋。

圖 2-2-20　四川隆昌漁箭鎮嵌瓷花牌坊

圖版：內江電視新聞網，
　　　http://www.scnjtv.com/content/2010/
　　　1125/news_14774.shtml，2013.03.08。

2. 空間分界與裝飾類牌坊

牌坊為一獨立式的門洞式建築，「空靈通透、隔而不斷」〔註92〕是其最大的特色。因此在建築群中，經常被用來當作空間分界的小型建築體，使整座建築群能在隔而不斷的空間畫分中，不僅達到分區的功用，還可借由精雕細造的牌坊，達到空間的裝飾與美化【圖2-2-21】。由於不同地區有不同的裝飾風格，因此牌坊的裝飾還能展現不同地區不同的風俗與紋飾。

3. 紀念類牌坊

牌坊最被人所重視的功能即紀念功能。立牌坊和立碑一樣，常被人們用來表示對某人或某事件的紀念或追思，是一種人類情感的物化【圖2-2-22】。因旌表而興建的牌坊包含在此類當中，並且是現存牌坊中數量最多的。自從明洪武二十一年（1388），太祖降旨修建狀元坊以表彰廷試狀元任亨泰起，〔註93〕牌坊的修建就與皇帝的恩寵連結在一起了。從此，無論是科第功名、軍

圖 2-2-21　台南「南鯤鯓代天府」牌坊

圖版：雲嘉南濱海國家風景區網頁，http://www.swcoast-nsa.gov.tw/03_tour/scenery_view.aspx?sn=88，2013.03.04。
圖註：此坊具有標識作用又具有空間分界與裝飾作用。

圖 2-2-22　台北「急公好義坊」

圖版：筆者自攝，2012.12.02。
圖註：此坊建於清光緒 14 年（1888），為旌表：台北府淡水縣貢生洪騰雲，為府城建造考棚行署捐助田地、銀兩一事。

〔註92〕 萬幼楠，《中國建築‧牌坊》，頁 10～11。又，許康、張晶晶、馬利亞也認為：「牌坊之『闃然為道』的『空缺』特色，即是牌坊立面造型特色之根本。」參見：許康、張晶晶、馬利亞，〈淺析中國古代牌坊的造型藝術〉，《四川建築科學研究》，頁 238。

〔註93〕 （明）朱國禎，《涌幢小品‧卷七‧題石建坊》：「任亨泰，襄陽人，父杜林，從外家姓。洪武二十一年廷試，太祖高皇帝親擢第一，官修撰。復命提名於石，建坊杆門，寵異之。此建坊之始，要知各進士通行矣。」參見：（明）朱國禎，《涌幢小品》，頁 142。

政功勳、孝子順孫、節烈婦女等，只要是皇帝下旨建造，就代表著無上的殊榮。由於是朝廷下旨興建，對下，可起教化作用，以達統治目的；對獲准建坊的家族而言，更是提升家族地位，誇耀標榜本家最佳的實例與實力。牌坊的興建，使統治者與被統治者間的關係，達到了雙贏的微妙平衡。本文所討論的貞節牌坊，即屬於因旌表而興建的紀念類牌坊的一種。

第三節　牌坊之建坊地點的選擇與雕刻工藝

一、牌坊之建坊地點的選擇

　　王傳滿認為牌坊具有「標示、紀念、裝飾、旌表和空間分界五種功能。」〔註 94〕因此，立坊地點的選擇通常都是相對重要的空間位置，比方說村口、街頭，其目的是：「讓更多的人們能夠觀瞻，既讓當地人受到日常教化，同時也讓外來者一涉入該地就能感受到威嚴與神秘，在客觀上神話了宗族權力與地位。」〔註 95〕建坊為上位者與下位者各取所需的平衡點，為了達到永續傳達教化與榮耀本家之功，建坊材料的選擇就格外重要。堅硬的石頭不僅具有長保不壞的特性，以石做為牌坊的材料，更可以符合牌坊立於大街必須承受得住日曬雨淋之自然氣象的考驗，因此石材自然取代了木材，而成為建坊主材料的最佳選擇。而石頭「堅硬」的特性更與女性「堅守貞節」的「堅毅」概念聯繫在一起，因此旌表女性的貞節牌坊以「石」來製作，也就理所當然了。

二、牌坊的雕刻工藝

　　牌坊原本為建築群的一部分，建造牌坊的匠師多為建造宅第或廟宇的匠師，因此牌坊的構造與裝飾工藝，也大都是匠師轉換建造宅第或廟宇的經驗而來。故而牌坊的裝飾工藝，與木作彩繪、木雕、石雕的工藝技法息息相關。此外，台灣本島牌坊的立柱上，也都有楹聯文字，因此書法藝術、文學意涵，也都是牌坊工藝技術涵蓋的範圍。不過由於本文是以台灣本島之牌坊為主題，並聚焦在牌坊的形制與圖像上，而台灣本島現存的牌坊全為石牌坊，石牌坊上的裝飾主要表現在雕刻工藝上。因此用於木牌坊上的裝飾工藝──彩

〔註94〕王傳滿，〈明清徽州節烈婦女的牌坊旌表〉，頁 43。
〔註95〕王傳滿，〈明清徽州節烈婦女的牌坊旌表〉，頁 45。

繪，以及牌坊文字的文學意涵與書法藝術等，本文就暫且略而不談。筆者將調查牌坊所得之楹聯文字，附錄於本論文末之「附錄七：台灣本島現存清代牌坊調查表」之中，正文只論石牌坊上的雕刻工藝。

基本上台灣本島現存牌坊的雕刻工藝可以分爲以下 6 種：陰刻、平浮雕、淺浮雕、高浮雕、透雕、圓雕。

陰刻，又稱「陰線刻」，《營造法式》中稱爲「素平」。〔註96〕其技法爲只除去圖像的外部輪廓線，使之呈顯出來，類似圖畫中之「白描」手法。由於只除去圖像的外部輪廓線，因此削去的材料最少，物件本身的承重結構幾乎沒有改變，多用於必須直接承重的構件上。根據筆者實地調查的結果，台灣本島現存的貞節牌坊中，石立柱文字之鐫刻全爲陰刻，此外新竹張氏節孝坊、蘇氏節孝坊、李錫金孝子坊的第二、三層尾端之「捲雲紋」，亦以此技法呈現。〔註97〕

平浮雕，《營造法式》中稱爲「減地平鈒」。〔註98〕其技法爲淺淺地清除掉圖像以外的「地」〔註99〕，使圖像好像浮起，但整體是保持平面狀態。根據筆者的調查，台灣本島現存的貞節牌坊中，「平浮雕」技法則多用於展現屋檐之瓦當、滴水圖樣以及櫃台腳上之線條。

然而以上兩種工藝，卻常運用於台灣寺廟建築物的下半部──裙堵的部分。裙堵部分位置較低，人來人往，較易發生碰觸，使用「陰刻」與「平浮雕」技法，既可達到裝飾作用，又可盡量降低因碰觸而導致的損壞。〔註100〕

〔註96〕　（北宋）李誡，《營造法式》，卷3，頁673～422。
〔註97〕　根據筆者實地調查：台灣本島現存的 13 座牌坊，石柱上之文字全爲陰刻。然而根據陳建標對福建屏南縣清代 8 座節孝坊的調查結果，有 3 座之石柱刻字爲陽刻。而另四篇對福建地區明、清兩代牌坊之調查與福建名清明人墓道坊之調查結果，除林偕春墓道坊之題刻技法不明外，其餘全爲陰刻。因此牌坊上鐫刻文字之陰、陽刻，實爲一值得探討的問體。參見：陳建標，〈屏南縣清代節孝坊群的保護與利用〉，頁 27～32。陳建標，〈漳州詔安明代牌坊調查〉，頁 26～31。陳建標，〈漳州清代牌坊建築裝飾〉，頁 42～48。陳建標，〈福建漳州城明代功名坊建築探略〉，頁 174～177。陳建標，〈福建歷史建築瑰寶──仙游清代「樂善好施」坊〉，頁 66～70。陳建標，〈福建明清名人墓道坊調查〉，頁 26～31。
〔註98〕　（北宋）李誡，《營造法式》，卷3，頁673～422。
〔註99〕　「地」：指的是紋樣以外空白的部分。
〔註100〕有關廟宇雕刻技法的分布狀況，由逢甲大學李建緯老師口頭提供，2013.03.18。

淺浮雕，《營造法式》中稱爲「壓地隱起」。〔註101〕其技法爲淺淺地清除掉圖像以外的「地」，使圖像好像是因爲「地」被下壓而微凸起於材料面。圖像有高低起伏，不過，起伏高度大約在1～2公分之間，〔註102〕而稍微剔除下壓的地，基本是在同一平面上，凸起圖像的高點基本亦在同一表面上。如果圖像有邊框，則圖像的高點與邊框一致。根據筆者實地調查的結果，此法大多用於牌坊中小額枋的琴棋書畫、河圖洛書、麒麟圖案，以及侏儒柱上之花鳥及幾何圖案的雕刻。在台灣的寺廟建築中，此種工藝常用於腰堵的部分，一方面這個部位比較不易被腳踢到，不必害怕損壞，另一方面，淺浮雕技法可引起觀者注意。

高浮雕，又稱「深浮雕」、「高肉雕」、「剔空雕」、「突雕」，《營造法式》中稱爲「剔地起突」。〔註103〕其技法與淺浮雕大致相同，只是圖像的起伏高度少則3～5公分，多則十餘公分。〔註104〕因爲剔除的「地」較多，因此稱爲「剔地起突」。由於高浮雕的起突較深，因此能表現較複雜的紋樣，其層次也較多，甚至有部分鏤空的現象。不過整體物件的背面並未透空，因此表層以下的層次極難雕刻，很能展現工匠的工藝技巧。根據筆者實地調查的結果，台灣本島現存的貞節牌坊中，此種技法大多使用於石牌坊的額枋上，尤其是大額枋上。在台灣的寺廟建築中，高浮雕工藝多用於身堵上半部，一方面手不易碰觸，另一方面高浮雕複雜的工藝技巧，愈能引起觀者的目光。

透雕，又稱「鏤空雕」、「玲瓏雕」，台灣民間俗稱爲「內枝外葉」。其技法爲將圖像以外的部分鑿空，但圖像與材料本身仍有多處相連，並非全然立體。此法強調凸出與凹入的對比，重點在呈現圖像的層次感，使圖像更有立體感和真實感，甚至可從兩面觀賞。根據楊芳在〈連城清代木雕花板調查〉一文中指出：

> 清代中前期的木雕花板非常講究排場和雕刻工藝，雕刻工藝有一層工、一層半工、兩層工、兩層半工、三層工、三層半工，到了三層工以上就是最好的、也是最難雕刻的了，屬於精品級，只有在過去的官宦和大戶人家才能看到。連城培田一座建於清道光九年的民居「濟美堂」（也叫大夫第）至今仍保存四塊圖形紋樣豐富、雕刻工藝

〔註101〕（北宋）李誡，《營造法式》，卷3，頁673～422。
〔註102〕金其楨、崔素英，《牌坊・中國》，頁53。
〔註103〕（北宋）李誡，《營造法式》，卷3，頁673～422。
〔註104〕金其楨、崔素英，《牌坊・中國》，頁53。

　　達九個層次的窗牖，這些花板是匠心與工藝的完美結合，巧奪天

　　工。〔註105〕

雖然石質的鏤雕極難如木質鏤雕來得層次豐富，但石牌坊的鏤雕也是展現了
對木牌坊構件的仿樣。

　　因爲部分鑿空，前後透光，因此給人一種「隔而不斷」的空靈美感，符
合牌坊「穿」、「透」的特色。也因爲鏤空，減輕了牌坊的重量，不過卻也因
此破壞了物件本身的承重力。故而此法大多用於牌坊的聖旨碑、花板構件上，
以增加牌坊的華麗感。在台灣的寺廟建築中，透雕多使用於窗的部位，其作
用與牌坊的花板相同。

　　圓雕，又稱「立體雕」，其技法爲將圖像的前後左右上下均立體雕鑿出來，
呈現出具體的形象。此法多使用在牌坊頂檐之葫蘆、吻獸（如：蚩尾）；各層
護檐之立獸（如：小獅座）與抱柱石上之石獅。此法能讓雕鑿的形象栩栩如
生，表現出牌坊的立體感與眞實感。在台灣的寺廟建築中，廟門的石獅是圓
雕的最佳展現，檐頂上的裝飾物雖不一定是石雕作品，但多爲立體形象。

　　此外，還有圓柱體雕法，廟宇中龍柱所展現的工藝就是此法。它融合了
高浮雕、透雕與圓雕的技法，使圓柱圖像繁複而虛實相間、層次分明。不過，
台灣本島現存的牌坊中，立柱均爲方柱，柱上也沒有雕刻紋飾，頂多是陰刻
文字的楹聯。

　　根據上文，筆者發現：石牌坊各構件的雕刻工藝與廟宇各構件的呈現技
法，有異曲同工之妙。觀者（大眾）與被觀者（牌坊／廟宇）的距離越接近，
越容易發生碰觸的地方，其構件的圖像多以陰刻或平浮雕工藝技法呈現。觀
者（大眾）與被觀者（牌坊／廟宇）的距離接近，但手腳不易碰觸的地方，
以浮雕（淺浮雕、高浮雕都有）或鏤雕的工藝技法呈現；更高者則以圓雕技
法呈現。筆者認爲，廟宇及牌坊構件的圖像工藝選擇，應與構件本身所在的
空間位置及觀者視角的遠近有密切關係。此部分的論述，留待第三章第三節
再行討論。

_____

〔註105〕楊芳，〈連城清代木雕花板調查〉，頁60。

第三章　台灣本島現存清代貞節牌坊之調查與分析

　　第三章主要在解決本論文所討論的主題：台灣本島現存清代貞節牌坊之形制與圖像空間佈局之分析。本章的安排方式為：先呈現文獻紀錄與筆者實地田野調查的結果，凸顯出清代台灣本島貞節牌坊的代表性，再依據調查結果佐以參考資料，進行形制與圖像空間佈局的分析，最後做出結論。

第一節　有關台灣本島文獻中與現存之清代貞節牌坊的調查

　　台閩地區記載於文獻中的牌坊共 44 座，〔註1〕扣除金門地區的牌坊 12 座與非屬獨立建築的台南孔廟大成坊 2 座後，所得台灣本島載於文獻中的牌坊共 30 座。又，這 30 座牌坊中，鄭氏節烈坊屬明代，扣除。建於割台後之明治 38 年（1905，光緒 31 年）的台中林振芳墓道坊，扣除。只知建坊年代為光緒年間，卻無法確知是建於割台前或割台後之連橫之父孝子坊，扣除。因此，符合本論文以清代及台灣本島為時間與空間斷限之牌坊共 27 座【表3-1-1】。

　　這 27 座牌坊中，屬貞節孝烈牌坊共 17 座。由此數據看來：清代、貞節孝烈牌坊，為台灣本島文獻記載中牌坊之大宗。

〔註1〕　根據楊仁江的調查，台閩地區記載於文獻中的牌坊共44座。此處所指的台閩地區指的是台灣本島和金門兩地。參見：楊仁江，《苗栗賴氏節孝坊調查研究》，頁34～37。

表 3-1-1　台閩地區文獻記載之牌坊一覽表

編號	牌坊名稱	位　置	建坊年代	旌表對象	屬台灣本島牌坊之編號	屬台灣本島清代貞節孝烈牌坊之編號
1	御馬監張敏褒忠坊	金門青嶼	明成化年間	御馬監張敏		
2	銀臺進士坊	金門青嶼	明弘治年間	張苗、張定父子		
3	陳禎恩榮坊*	金門金沙	明正德年間	邢部員外郎陳禎		
4	監察御史坊	金門官裡	明嘉靖年間	進士許福		
5	文章垂世孝友傳家坊	金門奄前旁	明萬曆年間	編修許獬		
6	盛世儒英坊	金門瓊林	明萬曆年間	方伯蔡守愚		
7	鄭氏節烈坊	台南禾寮港街	明	蔡燦妻鄭氏宜（娘）〔註 2〕	1	
8	許振之封君坊	金門東洲	明	編修許振之		
9	黃氏節烈坊	金門後浦渡頭	康熙 43 年（1704）	許元洛妾黃氏		
10	大成坊〔註 3〕	臺灣府儒學禮門外	康熙 51 年（1712）			
11	器娘貞烈坊	台南十字街	康熙 61 年（1722）	陳越琪未婚妻器（娘）	2	1
12	著爽坊	嘉義	康熙年間		3	
13	汪劉氏貞烈坊	台南東門	乾隆 3 年（1738）	汪劉氏	4	2
14	蔡氏貞烈坊	台南大南門	乾隆 10 年（1745）	張金生妻蔡氏偕（娘）	5	3
15	劉氏尾娘女林妙妻罔娘節孝坊	台南上橫街	乾隆 11 年（1746）	侯孟富妻劉氏尾娘女林妙妻罔（娘）	6	4
16	黃氏節孝坊	台南大南門外	乾隆 11 年（1746）	李時燦妻黃氏	7	5

〔註 2〕　「娘」字為當時對女子經常性的稱呼，故本表將「娘」字做「（娘）」呈現。
〔註 3〕　此大成坊為西大成坊，康熙 51 年（1712），分巡道陳璸大規模修建孔廟，設西大成坊。日治大正 6 年（1917），重修整建。參見：維基百科，台南孔廟條，http://zh.wikipedia.org/wiki/%E5%8F%B0%E5%8D%97%E5%AD%94%E5%BB%9F，2012.12.01。

編號	牌坊名稱	位　置	建坊年代	旌表對象	屬台灣本島牌坊之編號	屬台灣本島清代貞節孝烈牌坊之編號
17	呂昭之女貞烈坊	台南東安坊	乾隆 13 年（1748）	呂昭之女	8	6
18	候瑞珍孝子坊	台南上橫街	乾隆 14 年（1749）	候瑞珍	9	
19	泮宮坊*	台南孔廟	乾隆 14 年（1749）		10	
20	大成坊	臺灣府儒學禮門外	乾隆 14 年（1749）			
21	接官亭坊*	台南市民權路	乾隆 42 年（1777）		11	
22	蕭氏節孝坊*	台南市友愛街	嘉慶 5 年（1800）	沈耀汶妻蕭氏	12	7
23	邱良功母節孝坊*	金門後浦	嘉慶 17 年（1812）	提督邱良功母許氏		
24	台南重道崇文坊*	台南市中山公園	嘉慶 20 年（1815）	林朝英	13	
25	邱良功墓坊*	金門金湖	嘉慶 24 年（1819）	提督男爵邱良功		
26	楊氏節孝坊*	新竹石坊街	道光 4 年（1824）	林熾妻楊氏	14	8
27	顏氏節孝坊*	金門瓊林	道光 5 年（1825）	蔡德妻顏氏		
28	一門三節坊*	金門瓊林	道光 11 年（1831）	蔡仲環妻陳氏媳陳氏、孫媳黃氏		
29	林氏貞孝坊*	臺中大甲	道光 13 年（1833）〔註 4〕	余榮長未婚妻林春（娘）	15	9
30	周氏節孝坊*	北投豐年路	咸豐 11 年（1861）	陳玉麟妻周氏	16	10
31	鄭如蘭孝子坊	新竹	同治 5 年（1866）	鄭如蘭	17	

〔註 4〕　此年代為《苗栗賴氏節孝坊調查研究》所記載。本論文以牌坊上所鐫刻之道光 13 年為林氏獲得旌表之年代，道光 16 年為准以建坊之年代，道光 28 年為貞孝坊建成之年代。

編號	牌坊名稱	位　置	建坊年代	旌表對象	屬台灣本島牌坊之編號	屬台灣本島清代貞節孝烈牌坊之編號
32	江氏節烈坊	新竹水田尾	同治5年（1866）	鄭琳妻江氏擔（娘）	18	11
33	張氏節孝坊*	新竹湳雅	同治10年（1871）	鄭用錦妻張氏	19	12
34	曾氏節烈坊	臺北萬華	光緒4年（1878）	陳汝旃妾曾氏	20	13
35	蘇氏節孝坊*	新竹湳雅	光緒6年（1880）	吳國步妻蘇氏	21	14
36	鍾氏尚義坊	新莊	光緒6年（1880）	林維源母鍾氏	22	
37	丁克家孝子坊	彰化鹿港	光緒6年（1880）	丁克家	23	
38	李錫金孝子坊*	新竹青草湖油車口	光緒8年（1882）	李錫金	24	
39	黃氏節孝坊*	臺北新公園	光緒8年（1882）	王家霖妻黃氏	25	15
40	賴氏節孝坊*	苗栗福星山	光緒9年（1883）	劉金錫妻賴氏四（娘）	26	16
41	急公好義坊*	臺北新公園〔註5〕	光緒14年（1888）	洪騰雲	27	
42	鄭氏、徐氏貞烈坊	臺北大龍峒	光緒16年（1890）	陳鸞升妻鄭氏好、陳鷹升妻徐氏媛	28	17
43	林振芳墓*	豐原大社	光緒31年（1905）	林振芳	29	
44	連橫之父孝子坊	不詳	光緒年間（確切時間不詳）	連橫之父	30	

表註〔註6〕

〔註5〕 楊仁江之《苗栗賴氏節孝坊調查研究》一文，出版於 19936.06，臺北新公園現已改名為 228 和平紀念公園。

〔註6〕 (1) 本表依建坊年代排列，有*號者表示該坊尚存。

(2) 本表為筆者參考：楊仁江，《苗栗賴氏節孝坊調查研究》，頁 34～37，並根據本論文需要，加以更動部分內容而成。

此外，不分類別，清代的 27 座牌坊中，康熙朝 2 座，雍正朝 0 座，乾隆朝 8 座，嘉慶朝 2 座，道光朝 2 座，咸豐朝 1 座，同治朝 3 座，光緒朝 9 座【圖表 3-1-1】。

又，從【圖表 3-1-2】可以看出：不管是以清代總坊數爲分母，或各朝年代數爲分母所得之數值，光緒朝之建坊數高於各朝代，名列第一。又以各朝年代數爲分母，所得之建坊比例，光緒朝第一，同治朝第二，可見台灣本島建坊之黃金期爲晚清之同治、光緒兩朝間。

圖表 3-1-1　台灣本島清各朝文獻中建坊數量統計圖表

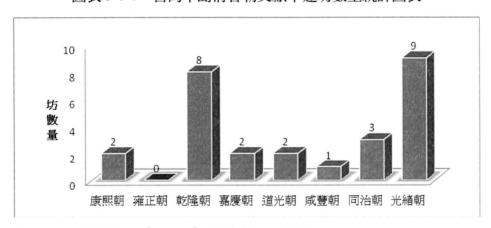

圖表註：筆者依據本論文【表 3-1-1】之數據自製，2013.01.16。

圖表 3-1-2　台灣本島清各朝立坊數之比例圖表

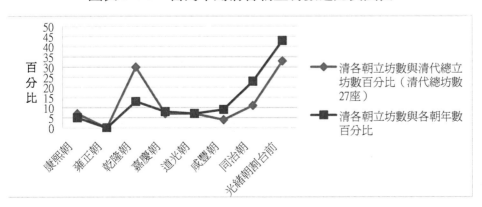

圖表註〔註7〕

〔註 7〕（1）筆者依據本論文【表 3-1-1】之數據自製，2013.01.16。

　　再從【圖表 3-1-3】來看，台灣本島關於女子貞節孝烈的牌坊：清代康熙朝 1 座（總坊數 2）；乾隆朝 5 座（總坊數 8）；嘉慶朝 1 座（總坊數 2）；道光朝 2 座（總坊數 2）；咸豐朝 1 座（總坊數 1）；同治朝 2 座（總坊數 3）；光緒朝 5 座（總坊數 9）。由以上數據來看：清代各朝除雍正朝以外，關於女子貞節孝烈的牌坊數量幾乎當佔了當朝牌坊數量的一半或更多，可見為旌表女子貞節孝烈而建的牌坊，為清大多數王朝中牌坊類別之大宗。

**圖表 3-1-3　台灣本島載於文獻中屬清代女子貞節孝烈牌坊與
其他類牌坊之數量比對圖表**

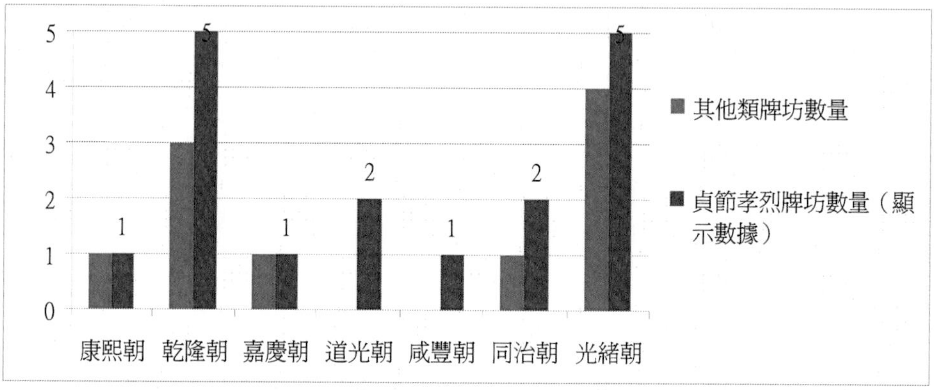

圖表註：筆者自製，製圖表日期：2013.04.08。

　　至於為何晚清的建坊數會高於其他各朝，筆者以為與清代的貞節旌表制度，以及當時台灣的政治、社會與經濟等方面，都有極密切關係。此部分留待第四章討論。

　　討論完文獻中有關台灣本島清代的牌坊後，再論台灣本島現存的牌坊。根據筆者的實地調查結果，目前台灣本島與金門地區現存的牌坊有 19 座，扣除金門地區的 5 座，目前台灣本島現存的牌坊有 14 座【表 3-1-2】。

（2）藍點分母為清代總坊數：27。
　　紅點分母為：康熙朝 39、雍正朝 13、乾隆朝 60、嘉慶朝 25、道光朝 30、咸豐朝 11、同治朝 13、光緒朝割台前 21。
（3）臺灣於康熙 23 年入版圖，因此康熙朝之紅點計算分母為：39（61－23＋1＝39）。
（4）光緒 21 年臺灣割讓日本，因此光緒朝割台前紅色點計算分母數為 21，計算方式為 9／21＝43%。

　　這 14 座牌坊中，林振芳墓道坊建於明治 38 年（1905，光緒 31 年），此年代台灣已割讓給日本，非本論文所討論之清代的時間斷限內，因此去除不論。故而台灣本島現存之清代牌坊共有 13 座。這 13 座牌坊中，關於女子貞節孝類的牌坊有 8 座，亦屬多數。由以上數據可知，台灣本島現存的清代牌坊中，仍以旌表女性貞節孝類的牌坊爲大宗。因此，本論文以台灣本島現存之 8 座清代貞節牌坊爲主研究對象，是有其相當的代表性的。

表 3-1-2　台灣本島與金門地區現存牌坊一覽表

編號	牌坊名稱	建坊年代	旌表對象	位　置	屬台灣本島現存牌坊之編號	屬台灣本島清代貞節孝烈牌坊之編號
1	陳禎恩榮坊	明正德年間	邢部員外郎陳禎	金門金沙		
2	泮宮坊	乾隆 14 年（1749）		台南孔廟	1	
3	接官亭坊	乾隆 42 年（1777）		台南民權路	2	
4	蕭氏節孝坊	嘉慶 5 年（1800）	沈耀汶妻蕭氏	台南友愛街	3	1
5	邱良功母節孝坊	嘉慶 17 年（1812）	提督邱良功母許氏	金門後浦		
6	重道崇文坊	嘉慶 20 年（1815）	林朝英	台南市中山公園	4	
7	邱良功墓坊	嘉慶 24 年（1819）	提督男爵邱良功	金門金湖		
8	楊氏節孝坊	道光 4 年（1824）	林熾妻楊氏	新竹市石坊街	5	2
9	顏氏節孝坊	道光 5 年（1825）	蔡德妻顏氏	金門瓊林		
10	一門三節坊	道光 11 年（1831）	蔡仲環妻陳氏媳陳氏、孫媳黃氏	金門瓊林		
11	林氏貞孝坊	道光 28 年（1848）〔註 8〕	余榮長未婚妻林春	台中大甲	6	3

〔註 8〕 此年代爲林氏貞孝坊建成之年代。

編號	牌坊名稱	建坊年代	旌表對象	位　置	屬台灣本島現存牌坊之編號	屬台灣本島清代貞節孝烈牌坊之編號
12	周氏節孝坊	咸豐11年（1861）	陳玉麟妻周氏	北投豐年路	7	4
13	張氏節孝坊	同治10年（1871）	鄭用錦妻張氏	新竹湳雅	8	5
14	蘇氏節孝坊	光緒6年（1880）	吳國步妻蘇氏	新竹湳雅	9	6
15	李錫金孝子坊	光緒8年（1882）	李錫金	新竹青草湖油車口	10	
16	黃氏節孝坊	光緒8年（1882）	王家霖妻黃氏	台北市 228 公園	11	7
17	賴氏節孝坊	光緒9年（1883）	劉金錫妻賴氏四（娘）	苗栗福星山	12	8
18	急公好義坊	光緒14年（1888）	洪騰雲	台北市 228 公園	13	
19	林振芳墓坊	明治38年（1905，光緒31年）	林振芳	台中社口	14	

表註〔註9〕

　　目前台灣地區現存的貞節牌坊，按照建坊完成年代先後，依次為：嘉慶5年（1800）之台南蕭氏節孝坊、〔註10〕道光4年（1824）之新竹楊氏節孝坊、道光28年（1848）之台中林氏貞孝坊、咸豐11年（1861）之北投周氏貞孝坊、同治10年（1871）之新竹張氏節孝坊、光緒6年（1880）之新竹蘇氏節孝坊、光緒8年（1882）之台北黃氏節孝坊以及光緒9年（1883）之苗栗賴氏節孝坊【圖3-1-1】。

〔註9〕　（1）本表不分台閩地區，按年代先後排列。
　　　　　（2）本表參考：楊仁江，《苗栗賴氏節孝坊調查研究》，頁 34～37，並根據本論文需要，加以增減項目並更動表格順序而成。製表日期：2013.01.16。
〔註10〕根據《臺南市市區史蹟調查報告書》，從明鄭至清代古臺南市曾豎立7座貞節牌坊，其中6座已毀圮，分別為鎮北坊貞節坊（明鄭）、十字街貞節坊（康熙61年，1722）、大南門內貞節坊（乾隆10年，1745）、東安坊貞節坊（乾隆13年，1748）、上橫街節孝坊（乾隆14年，1749）、大南門外節孝坊（乾隆15年，1750）。參見：洪敏麟，《臺南市市區史蹟調查報告書》，頁 183～184。

圖 3-1-1　台灣本島現存貞節牌坊位置分布圖

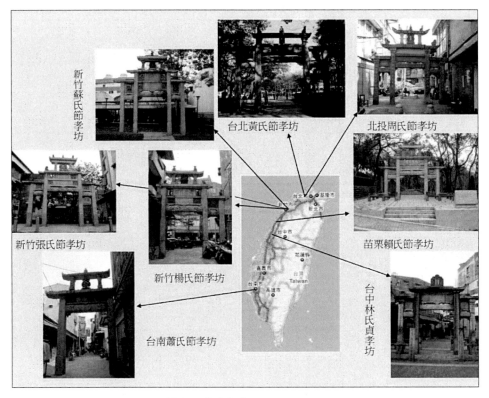

圖版：筆者自製，2011.05.18。

　　根據筆者的調查，這 8 座貞節牌坊中，只有台中林氏貞孝坊為「貞孝」類，其餘 7 座為「節孝」類。就形式來看，台南的蕭氏節孝坊為二柱一間形式，其餘的七座均為四柱三間形式。若從牌坊的分層來看，台南蕭氏節孝坊、台中林氏貞孝坊、台北黃氏節孝坊為 2 層形式牌坊，其餘 5 座為三層形式牌坊【圖表 3-1-4】。

　　又這八座牌坊中，目前並未遷移原建坊地點，又不曾有任何修復資料者，為台南的蕭氏節孝坊 1 座。未曾遷移原建坊地點，但有修復資料者，為新竹楊氏節孝坊、北投周氏節孝坊、新竹張氏節孝坊及新竹蘇氏節孝坊 4 座。曾遷移原建坊地點，亦有修復資料者，為台中林氏貞孝坊、台北黃氏節孝坊、苗栗賴氏節孝坊 3 座。

　　以上為筆者針對台灣現存的貞節牌坊所做調查的粗略概況，其更細部的形制分析與圖像分析，留待本章第二節與第三節中討論。

圖表 3-1-4　台灣本島現存清代貞節牌坊之柱數、間數、層數分類圖表

二柱一間二層形式	四柱三間二層形式	
 蕭氏節孝坊	 林氏貞孝坊	 黃氏節孝坊
	四柱三間三層形式	
	 楊氏節孝坊	 周氏節孝坊
	 張氏節孝坊	 蘇氏節孝坊
	 賴氏節孝坊	

圖表註：筆者自製，製作日期：2013.04.06。

第二節　台灣本島現存清代貞節牌坊之形制分析

　　本節討論的主題為台灣本島現存清代貞節牌坊之形制分析，筆者欲從：牌坊的外在形式、尺寸數據與文獻規制兩大方向，來探討此一主題。為了增加比較的樣本數，筆者以台灣本島現存的 8 座清代貞節牌坊為主，加入台灣本島現存之清代其他類的 5 座牌坊以及金門地區現存的明清牌坊 5 座，〔註11〕以資對照。（圖表請參見本論文「附錄一：台灣本島現存牌坊圖表 A」、「附錄二：金門現存牌坊圖表」）除此之外，為擴大比較對象，筆者加入陳建標對福建地區所做的牌坊調查（明代其他類牌坊 7 座、墓道坊 3 座；清代節孝坊 8 座、其他類牌坊 3 座、墓道坊 2 座，共 23 座。）來對照比較。〔註12〕之所以選擇金門與福建地區的牌坊作為對照之因有二：其一，台灣本島在清光緒 11 年（1885）年建省以前，一直都屬福建省的轄區，即使在建省之後的幾年內，台灣也並未立即從福建脫離，而是與福建一直處於「分而不分，不合而合」的狀態，直至光緒 14 年（1888），才真正與福建分治。〔註13〕而金門在整個清代，都屬福建的轄區。再看本文所討論之台灣本島現存之清代貞節牌坊中，最晚建坊者為苗栗賴氏節孝坊，其建坊年代為光緒 9 年（1883）。而台灣本島作為對照組之其他類牌坊中，最晚建坊者為台北急公好義坊，其建坊時間為光緒 14 年（1888）。因此在比較的對象與時間上，台灣本島、金

〔註11〕　事實上，台灣現存的清代其他類牌坊共有 6 座，但位於台中社口之林振芳墓道坊，其建坊時間為日治明治 38 年（1905，光緒 31 年），故不列入比較。台灣現存清代其他類的 5 座牌坊為：台南泮宮坊、台南接官亭坊、台南重道崇文坊、新竹李錫金孝子坊與台北急公好義坊。又金門地區現存的牌坊，筆者參考閻亞寧與陳炳容的相關研究資料。根據陳炳榮對金門地區牌坊的研究指出：金門現存完整的牌坊共 5 座，殘坊共 9 座。這 5 座牌坊中：明代 1 座，為明正德年間，金沙地區之陳禎恩榮坊；清代 4 座，分別為：嘉慶 17 年（1812）後浦之邱良功母節孝坊、嘉慶 24 年（1819）金湖之邱良功墓坊、道光 5 年（1825）瓊林之顏氏節孝坊與道光 11 年（1831）瓊林之一門三節坊。清代的 4 座牌坊中，屬於貞節類的牌坊就有 3 座。參見：閻亞寧，《金門縣第一級古蹟邱良功之母節孝坊之調查研究》。陳炳容，《金門的古墓與牌坊》。

〔註12〕　陳建標，〈漳州詔安明代牌坊調查〉，頁 26～31。陳建標，〈漳州清代牌坊建築裝飾〉，頁 42～48。陳建標，〈福建明清名人墓道坊調查〉，頁 26～31。陳建標，〈屏南縣清代節孝坊群的保護與利用〉，頁 27～32。陳建標，〈福建漳州城明代功名坊建築探略〉，頁 174～177。陳建標，〈福建歷史建築瑰寶──仙游清代「樂善好施」坊〉，頁 66～70。

〔註13〕　參見：黃秀政、張勝彥、吳文星，《臺灣史》（臺北市：五南圖書出版有限公司，2011.4），頁 172～173。

門與福建地區實可視為同一範圍而作為擴大比較之對象者。其二，乃是由於
福建地區（尤其是閩南）為清初台灣大宗移民之原鄉，以此相比，除了希望
能使比較範圍擴大，更希望能看看兩地在時間和環境的變化下，原鄉與移居
地在牌坊建築上有無差異。

一、外在形式之比較與分析

在本文第二章第二節談牌坊的形式分類中提及：牌坊可分成柱出頭與
否，柱數，以及樓數、樓檐的形式三方面來看。

首先就立柱的出頭與否來看，台灣本島現存的清代貞節牌坊全為「柱不
出頭式」，主樓有樓檐的牌樓形式。即使是其他類的 5 座牌坊，亦全為「柱不
出頭式」。回顧本文第二章第一節，在談牌坊的組成元素中，其中的一個元
素就是華表。華表，除了用來表識衢路、供百姓提供諫言之外，還可樹於
陵墓前，作為標識之用。後來，華表與衡門結合，變成象徵身分地位的烏頭
門。可見，華表有很大一部分的功用是作為陵墓前的標識。〔註 14〕根據陳建
標的研究：「沖天式建築，……在福建地區僅有墓道坊和文廟櫺星門建築使
用，而在其他地區構建的沖天式牌坊建築，使用範圍更廣一些。」〔註 15〕由
此可見，福建地區對於沖天式牌坊形制的使用，似乎較偏向華表陵墓標識的
功能。

清代早期台灣的移民多從福建來，其中亦不乏建築匠師與雕刻匠師的來
台。隨著這些匠師的來台，其將福建原鄉的建築與裝飾風格帶來台灣，是有
其相當的可能性。因此，就上文論及之政治上的行政區劃與兩地居民的往來
互動來看，牌坊在建築形式上的承襲，是有其相當大的可能性的。

若由以上資料來看，台灣本島目前現存的 13 座牌坊，全為「柱不出頭
式」、主樓有樓檐的牌樓形式，似乎可以說是承襲自閩地之非墓道坊和非文廟
櫺星門類的牌坊建築形式。〔註 16〕然而位居台灣本島與福建中間的金門，其

〔註 14〕 華表原是用木製成的高柱，到了東漢時期，轉而盛行以石柱作華表。墓前的
華表也稱神道柱或望柱。明清的墓制：凡五品官以上墓前皆可設石望柱一對。
參見：陳炳榮，《金門的古墓與牌坊》，頁 114。
〔註 15〕 陳建標，〈福建明清名人墓道坊調查〉，頁 30。
〔註 16〕 不過，以台灣現存的唯一一座四柱三間兩層三樓的墓道坊——林振芳墓道坊來
看，它就打破了福建地區墓道坊為沖天式牌坊的規制，而是屬於「柱不出頭
式」的牌樓形式。參見：閻亞寧《金門縣第一級古蹟邱良功之母節孝坊之調
查研究》，頁 64。

牌坊的形式則並非如此。根據陳炳榮的研究，金門地區的牌坊形式則較多元，墓道坊也有非沖天式牌樓形式者。〔註17〕若從台灣本島與金門此兩地在清代與福建地區的行政區劃、地理位置與居民互動的狀況來看，金門多元的牌坊形式的確是相當特殊的狀況，值得日後闢文研究。

　　其次，就柱數來看，台灣本島目前現存的貞節牌坊中，只有蕭氏節孝坊為二柱一開間的形式，其餘七座均為四柱三開間的形式。而蕭氏節孝坊為 8 座貞節牌坊中建坊年代最早者（嘉慶 5 年，1800），是否二柱一間為較早時期台灣本島牌坊的形制主流呢？筆者不以為然，理由有二。其一：若以嘉慶年間所建的牌坊為例，台灣台南之重道崇文坊，其建坊年代為嘉慶 20 年（1815），其形制為四柱三間形式。金門之邱良功母節孝坊，其建坊年代為嘉慶 17 年（1812），其形制亦為四柱三間形式。若再溯及台南地區更早時間所建的泮宮坊（乾隆 14 年，1748）與接官亭坊（乾隆 42 年，1777），也都是四柱三間形式。因此，二柱一間並非為較早時期台灣本島牌坊形制之主流。其二：從明到清，關於建坊的經費，朝廷只補助 30 兩銀，其餘均由本家自行籌措（參見本論文表 4-2-1「清代各朝旌表貞節條件對照表」）。30 兩銀對於興建一座牌坊而言，如杯水車薪，若本家非有力之家，很難支撐得起一座牌坊。〔註18〕故筆者研判，此二柱一間形式，並非時代或區域的風格，反而是與蕭氏之夫家——沈家的經濟能力較有關連。〔註19〕

　　此外，同樣為四柱三間形式的牌坊，張德南又分為「四柱等高式」與「中柱較高式」兩種。〔註20〕張德南認為：「四柱等高式」的牌坊的穩定性高，護檐結構的合理性也高。根據筆者調查，此類形的牌坊以台南地區的牌坊居多，

〔註17〕　金門現存清代的墓道坊中，屬柱不出頭式的有：邱良功墓道坊，其形制為四柱三間不出頭式牌坊。此外，屬於明代的許素軒墓，有一石墓龜，正面浮雕一牌樓，為兩柱一間双樓柱不出頭式。而明代的陳禎恩榮坊，不屬墓道坊，但形制為四柱三間沖天式石牌坊。參見：陳炳榮，《金門的古墓與牌坊》，頁 79、95。

〔註18〕　以台中大甲之林氏貞孝坊為例：道光 13 年（1833）余林氏即獲准旌表建坊，然家貧，無力興建。直至道光 28 年（1848），在官紳士庶的奔走募款下，得白金一千二百餘元，才得以建坊完成。由此可見，建坊經費之鉅與朝廷補助款之微。參見：魏紹華，〈捐建林氏貞孝坊碑記〉，道光二十九年歲次己酉十二月日，筆者抄錄於貞孝坊旁之碑文，2010/10/16。

〔註19〕　蕭氏之夫沈耀汶為太學生，文獻中對沈家的家世並無太多記載，故而筆者研判，沈家在經濟上應不屬地方上的有力之家。

〔註20〕　張德南，《新竹市的牌坊》，頁 46～50。

如泮宮坊、接官亭坊、重道崇文坊。以本文所討論之台灣本島 8 座貞節牌坊中，並無此類形者，而金門的邱良功母節孝坊則屬此類。另一種為「中柱較高式」牌坊，此類形的牌坊雖然節點結構較不合理，但比四柱等高式的牌坊多了高聳之感。以台灣本島現存清代的貞節牌坊來看，除了台南蕭氏節孝坊為兩柱一間，無從比較外，其餘七座，均為此類。〔註21〕台灣本島現存的其他類牌坊——李錫金孝子坊與急公好義坊，亦屬此類。而金門地區現存的顏氏節孝坊、一門三節坊與邱良功墓坊也是這一類。據此，若以台灣本島、金門地區現存的牌坊來看，中柱較高式的牌坊似乎是當時牌坊形式的主流。

不過筆者根據陳建標對福建地區牌坊所作的 6 份研究來看，屏南縣清代節孝坊群之 8 座節孝坊均為殘存無法判斷外，〔註22〕漳州明、清時期的 10 座牌坊（明代：奪錦坊、百歲坊、天寵重褒坊、尚書坊、三世宰貳坊、淡泊寧靜坊、功覃閩粵坊；清代：勇壯簡易坊、閩粵雄聲坊、樂善好施坊。）〔註23〕均為四柱等高式。而根據〈福建明清名人墓道坊調查〉一文，〔註24〕2 座清代墓道坊中，除一座李綱墓道坊為二柱一間者外，另一座林君升墓道坊為中柱較高式。同文中之 3 座明代墓道坊，則均為中柱較高式【圖表 3-2-1】。〔註25〕

據此，台灣、金門地區現存的所有牌坊類別，中柱較高式的牌坊，似乎是一種主流，呈現出台灣地區（含金門）的區域風格。

第三，就樓數、樓檐的形式來看，台灣現存的清代貞節牌坊全屬於牌樓形式，其主樓均為仿廡殿式的樓檐，檐口都有平浮雕瓦當滴水紋飾【圖表 3-2-2】。〔註26〕

〔註21〕 中柱較高式牌坊由新竹楊氏節孝坊開創先例。參見：張德南，《新竹市的牌坊》，頁 130。

〔註22〕 陳建標，〈屏南縣清代節孝坊群的保護與利用〉，頁 27～32。

〔註23〕 陳建標，〈漳州詔安明代牌坊調查〉，頁 26～31。陳建標，〈漳州清代牌坊建築裝飾〉，頁 42～48。陳建標，〈福建漳州城明代功名坊建築探略〉，頁 174～177。陳建標，〈福建歷史建築瑰寶——仙游清代「樂善好施」坊〉，頁 66～70。

〔註24〕 陳建標，〈福建明清名人墓道坊調查〉，頁 26～31。

〔註25〕 此三座明代墓道坊為：陳經邦墓道坊、陳滄江墓道坊、林偕春墓道坊。

〔註26〕 筆者受限於調查工具，因此在調查時，無法俯視台灣現存牌坊之樓檐頂。但筆者根據閻亞寧對金門邱良功母節孝坊的調查報告中，所引之台北黃氏與周氏節孝坊的修護照片，判斷此張照片的檐頂為仿廡殿式的樓檐形式。而根據筆者實地調查的目視，台灣現存清代牌坊的檐頂，形式相當類似，故而研判台灣現存清代的貞節牌坊之主樓檐頂，其形式應為仿廡殿式。參見：閻亞寧，《金門縣第一級古蹟邱良功之母節孝坊之調查研究》，頁 38。

圖表 3-2-1　福建地區明清牌坊之圖例

三世宰貳坊（明萬曆 47 年）
圖版：Google 圖片，
http://zh.wikipedia.org/
wiki/%E6%BC%B3%E
5%B7%9E%E7%9F%B
3%E7%89%8C%E5%9
D%8A，2013.08.24。

閩粵雄聲坊（清康熙 61 年）
圖版：Google 圖片，
http://zh.wikipedia.org/
wiki/%E6%BC%B3%E
5%B7%9E%E7%9F%B
3%E7%89%8C%E5%9
D%8A，2013.08.24。

林偕春墓道坊（明代）
圖版：Google 圖片，
http://www.04138.com/
Content.Asp?ID=2570，
2013.08.24。

圖表 3-2-2　台灣本島現存清代貞節牌坊主樓圖表

台南蕭氏節孝坊主樓（嘉慶 5 年，1800）

新竹楊氏節孝坊主樓（道光 4 年，1824）

台中林氏貞孝坊主樓（道光 28 年，1848）

北投周氏節孝坊主樓（咸豐 11 年，1861）

新竹張氏節孝坊主樓（同治 10 年，1871）

新竹蘇氏節孝坊主樓（光緒 6 年，1880）

| 台北黃氏節孝坊主樓（光緒 8 年，1882） | 苗栗賴氏節孝坊主樓（光緒 9 年，1883） |

圖表註：筆者自攝、自製，2013.04.08。

從【圖表 3-2-2】看來，台灣本島現存清代貞節牌坊主樓的簷頂瓦片均為仿筒瓦形式，只不過在石雕的表現上深淺不一。然而，明顯的差別在出簷的長度。台南蕭氏節孝坊、台中林氏貞孝坊與北投周氏節孝坊之出簷幅度大於其他 5 座牌坊，使得石質的仿樣屋簷能產生如木結構斗栱出挑飛簷的舒展之感。

再看金門地區現存牌坊的主樓形式，除了邱良功墓坊為非樓簷形式之外，其餘四座牌坊的主樓亦均為仿廡殿式的樓簷，簷口亦有平浮雕瓦當滴水紋飾【圖表 3-2-3】。

圖表 3-2-3　金門現存牌坊之主樓比較圖表

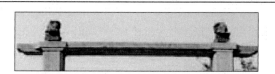

| 邱良功墓坊主樓（嘉慶 24 年，1819） |

| 陳禎恩榮坊主樓（明正德年間） | 邱良功母節孝坊主樓（嘉慶 17 年，1812） |

| 顏氏節孝坊主樓（道光 5 年，1825） | 一門三節坊主樓（道光 11 年，1831） |

圖表註：筆者根據本論文「附錄二：金門現存牌坊圖表」加以截取，製作日期：2013.04.12。

　　另外，台灣本島現存清代貞節牌坊次樓的部分，其形制大致都與主樓相同。然而新竹楊氏節孝坊（道光 4 年，1824）、新竹蘇氏節孝坊（光緒 6 年，1880）、新竹李錫金孝子坊（光緒 7 年，1881）與苗栗賴氏節孝坊（光緒 9 年，1883），在中層與下層處，並不做出檐起翹、浮雕筒瓦滴水的仿樣形式，反而以陰刻「捲雲紋」收結。這樣的作法與金門邱良功墓道坊（嘉慶 24 年，1819，圖見本論文附錄二）的上層、下層做法相同。

　　綜合上述之比較發現，台灣本島現存之清代貞節牌坊，不管是與台灣本島現存清代其他類牌坊相比；還是與金門地區現存明清時期的牌坊相比；又或者是與福建地區現存的明清牌坊相比；可以發現：牌坊此一建築小品，其形制並沒有隨時間而有太大的改變，這是屬於牌坊形制上「大同」的部分。由此可見，牌坊此類建物，在形制上有其不易變動的特性。然而台灣本島現存之 4 座以「捲雲紋」為中層與下層收結的牌坊，其製作年代並不相近，反而是地理位置相近，是否能說明：台灣本島牌坊的建築風格，在時代風格變動不大的情況之下，受到區域性風格的影響較深？〔註 27〕因此，筆者將附錄一的圖表重新按照建坊地點排列，作成附錄三的圖表。〔註 28〕從附錄三的圖表發現：台北地區的牌坊，其上下額枋之間的連接較緊密，即使是櫃台腳的鏤空，空隙也不大。花板部分也都是浮雕形式呈現，與檐頂及柱間均無孔隙，整體給人厚實沉穩之感。這樣的建築風格似乎與台中、台南地區的牌坊風格類似。台中與台南地區，除接官亭坊形制較高大、鏤空較多以及蕭氏節孝坊為兩柱一間的形式之外，其餘 3 座的形制風格亦偏向厚實沉穩。然而，新竹與苗栗地區的牌坊，在建築形制上都是四柱三間，且鏤空部分較多。除張氏節孝坊外，另 4 座牌坊之中層、下層的捲雲紋收結（圖表中紅色箭號處），為共同特色。

　　竹苗地區的牌坊除了因「石」材而呈現穩重的建築風格外，還因鏤空較多而表現出空靈通透之感，似乎有自成一格的態勢，此為台灣現存牌坊的「小異」之處。

〔註27〕　以新竹的楊氏節孝坊為例，其建坊年代為道光 4 年（1824），時間距離最近的上一座與下一座現存牌坊為：嘉慶 5 年（1800）的台南蕭氏節孝坊與道光 28 年（1848）的台中林氏貞孝坊。然而台南蕭氏節孝坊為兩柱一間，形制上完全與新竹楊氏節孝坊不同。台中林氏貞孝坊雖同為四柱三間形式，但只有兩層，且鏤空裝飾相當少，與新竹楊氏節孝坊迥異。

〔註28〕　參見本論文「附錄三：台灣本島現存牌坊圖表 B」。

又，竹苗地區與金門邱良功墓道坊的「捲雲紋」收結做法，又與福建的林君升墓道坊（乾隆 20 年，1755，【圖 3-2-1】），處理方式相同。此間是否有風格傳承的關係，值得進一步研究。

圖 3-2-1　林君升墓道坊之捲雲紋收結示意圖（紅色箭號處）

圖版：陳建標，〈福建明清名人墓道坊調查〉，頁 29，圖三。

圖註：紅色箭號為筆者自加，2013.04.12。

二、尺寸數據及文獻規制之比較與分析

本節第一部分，從牌坊的外在形式比較，歸結出台灣本島現存清代的貞節牌坊與台灣本島現存其他類牌坊、金門、福建地區現存的牌坊，在外在形制上的「大同」與「小異」處。本段落緊接著從尺寸數據及文獻規制的比例，來試圖解析台灣本島現存清代貞節牌坊的形制。

閻亞寧在金門邱良功母節孝坊的調查研究中，以《清式營造則例及算例》〔註 29〕及《營造法原》〔註 30〕的各數據比例，對金門邱良功母節孝坊以及台灣本島現存的牌坊做比對分析，得出台灣本島與金門的牌坊偏向江南系統。〔註 31〕筆者在這個研究基礎上，將其加廣加深，不僅對原比較之各數據做出更近一步的分析，更以陳建標對福建地區所做的 23 座牌坊調查數據來作為對照組，以擴大原閻亞寧研究結果的面向。

然而，由於筆者未能親至福建地區調查，故而能運用的數據不如筆者對台灣牌坊所做的調查完整，是筆者認為往後可以補足之處。

（一）台灣本島現存牌坊之各部位尺寸分析

【表 3-2-1】是筆者整理實地調查之台灣本島現存清代 8 座貞節牌坊的尺寸表。根據此表：除了台南蕭氏節孝坊為兩柱一間，其整體比例屬稍高形之外，台灣本島現存清代四柱三間的貞節牌坊整體比例為趨近方形而略高。

〔註 29〕梁思成《清式營造則例及算例》，頁 187。

〔註 30〕（清）姚承祖著、張至剛增編、劉敦楨校閱，《營造法原》，頁 56～57。

〔註 31〕閻亞寧，《金門縣第一級古蹟邱良功之母節孝坊之調查研究》，頁 65～68。

〔註 32〕這樣的比例，使得牌坊的整體結構呈現沉穩的態勢。不過看回倒數第三欄：「明間寬與次間寬」的比例，顯然這 8 座牌坊的明間寬度遠大於次間寬度。再配合倒數第五欄：「中柱露明高〔註 33〕與明間寬」的比例，可以發現：除了新竹張氏節孝坊與苗栗賴氏節孝坊之「中柱露明高與明間寬」比例相近，給人沉穩的感覺外，其餘 5 座，〔註 34〕都因為中柱露明高的比例稍大，再加上次間窄而明間寬的比例，讓牌坊在整體沉穩的結構之下，又能兼顧稍微挑高的視覺效果。

表 3-2-1　台灣本島現存貞節牌坊尺寸表　　　　　　單位：公分

坊　　名	1	2	3	4	5	6	7	8
	臺南蕭氏節孝坊	新竹楊氏節孝坊	台中林氏貞孝坊	北投周氏節孝坊	新竹張氏節孝坊	新竹蘇氏節孝坊	臺北黃氏節孝坊	苗栗賴氏節孝坊
建坊年代	嘉慶 5 1800	道光 4 1824	道光 28 1848	咸豐 11 1861	同治 10 1871	光緒 6 1880	光緒 8 1882	光緒 9 1883
形式	二柱一間二層二樓〔註 35〕	四柱三間三層一樓	四柱三間二層三樓	四柱三間三層五樓	四柱三間三層五樓	四柱三間三層一樓	四柱三間二層三樓	四柱三間三層一樓
總面寬	266	538	469	516	596	531	595	486
明間淨寬	200	240	214.5	212	276	243	272	214
次間淨寬	無	79	63	80、81	90	78	90	74
柱寬	33	35	31、32.5	35、36.5	35	33	35、36	31
總高	455	647	500	545	660	750	535	510
中柱露明高〔註 36〕	272	295	258	247	285	295	305	215

〔註 32〕苗栗賴氏節孝坊之數據雖屬寬矮形，但比例已相當趨近方形。

〔註 33〕中柱露明高指的是明間額下高，即明間最下層額枋底端至地面的距離；邊柱露明高以此類推。

〔註 34〕台南蕭氏節孝坊為兩柱一間，不列入比較。

〔註 35〕其中一邊樓檐沒入民宅。

〔註 36〕中柱露明高指的是明間額下高，即明間最下層額枋底端至地面的距離；邊柱露明高亦同。

坊　名	1	2	3	4	5	6	7	8
	臺南蕭氏節孝坊	新竹楊氏節孝坊	台中林氏貞孝坊	北投周氏節孝坊	新竹張氏節孝坊	新竹蘇氏節孝坊	臺北黃氏節孝坊	苗栗賴氏節孝坊
邊柱露明高	無	264	240	215	247	269	270	180
中柱露明高／明間寬	272/200 1.36/1	295/240 1.23/1	258/214.5 1.20/1	247/213 1.16/1	285/276 1.03/1	295/243 1.21/1	305/272 1.12/1	215/214 1.00/1
明間寬／總面寬		1/2.24	1/2.19	1/2.43	1/2.16	1/2.19	1/2.19	1/2.27
明間寬／次間寬		1/0.62	1/0.60	1/0.72	1/0.58	1/0.60	1/0.60	1/0.65
總寬／總高	1/1.71 稍高形〔註37〕	1/1.20 略高形	1/1.07 趨近方形	1/1.06 趨近方形	1/1.11 略高形	1/1.41 略高形	1/0.90 寬矮形	1/1.05 趨近方形
刻字	陰刻	陰刻	陰刻	陰刻	陰刻	陰刻	陰刻	陰刻

表註〔註38〕

　　再看【表3-2-2】，台灣本島現存其他類牌坊的尺寸。雖然這5座牌坊依舊保持明間寬度遠大於次間寬度的比例（數據與【表3-2-1】相近），然而「中柱露明高與明間寬」的比例，以及「總面寬與總高」的比例，都顯現出這5座牌坊屬於寬矮沉穩形，與貞節牌坊給人的微挑高的視覺感受相當不同。

〔註37〕　總寬／總高比：1／1以下，寬矮形；1／1為方形；1／1～1.5以內，略高形：1／1.5～2.0，稍高形；1／2.0以上，高聳形。以上比例所相對應的形類為筆者自定。

〔註38〕　(1) 本表為筆者按建坊時間排列自製，製作日期：2013.03.30。

　　　　　(2) 本表數據多為筆者自行調查而得，然因礙於調查器材之限制，有關高度的數據，則參考漢寶德主持，《新竹楊氏節孝坊與李錫金孝子坊修復計畫》，頁11。閻亞寧《金門縣第一級古蹟邱良功之母節孝坊之調查研究》，頁66。

　　　　　(3) 本表所有計算均取小數點後2位，第3位四捨五入。

表 3-2-2　台灣本島現存其他類牌坊尺寸表

單位：公分

坊　　名	1	2	3	4	5
	台南 泮宮坊	台南 接官亭坊	台南 重道崇文坊	新竹 李錫金孝子坊	台北 急公好義坊
建坊年代	乾隆 14 1748	乾隆 42 1777	嘉慶 20 1815	光緒 8 1882	光緒 14 1888
形式	四柱三間 兩層三樓	四柱三間 兩層三樓	四柱三間 兩層三樓	四柱三間 三層一樓	四柱三間 兩層三樓
總面寬	665.5	666	677.5	589	684.8
明間淨寬	303	285	299	276	327
次間淨寬	103、105	106、107	107、108	86.5	108
柱寬	42	42	40.5、41.5	35	35～36
總高	550	790	480	690	550
中柱露明高	280	345	305	312	320
邊柱露明高	255	300	265	280	290
中柱露明高／明間寬	280/303 0.92/1	345/285 1.21／1	305/299 1.05/1	312/276 1.13/1	320/327 0.97/1
明間寬／總面寬	1/2.20	1/2.34	1/2.27	1/2.13	1/2.09
明間寬／次間寬	1/0.60	1/0.67	1/0.64	1/0.57	1/0.55
總面寬／總高	1/0.83 寬矮形	1/1.19 略高形	1/0.71 寬矮形	1/1.17 略高形	1/0.80 寬矮形
刻字	陰刻	陰刻	陰刻	陰刻	陰刻

表註〔註 39〕

　　再者，比較福建屏南清代的節孝坊【表 3-2-3】。由於數據的不完整，我們無法確知福建的這 8 座節孝坊整體形制為寬矮沉穩形，還是微挑高形，然而「明間寬與次間寬」的比例均為明間大於次間形式，此同於台灣本島現存的牌坊。

〔註 39〕（1）本表為筆者按建坊時間排列自製，製作日期：2013.03.30。
　　　　　（2）本表數據多為筆者自行調查而得，然李錫金孝子坊之各數據與其他坊的高度數據，參考自：閻亞寧《金門縣第一級古蹟邱良功之母節孝坊之調查研究》，頁 66。
　　　　　（3）本表所有計算均取小數點後 2 位，第 3 位四捨五入。

表 3-2-3　福建省寧德市屏南縣清代節孝坊之尺寸表

單位：公分

	1	2	3	4	5	6	7	8
坊　名	陸淑姐 節孝坊	陸金貴 節孝坊	葉穩金 節孝坊	熊喜使 節孝坊	吳春蓮 節孝坊	陸發珠 節孝坊	陸菊香 節孝坊	陳光梅 節孝坊
建坊年代	乾隆 57 1792	嘉慶 8 1803	嘉慶 18 1813	嘉慶 19 1814	嘉慶 20 1848	嘉慶 24 1819	咸豐 7 1857	光緒 14 1888
守節年數	35	64	史料不足	史料不足	34	35	史料不足	史料不足
形式	四柱三間	四柱三間	資料不足 無法判斷	資料不足 無法判斷	四柱三間	四柱三間	四柱三間	資料不足 無法判斷
總面寬	459	460			462	472	458	
明間淨寬	227	226	310	298	227	231	227	311
次間淨寬	113	114	無資料	無資料	114	117	113	無資料
柱寬	29.5、30	30	33	31.5	30、30.5	31	29、30	31
中柱高	310	350	無資料	350	330	362	無資料	無資料
邊柱高	280	320	無資料	無資料	300	340	290	無資料
明間寬 / 總面寬	227/459 1/2.02	226/460 1/2.04			227/462 1/2.04	231/472 1/2.04	227/458 1/2.02	
明間寬 / 次間寬	227/113 1/0.50	226/114 1/0.50			227/114 1/0.50	231/117 1/0.51	227/113 0.50	
刻字	陰刻	陽刻	陰刻	陽刻	陽刻	陰刻	陰刻	陰刻
備註	殘	殘	殘，中柱 至平板枋 高 360	殘	殘	殘	殘，中柱 至平板枋 高 375	殘，中柱 至平板枋 高 350

表註〔註 40〕

　　若再將比較對象擴大，加入福建地區清代其他類的牌坊與明代的牌坊來看（墓道坊除外），【表 3-2-4】中「明間寬與次間寬」的比例差距更大，總寬與總高的比例已經呈現出略高與稍高的形式，不單單只是一種視覺效果而已。

〔註 40〕（1）本表數據來源：陳建標，〈屏南縣清代節孝坊群的保護與利用〉，頁 27～32。筆者整理製表，製作日期：2013.03.30。
　　　　（2）本表之計算一律取至小數點後第二位，第三位四捨五入。
　　　　（3）總面寬之數據爲筆者根據陳建標調查之數據加總而成。公式：明間淨寬＋次間淨寬＋2×中柱寬＋2×邊柱寬。

表 3-2-4　福建省漳州明代、清代牌坊尺寸表

單位：公分

朝　代	明			代				清		代
編　號	1	2	3	4	5	6	7	8	9	10
坊　名	奪錦坊	百歲坊	天寵重褒坊	尚書坊	三世宰貳坊	淡泊寧靜坊	功覃閩粵坊	勇壯簡易坊	閩粵雄聲坊	樂善好施坊
建坊年代	成化戊子 1468	萬曆 8 1580	萬曆 12 1584	萬曆 33 1605	萬曆 47 1619	崇禎 9 1636	崇禎年間	康熙 46 1707	康熙 61 1722	道光 5 1825
形式	四柱三間二層三樓	四柱三間三樓	四柱三間二層三樓	十二柱三間三層五樓	十二柱三間三層五樓	十二柱三間三層五樓	四柱三間三層五樓	十二柱三間三層五樓（8根戲柱）	四柱三間三層五樓	四柱三間五樓
屋檐	歇山檐口雕刻筒瓦滴水	歇山檐口雕刻筒瓦滴水	歇山檐口雕刻筒瓦滴水	歇山檐口雕刻筒瓦滴水	歇山檐口雕刻筒瓦滴水	歇山檐口雕刻筒瓦滴水	歇山檐口雕刻筒瓦滴水	歇山檐口雕刻筒瓦滴水	資料說明為仿勇壯簡易坊興建	廡殿檐口雕刻筒瓦滴水
總面寬		640	807	926	901	資料不足	629	861	889	823
明間淨寬	288	307	405	438	439	438	306	448	464	327
次間淨寬	166	167	174	158	R169 L123	198	156	181	193	144
柱寬	無資料	41.5	57	58、28	58、27	60 無邊柱寬	30.5、53	58	58	52.5、51.5
總高	500	無資料	950	1100	1100	904	960	無資料	1200	1600
明間寬／總面寬		307/640 1/2.08	405/807 1/1.99	438/926 1/2.11	439/901 1/2.05		306/629 1/2.06	448/861 1/1.92	464/889 1/1.92	327/823 1/2.52
明間寬／次間寬	288/166 1/0.58	307/167 1/0.54	405/174 1/0.43	438/158 1/0.36	439/169 1/0.38	438/198 1/0.45	306/156 1/0.51	448/181 1/0.40	464/193 1/0.42	327/144 1/0.44
總寬／總高			807/950 1/1.18 略高形	926/1100 1/1.19 稍高形	901/1100 1/1.22 略高形		629/960 1/1.53 稍高形		889/1200 1/1.35 略高形	823/1600 1/1.94 稍高形
刻字	陰刻	陰刻	陰刻	陰刻	陰刻	陰刻	陰刻	陰刻	陰刻	陰刻
備註	圓柱：柱徑 47.8	彎枋 侏儒柱有二跳華栱丁頭栱	檁料置二跳華栱	亭式坊	兩次間寬度差。中柱、邊柱寬差。	無邊柱寬，無法計算	次間邊柱前後各一根戲柱	彎枋 次間亭式	彎枋	雕刻相當精美

表註〔註41〕

─────────────────

〔註41〕（1）關於表中牌坊之數據來源：陳建標，〈漳州詔安明代牌坊調查〉。陳建標，〈漳州清代牌坊建築裝飾〉。陳建標，〈福建漳州城明代功名坊建築探略〉。陳建標，〈福建歷史建築瑰寶──仙游清代「樂善好施」坊〉。筆者整理製表，製作日期：2013.03.30。

不過，我們從【表 3-2-5】來看，福建明清名人的墓道坊，其「明間寬與次間寬」的比例依舊有相當的差距外，其整體形式是比較趨近於寬矮形的。由【表 3-2-4】與【表 3-2-5】的比較可見：福建地區的墓道坊，除了形制大半屬於沖天式的之外，其整體的比例是屬於較寬矮形的，有別於其他類的牌坊。

表 3-2-5　福建明清名人墓道坊尺寸表

單位：公分

朝　代	明	代		清	代
編　號	1	2	3	4	5
坊　名	陳經邦墓道坊	陳滄江墓道坊	林偕春墓道坊	林君升墓道坊	李綱墓道坊
建坊年代	嘉靖 44 1565 以後	嘉靖 35 1556	萬曆 32 1604	乾隆 20 1755	嘉慶 15 1810 重修
形式	※四柱三間沖天式	※四柱三間一樓沖天式 ※聖旨碑上為歇山式樓簷	※四柱三間沖天式	※四柱三間一樓非沖天式〔註42〕 ※主樓為歇山式 ※四柱不出頭，其上置欂枓，枓上置圓雕坐獅。	※二柱一間一樓非沖天式 ※樓簷歇山式
地點	仙游	同安	同安	同安	閩侯縣
總面寬	756	588	687	551	319
明間淨寬	371	284	371	318	253
次間淨寬	225	136	176	93	
柱寬	38、42	42	35	35	33
總高	500	517	520	585	416
明間寬／總面寬	371/765 1/2.06	284/588 1/2.07	371/687 1/1.85	318/551 1.73	

(2) 本表之計算一律取至小數點後第二位，第三位四捨五入。

(3) 總面寬之數據為筆者根據陳建標調查之數據加總而成。公式：明間淨寬＋次間淨寬＋2×中柱寬＋2×邊柱寬。

(4) 明代牌坊的特徵之一，屋頂蚩尾雕件精細碩大，與隆起的正脊構件連為一體。參見：陳建標，〈漳州詔安明代牌坊調查〉，頁 31。

〔註42〕陳建標的調查為「沖天式」，然筆者根據其調查報告上之圖片判定此墓道坊應為非沖天式牌坊。參見：陳建標，〈福建明清名人墓道坊調查〉，頁 29。

朝　　代	明	代		清	代
編　　號	1	2	3	4	5
坊　　名	陳經邦墓道坊	陳滄江墓道坊	林偕春墓道坊	林君升墓道坊	李綱墓道坊
明間寬／次間寬	371/225 1/0.61	284/136 1/0.48	371/176 1/0.47	318/93 1/0.29	
總寬／總高	756/500 1/0.66 寬矮形	588/517 1/0.88 寬矮形	687/520 1/0.76 寬矮形	551/585 1/1.06 趨近方形	319/416 1/1.30 略高形
刻字	陰刻	陰刻	資料未提	陰刻	陰刻
花板	題字	題字	毀棄	題字	無花板
備註	※只有石柱上有圓雕蹲獅。	※檐口雕刻筒瓦滴水。		※中層與下層護檐以「捲雲紋」收結，可與台灣 4 座牌坊比較。 ※檐口雕刻筒瓦滴水。	※此墓為宋代墓，墓道坊原已無蹤，現存者為清嘉慶 15 年重修。 ※檐口雕刻筒瓦滴水。

表註〔註 43〕

　　由以上牌坊之各部位尺寸分析比較可以歸結出：台灣本島現存牌坊均有明間寬大於次間寬的特色，其形式偏向沉穩的風格。不過，屬貞節牌坊類者，更在沉穩形式外具有微挑高的視覺效果。福建地區的牌坊則是明間寬更大於次間寬，屏南清代的節孝坊因數據不完整無從比較其形式外，其他類的牌坊，其形式已確實呈現出略高與稍高的形式，而墓道坊則仍屬寬矮形。

（二）台灣本島現存牌坊之各部位比例與文獻規制比例之分析

　　【表 3-2-6】為台灣本島現存清代牌坊與文獻規定之比例對照表。屬於北方牌坊建築系統的《清式營造則例及算例》，與屬江南系統的《營造法原》相比，其「明間寬與總面寬」的比例，北方明顯窄於南方。換句話說，北方建

〔註43〕（1）關於表中牌坊之數據來源：陳建標，〈福建明清名人墓道坊調查〉，頁 26～31。筆者整理製表，製作日期：2013.03.30。
　　　　（2）本表之計算一律取至小數點後第二位，第三位四捨五入。
　　　　（3）總面寬之數據為筆者根據陳建標調查之數據加總而成。公式：明間淨寬＋次間淨寬＋2×中柱寬＋2×邊柱寬。

築系統的牌坊，在明間與次間的比例是較接近的。〔註44〕在「中柱露明高與明間寬」之比及「中柱露明高與中柱高」之比相同的情形下，北方的牌坊建築形式之視覺效果相對於江南系統而言顯得較爲高聳，江南系統者則較爲沉穩。

表3-2-6　台灣本島現存牌坊與文獻規定之比例對照表

		明間寬／總面寬	中柱露明高／明間寬	中柱露明高／中柱高	柱面寬／中柱高
北方	清式營造則例及算例〔註45〕	25/70＝18/50	12/10	2/3	7/61＝1.1/10
江南	營造法原	21/50	12/10	2/3	1/10
台北	周氏節孝坊	20.5/50	11.6/10	1.9/3	0.9/10
	黃氏節孝坊	22.9/50	11.2/10	2.0/3	0.8/10
	急公好義坊	23.9/50	9.7/10	2.0/3	資料不足
新竹	楊氏節孝坊	22.3/50	12.3/10	1.9/3	0.7/10
	張氏節孝坊	23.2/50	10.3/10	1.8/3	0.7/10
	蘇氏節孝坊	22.9/50	12.1/10	1.9/3	0.7/10
	李錫金孝子坊	23.4/50	11.3/10	2/3	0.8/10
苗栗	賴氏節孝坊	22.0/50	10.0/10	1.9/3	0.9/10
台中	林氏貞孝坊	22.9/50	12.0/10	2.2/3	0.8/10
台南	泮宮坊	22.8/50	9.2/10	2.4/3	1.2/10
	接官亭坊	21.4/50	12.1/10	2.1/3	0.8/10
	蕭氏節孝坊		13.6/10		
	重道崇文坊	22.1/50	10.5/10	2.7/3	1/10

表註〔註46〕

〔註44〕　（50－18）÷2＝16　北方牌坊之明間與次間比爲：18／50：16／50。
　　　　　（50－21）÷2＝14.5　江南牌坊之明間與次間比爲：21／50：14.5／50。
〔註45〕　因〈牌樓算例〉與《清式營造則例及算例》對牌坊比例的記載相同，本表以後者爲代表。
〔註46〕　（1）本表參照：閻亞寧《金門縣第一級古蹟邱良功之母節孝坊之調查研究》，頁66修改製作，製作日期：2013.04.06。其中數據多數以筆者自行調查之數據重新計算，但礙於調查器材之限制，有關高度之數據以閻文爲主。

接著再看台灣本島現存牌坊的數據。從【表3-2-6】中可以明顯看出：不管是貞節類或其他類的牌坊形制，台灣本島現存牌坊的建築比例趨近於《營造法原》。換句話說，台灣本島現存的牌坊，其建築的規制偏向江南牌坊系統，整體造形趨向沉穩形。這樣的結果也呼應了上文「一、台灣現存牌坊之各部位尺寸分析」的結論──形式偏向沉穩的風格。

不過，從最後一直欄「柱面寬與中柱高」的比例來看：扣除掉只有兩柱一間的台南蕭氏節孝坊與資料不足的台北急公好義坊，11座牌坊中，除了台南泮宮坊1.2／10的比例屬於北方系統與台南重道崇文坊1／10的比例符合《營造法原》外，台灣本島現存之9座牌坊其柱面寬均小於《營造法原》的1／10的比例。再進一步來看，這9座牌坊中有2座的數據為0.9／10，4座數據為0.8／10，3座數據為0.7／10。這顯現出台灣本島現存的牌坊中，多數有柱面寬面較窄的現象，且與《營造法原》之比例相比，有相當的差距。再看【表3-2-7-A】：在有提供「柱面寬與中柱高」的5筆資料中，除了陸淑姐節孝坊的比例符合1／10的比例，其餘4座的比例均為0.9／10。這表示福建省寧德市屏南縣清代節孝坊也有柱面寬面較窄的現象。若將台灣本島的9座數據與福建屏南的4座數據做比較：同為柱面寬面窄於《營造法原》的規制，然台灣本島節孝坊的柱面寬又明顯窄於福建屏南節孝坊。這樣的現象，究竟是台灣承襲福建營造牌坊風格的影響，還是由於台灣花崗岩等石材來源不易，受限於壓艙石〔註47〕的關係，亦或是其他原因，則需再進一步掌握更多福建牌坊的數據，再加以研究。

台灣本島現存牌坊與文獻規制之比例比較完後，接下來將範圍擴大到福建地區的牌坊比例來分析。【表3-2-7】為筆者整理福建地區現存各類牌坊比例與文獻規制的三合一對照表。從表中數據可以看出，福建地區的牌坊其明間寬與總面寬的比例也是較符合《營造法原》的系統。然而比較特殊的是：其比例不僅高於《營造法原》的21／50，亦高於台灣本島現存牌坊的平均數

(2) 牌坊順序按地理位置由北至南排列。

(3) 閻文之數據到小數後2位者，筆者將之四捨五入到小數點後第1位。

〔註47〕 所謂的「壓艙石」指的是前往大陸地區經商的台灣船隻，在其將載運至大陸的貨物卸除後，於返航時，在船艙底放置泉州白石與青斗石等的石條，以平衡船身。由於受限於船艙的大小與搬運的荷重，此類壓艙石條通常體積不會太大。然台灣現存石牌坊的柱面寬面較窄的現象，究竟是承襲福建營造牌坊風格的影響，還是受限於壓艙石，或是其他原因，則需再研究。

表3-2-7 福建地區現存牌坊比例與文獻規制三合一對照表

A 福建省寧德市屏南縣清代節孝坊與文獻規定對照表

單位:公分

		明間寬／總面寬	柱面寬／中柱高
北方	清式營造則例及算例	25/70 18/50	7/61 1.1/10
江南	營造法原	21/50	1/10
牌坊名稱	陸淑姐節孝坊	227/459 24.7/50	30/310 1.0/10
	陸金貴節孝坊	226/460 24.6/50	30/350 0.9/10
	葉穩金節孝坊		
	熊喜使節孝坊		31.5/350 0.9/10
	吳春蓮節孝坊	227/462 24.6/50	30.5/330 0.9/10
	陸發珠節孝坊	231/472 24.5/50	31/362 0.9/10
	陸菊香節孝坊	227/458 24.8/50	
	陳光梅節孝坊		

B 福建省漳州明代、清代牌坊與文獻規定對照表

單位:公分

		明間寬／總面寬
北方	清式營造則例及算例	25/70 18/50
江南	營造法原	21/50
明代	奪錦坊	
	百歲坊	307/640 24.0/50
	天寵重褒坊	405/807 25.1/50
	尚書坊	438/926 23.7/50
	三世宰貳坊	439/901 24.4/50
	淡泊寧靜坊	
	功覃閩粵坊	306/629 24.3/50
清代	勇壯簡易坊	448/861 36.0/50
	閩粵雄聲坊	464/889 26.1/50
	樂善好施坊	327/823 19.9/50

C 福建明清名人墓道坊與文獻規定對照表

單位:公分

		明間寬／總面寬
北方	清式營造則例及算例	25/70 18/50
江南	營造法原	21/50
明代	陳經邦墓道坊	371/756 24.5/50
	陳滄江墓道坊	284/588 24.1/50
	林偕春墓道坊	371/687 27.0/50
清代	林君升墓道坊	318/551 28.9/50
	李綱墓道坊	二柱一間

表註〔註48〕

〔註48〕 (1)本表爲筆者自製,其計算取至小數點後第一位,第二位四捨五入。製表日期:2013.04.08。

(2)A表之柱面寬之數值取最大數值計算。

據 22.5／50。〔註49〕其中【表 3-2-7-B】，清代的勇壯簡易坊之明間寬與總面寬的比更是高達 36.0／50，可以說：明間寬度明顯大於次間寬度，爲福建地區牌坊的特色之一。這點亦符合了上文「（一）台灣本島現存牌坊之各部位尺寸分析」的比較結果。

此外，再從時代來比較。從【表 3-2-7】可看出：福建地區的牌坊建築形制的比例，明代和清代之間並無多大的差別。由此可以說明：牌坊此一類建築物的形制演變緩慢，具有不易變動的特性。這點亦符合了上文「一、台灣現存牌坊之各部位尺寸分析」的比較結果。

三、小結

從上述台灣本島與金門及福建地區現存牌坊的外在形式、尺寸數據及文獻規制兩大方向的比較與分析可以發現：台灣本島現存的清代牌坊與金門地區的現存牌坊，在外在形制上均偏向「沉穩」的風格類型，且「中柱較高」爲其特色。就台灣本島地區的現存牌坊來看，似乎竹苗地區的牌坊呈現出了不同於台灣其他地區的牌坊風格。這種「中柱較高」與竹苗地區的區域風格特色，實爲台灣本島現存清代牌坊在牌坊建築類「大同」的風格中，展現出的「小異」特色。

另外，台灣本島與福建地區的牌坊，均偏向江南《營造法原》的系統。然而台灣本島與福建地區之牌坊數據，在「明間寬度與總面寬」的比例上高於《營造法原》，福建地區尤甚，亦可謂「大同」中的「小異」，呈現出明顯的區域風格。不過從時代的數據比較來看，明代牌坊與清代牌坊在整體建築規制上，差異不大，顯示出牌坊此類建築物的形制變化緩慢，具有不易變動的特性。

問題是：這不易變動的特性，從何而來？筆者認爲這與牌坊因旌表而產生的政治性與教化性有極密切的關係。〔註50〕

根據貢布里希在《秩序感》一書中，對正式性（formality）的解釋：

> 場合越正式，也就越要注意形式的保存，這裡指的是習慣意義和視

〔註49〕 根據【表 3-2-6】第一直行「明間寬／總面寬」之各數據，台灣現存牌坊之明間寬與總面寬的分子平均數爲：（20.5＋22.9＋23.9＋22.3＋23.2＋22.9＋23.4＋22.0＋22.9＋22.8＋21.4＋22.1）÷12＝22.5。故台灣現存牌坊之明間寬與總面寬的平均數據爲 22.5／50。

〔註50〕 關於牌坊的旌表意涵與清代的貞節旌表制度，請見本文第四章。

覺意義上的形式的保存。……他們不僅必須遵守規則，而且要給人
以遵守規則的印象。……統一的形式有助於圖案對稱和形成重點，
以增加正式性。〔註51〕

長久以來，牌坊因其旌表義而受到人們的重視。人們看到此一形制的建築物，
就與其旌表義涵相連結，甚至可以說是觀者先看到了自我內在對牌坊形制的
視覺習慣與內含意義後，才真正看到眼前的牌坊。〔註52〕故而，牌坊必須保
有統一的形式以符合人們的期待並增加其正式性。民間的牌坊雖然是由本家
自行興建，但就本質上來說，它仍是屬於一種官方建築，是官方宣傳政令與
教化意義的載體。換句話說，朝廷是牌坊背後「隱藏的勸說人」，〔註53〕此勸
說人欲使牌坊的形象更好，更確切的說是想藉由牌坊來使欲傳達的政令、教
化能更為人所接受。

　　為了使牌坊能符合人們的期待並準確的傳達其旌表的主題，其形式就必
須被嚴格的保存。故而形式上的不易變動性，使得牌坊具有強烈的正式性；
也因為正式性越強烈，又使得牌坊的形制越固定。形制的固定性與正式性，
一體兩面、互為表裡、相互影響、密不可分。

　　貢布里希又指出：「一個社會能把某個場合正式化到什麼程度要取決於各
種組織方面的因素。要達到統一的目的需要有良好的計劃和紀律，羅斯金認
為還需要有獨裁領導。」〔註54〕對牌坊而言，為了讓牌坊正式化而達到統一
的目的，故而必須有一定的旌表制度與牌坊製作的規格。地方層層上報的旌
表系統、不同身分等級所能興建牌坊形式的限制、牌坊各構件的尺寸比例等，
都是為了鞏固牌坊的正式性以及一貫以來的敘事系統。此外，明代將旌表建
坊的權力獨攬為皇帝特有的大權，〔註55〕也正符合了欲達統一目的之第三要
件：獨裁領導。

〔註51〕　參見：（英）E.H.貢布里希著，范景中、楊思梁、徐一維譯，《秩序感——裝
　　　　　飾藝術的心理學研究》，頁253。
〔註52〕　貢布里希認為：「動物是先有內在的參照系裝置，爾後才會對各種刺激做出反
　　　　　應。」參見：（英）E.H.貢布里希著，范景中、楊思梁、徐一維譯，《秩序感
　　　　　——裝飾藝術的心理學研究》，頁3。
〔註53〕　（英）E.H.貢布里希著，范景中、楊思梁、徐一維譯，《秩序感——裝飾藝術
　　　　　的心理學研究》，頁255。
〔註54〕　（英）E.H.貢布里希著，范景中、楊思梁、徐一維譯，《秩序感——裝飾藝術
　　　　　的心理學研究》，頁253。
〔註55〕　即指：明太祖降旨為任亨泰修建牌坊一事。

　　另外，筆者發現兩個值得後續關注的問題。第一，在此節的比較中發現：台灣本島與金門現存的明清時期牌坊中，其刻字均為陰刻。然而根據陳建標的對福建屏南節孝坊群的調查顯示，8 座節孝坊中，有 5 座節孝坊的刻字為陰刻，卻有 3 座節孝坊的刻字為陽刻。〔註 56〕根據何培夫《臺灣碑碣的故事》一書指出：「銘刻的形式有兩種，陰刻多用於碑文，陽刻多用於紋飾，碑名則陰刻、陽刻皆有。」〔註 57〕牌坊雖不屬碑碣類，然其在紀念性的意義上與碑碣相類。故而，牌坊上的刻字，是否有陰刻、陽刻的問題，是值得深入研究的。

　　第二，有關牌坊的陽面、陰面判斷的問題。牌坊矗立的地點多為過去的道路要衝，因此牌坊的兩面都有其昭示教化的功能。不過，牌坊的事蹟枋兩面，通常分別刻以受旌表人物的姓名及各部覈實官員之職稱、姓號。既然兩面文字不同，則牌坊應該就有陽面（正面）、陰面（反面）之別。筆者認為，就貞節牌坊來說，其設立的目的是要彰顯牌坊女主人的貞節懿行，並希冀藉牌坊的形式傳達教化於無形。因此刻有女主人姓氏的事蹟枋面應為陽面，而刻有各部覈實官員名稱的為陰面。此外，若牌坊上設有獅座，則按照常理推論，獅座的正面應為此牌坊的陽面，而獅座背面（屁股面）應該是此牌坊的陰面。

　　不過，根據筆者實地調查的結果（見本文末「附錄七：台灣本島現存清代牌坊調查表」），台灣本島現存 8 座貞節牌坊的陽面、陰面認定不一。筆者認為，會形成這樣的狀況，其原因有可能是因牌坊的重修、遷建或牌坊周圍環境的改變而導致無法區分陽面、陰面的緣故。筆者認為：確認牌坊的陽面、陰面，對於牌坊所欲呈現意義的主次應該會有所不同，這個問題也是未來值得關注的方向。

第三節　台灣本島現存清代貞節牌坊之圖像空間佈局分析

　　「建築要進一步表現出某種更為具體的思想內容則需要依靠裝飾，因此可以說裝飾是建築表達其藝術性的重要手段。」〔註 58〕牌坊為建築的一品項，其本身又具有旌表義，因此牌坊上的圖像在傳達牌坊的精神內涵上，扮演著

〔註 56〕 陳建標，〈屏南縣清代節孝坊群的保護與利用〉，頁 27～32。
〔註 57〕 何培夫《臺灣碑碣的故事》（南投：台灣省政府，2001），頁 20。
〔註 58〕 樓慶西，《裝飾之道》，頁 74。

相當重要的角色。不過，圖像會隨著時間與人的變化，而有所改變。因此，筆者對牌坊上圖像的分析，不著重於每一幅圖像的細部說明，僅以自製的表格——「各種雕刻圖像的象徵意涵表」（見附錄五），供讀者查閱。關於牌坊的裝飾，筆者想談的是：圖像在牌坊上的「空間佈局」。

在本論文第二章第三節牌坊的雕刻工藝中曾論及：廟宇及牌坊構件的圖像工藝選擇，應與構件本身所在的空間位置及觀者視角的遠近有密切關係。換句話說，被觀者（牌坊／廟宇）與觀者（大眾）之間，因所要傳遞訊息之重要性的不同以及接受訊息的視角不同，對牌坊與廟宇圖像的空間佈局，產生了什麼樣的影響？這樣的影響，形成了什麼樣的裝飾形態？

爲方便分析比較，請讀者對照本論文所附之「附錄一：台灣本島現存牌坊圖表 A」與「附錄四：台灣本島現存清代貞節孝坊之各部位圖像表」。

從附錄一與附錄四的比較，可將台灣本島現存清代貞節牌坊的明間圖像大致歸納爲：第一，上層檐頂多爲圓雕之葫蘆、蚩尾，聖旨碑立於正中，兩側侏儒柱爲淺浮雕花草紋飾，圖像變化不大。第二，中層檐頂兩側多爲圓雕坐獅，檐頂下爲陰刻「節孝」字類匾額，匾額兩側除苗栗賴氏節孝坊爲忠孝節義故事之圖像外，其餘有中層構造的貞節牌坊，多爲浮雕或透雕之「加冠」、「晉祿」圖像。第三，下層檐頂兩側亦多爲圓雕坐獅，檐頂下爲陰刻坊主人及覈實建坊官員名稱之字板（或稱爲事蹟枋）。字板兩邊多爲浮雕或透雕各種忠孝節義故事之圖像，除臺南蕭氏節孝坊與苗栗賴氏節孝坊爲「加冠」、「晉祿」圖像外，新竹張氏節孝坊則圖像待考。

就次間圖像來看：第一，花板部分除臺中林氏貞孝坊與北投周氏節孝坊爲文字外，其餘爲「回首麒麟」的吉祥圖像。第二，小額枋圖像大致爲吉祥動物紋及琴棋書畫紋兩類。

由以上整理可以看出：台灣本島現存清代貞節牌坊之各部位裝飾圖像的紋飾與其所在的空間的位置，似乎有某種相對應的規律性。因此，筆者試圖以：圖像在牌坊上的「空間佈局」，來對此現象做解釋。

筆者以爲：牌坊圖像的選擇，與其所在整座牌坊的位置及呈現圖像的工藝密切相關，而這些關聯則又與觀看的視角以及距離的遠近有密不可分。換句話說，被觀者（牌坊）與觀者（大眾）之間，因所要傳遞訊息之重要性的不同以及接受訊息的視角不同，對牌坊圖像的空間佈局，應有不一樣的安排，並形成某種裝飾型態。

筆者試圖從觀者的視角，來分析這樣的佈局。從【圖 3-3-1】來看：視點 A 為觀者遠望牌坊。由於距離較遠，觀看的重點在於牌坊的整體形制。為了讓觀者一眼即能認出「這是一座牌坊」，因此牌坊的形制不能有太多的變動，這也是牌坊形制具有不易變動特性的原因。又因為此時所看到的是牌坊的輪廓，因此各層簷頂的圖像以圓雕的技法呈現，可以使觀者在遠距離時，方便辨認。

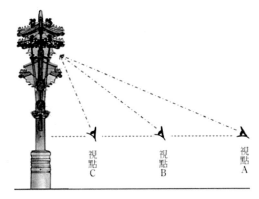

圖 3-3-1　觀者視角圖

圖版：筆者自繪，2013.04.13。

另外聖旨碑擺放於正中的最高處，除了有聖旨至高無上的尊崇地位之外，即使觀者因距離較遠而看不清「聖旨」二字，也容易因聖旨的地位與牌坊的旌表意義，得以讓人以經驗辨識。聖旨碑兩側的侏儒柱並非被觀看的重點，因此通常以吉祥花草類的淺浮雕圖像呈現。

視點 B 為觀者進一步觀看牌坊時，將距離拉近時的視角。觀者仰頭視線正中，即牌坊明間之匾額與兩側的花板，因此匾額的題字必定要簡單明瞭，使人一眼即能辨認。兩側花板也因為與觀者尚有距離而必須易於辨識，因此圖像不能太複雜。代表著喜慶、人生美好願望的「加冠」、「晉祿」的單人圖像，就成為這個空間的最佳選擇。透雕的工藝手法，可以讓觀者因鏤空之形而易於辨識，成為此空間呈現圖像常被使用的雕刻技法。〔註 59〕浮雕的工藝形式，雖不能如透雕般具有極快速的辨認效果，但由於「加冠」、「晉祿」是單人圖像的關係，還是能達到以形辨識的功效。

視點 C 為近距離的觀看牌坊。由於距離拉近，故而觀者能仔細閱讀字板上有關此座牌坊的細部訊息，如坊主人是誰、何時建坊、當時參與建坊的人名、後輩的成就等。由於距離近了、觀者對牌坊圖像的辨識能力提高，為達傳遞教化之功，字板兩側的花板，就採用了比較複雜的忠孝節義類的故事化圖像，如：蘇武牧羊（忠、節的精神，男子忠於君、女子忠於夫）；以乳餵姑

〔註59〕花板透雕的工藝技法，由新竹楊氏節孝坊之明間匾額兩側花板創始，後來新竹的其他牌坊之明間、次間花板皆以透雕手法呈現。參見：張德南，《新竹市的牌坊》，頁 130。

（孝，貞節婦女的侍上撫下）等圖像。此類故事，不僅與旌表對象的行誼相符，更可以強化忠孝節義之教。因為觀看距離是近的，因此浮雕或透雕的呈現手法方均可。視線再往下，看到的是明間的大額枋。龍鳳的圖像，是此處的固定主角，呈現的技法為高浮雕的行龍、飛鳳，並伴隨著祥瑞的雲氣與火珠。龍鳳為吉祥美好的象徵，高浮雕的行龍、飛鳳能使形制沉穩的牌坊，增添靈動、活潑的氣氛，觀者更可近距離的欣賞匠師的高超工藝。

　　牌坊次間潛藏的訊息量雖不如明間，但仍具相當的輔助功能。次間花板為次間展示圖像的最大空間，其位置在牌坊明間高浮雕龍鳳額枋附近，故而代表祥瑞，與龍鳳同為傳說中屬於仁獸的麒麟圖像，就是此處的最佳選擇。在台灣現存的貞節牌坊中，次間花板之下的小額枋經常以月樑的形式呈現。〔註60〕「河圖洛書」、「琴」、「棋」、「書」、「畫」是吉兆與士子生活的美好之象，經常是此處圖像的選擇。次間圖像通常為觀者欣賞完明間圖像後所觀看，因此欣賞距離較近，其工藝的呈現手法，也就以浮雕為主要的選擇了。

　　同理，廟宇構件圖像的工藝選擇，也是為達到最佳的觀看效果與圖像保護，與牌坊一樣，隨觀看距離的不同，而有不同的工藝技巧選擇。

　　以上所談之圖像，似乎都是對美好生活或期待未來的一種嚮往。上一節已經分析過牌坊具有很高的教化功能，因此圖像的傳達義絕不可能僅止於是一種嚮往。事實上，美好生活或願望的實現，在於效法牌坊主人的行誼，而牌坊主人的事蹟，就鐫刻在石柱的楹聯中。

　　陳建標指出：「石柱上常見鐫刻楹聯的有兩類牌坊，它們分別是墓道坊和貞節坊。墓道坊楹聯多為讚揚墓主人的豐功偉績，且主要雕刻在墓道坊正面中柱上，這是墓道坊的特徵之一。……而貞節坊石柱前後均有雕刻楹聯，所鐫刻的敘述性楹聯，多是稱讚貞節女長年守寡的氣節，以及守寡的具體年月等內容，兩者之間有本質的區別。」〔註61〕台灣本島現存清代貞節牌坊的石柱前後都有鐫刻敘述坊主人事蹟的楹聯，而苗栗賴氏節孝坊的中柱，三面均鐫刻賴氏的事蹟，台中林氏貞孝坊的四柱，更是四面均鐫刻有林氏的事蹟，甚至連外圍石護欄的石柱也是四面均有陰刻文字。〔註62〕為了讓觀者易於閱

〔註60〕月樑又稱冬瓜樑，其形類似冬瓜微凸狀而稱之。

〔註61〕陳建標，〈福建明清名人墓道坊調查〉，頁31，墓道坊的建築特徵6。

〔註62〕根據本論文第四章之【表 4-3-1】台灣本島現存貞節牌坊主人事蹟表中，「提請旌表人」一橫欄均為地方仕紳，因此，關於此一現象，筆者認為與當年提請旌表之人與建坊的機制有必然關係。

讀，這些鐫刻的文字多以楷書或行書來呈現。由於閱讀立柱文字，是近距離的觀賞，觀者在閱讀文字的同時，會被文字帶領繞行牌坊，就如同對牌坊作了一次近距離的巡禮。鐫刻的文字面越多，牌坊蘊含的訊息量就越大，觀者被文字帶領繞行的就越仔細，無形的教化就在這觀賞的同時達成。此時，若觀者抬頭仰望，近距離使牌坊更顯高聳，崇敬之心油然而生。

　　從以上的分析，筆者認為牌坊在圖像的選擇與空間佈局上，是有其為因應觀者視角而產生的一套規則。因為牌坊的政治義和教化義，使得牌坊圖像在空間佈局上必須與雕刻技法以及觀看距離遠近而對圖像有不同的選擇與呈現方式。也就是說，呈現牌坊圖像的工藝技巧，是早就被設計好的，其技巧並非服務於美學，而是服務於其本身的教化意義。〔註63〕也許製作牌坊的匠師，因為製作技術的傳承而不一定知道原本圖像佈局的意涵，〔註64〕然而經過刻意安排的牌坊圖像結構，卻能起到傳遞教化於無形的功效。此外，牌坊上鐫刻的文字亦屬於符號的一種，它並不強調書法的藝術性，反而著重於識字觀者的易讀性。其原因就在於：這種符號所承載的訊息量更大於圖像所蘊含的，其對識字觀者所產生的影響是更直接的緣故。

　　從觀者的視角分析牌坊的圖像佈局，是由上而下來對圖像佈局作分析；若將牌坊畫上中軸線，我們可以發現，牌坊是一種左右對稱的建築小品。貢布里西認為：「圖案的對稱與非對稱、和諧與非和諧的結合，很容易使人聯想起各種特殊的情緒以及設計者要在圖案上創造出某種氣氛的努力。」〔註65〕陳謀德認為：牌坊的左右對稱性，是受到儒家思想的影響。儒家講求中庸之道，強調「執兩用中」；儒家重視「禮」，強調尊卑有序、貴賤有別；儒家表現仁，以和為美。將這樣的思想反映於牌坊之上，以中軸線為準，明間、次間、邊間、稍間層層下降，主次分明，但不偏離主軸而左右對稱。〔註66〕漢寶德在《中國的建築與文化》中也提到：中國文化在空間的配置上，強調中

〔註63〕　此句話的意思並非指美學不重要，而是指牌坊本身所要呈現的教化意義高於所要呈現的美學意義。

〔註64〕　葉青指出：牌坊上信息豐富的紋飾圖像，所凸顯的是工匠的工藝程式化和藝術習慣，這種「程式化的敘事觀點」，需要靠人們的解讀才能呈顯其存在的意義。參見：葉青，〈從敘事特徵看民間牌坊的功能指向──以江西奉新縣「濟美牌坊」為例〉，頁35～39。

〔註65〕　（英）E.H.貢布里希著，范景中、楊思梁、徐一維譯，《秩序感──裝飾藝術的心理學研究》，頁254～255。

〔註66〕　陳謀德，《古風老牌坊──中國古代建築藝術》，頁74。

軸線與對稱的概念，這個概念來自於人體的形態。中國文化習慣將世界上的一切返回到人的身體去解釋，沒有中軸的概念，人就無法感受到對稱之美。〔註67〕據此，若從視覺的對稱性來看牌坊上的圖像佈局：以牌坊中軸線為準，主樓樓簷左右對稱、簷頂飾物左右對稱、匾額兩側花板左右對稱、字板兩側花板左右對稱、大額枋龍首簓頭左右對稱、兩次間花板與小額枋左右對稱。整體建築因對稱而呈現出和諧的氣氛，給人穩定之感。

　　牌坊旌表義的最終的目的，在傳遞朝廷對民眾的教化。朝廷必須使民眾相信其傳遞的教化是恆常永久、固定不變的，因此牌坊在形制上有不易變動性以及因為對稱而產生的穩定感。牌坊受到世人的景仰，在裝飾上多以人生的美好願望以及忠孝節義的故事為裝飾的藍本。不過，牌坊上的裝飾圖像是讓人辨認（看整體性）而非讓人仔細咀嚼的（細部分析）。以「蘇武牧羊」這個經常出現於台灣現存清代貞節牌坊的故事（stories）來說：不必去細部分析蘇武和坊主人家或旌表建坊之事的關係，也不必重視此圖像內部各元素之間的比例問題；這個圖像的出現只是為了呼應牌坊所要傳達的「忠」、「節」的精神，使觀者易於明瞭其寓意而已。因此，在對牌坊的圖像做解讀時，應重視圖像的空間佈局以及呈現的藝術手法，並對所有圖像與牌坊做一整體性的解讀才是。換句話說，圖像的解讀必須回到圖像本身的脈絡（context）中，才能得到更正確的解讀。

〔註67〕漢寶德，《中國的建築與文化》，頁58～83。

第四章　旌表與貞節觀的發展及台灣本島現存貞節牌坊主人之事蹟

　　牌坊爲旌表制度之下的產物，貞節牌坊更是清代旌表 8 類中，節孝類的大宗。〔註1〕在論述完牌坊的總論與形制及圖像的分析後，本章將進入牌坊的精神層面，探討旌表與貞節觀的發展、清代的貞節旌表制度與台灣本島現存貞節牌坊之坊主人事蹟。期望這章的論述，能對台灣本島現存清代的貞節牌坊有更深層的了解，使本論文探討的面相能內外兼顧。

第一節　旌表與貞節觀的發展

一、「旌表」之義與旌表制度

　　「旌表」，即旌別表彰，是過去朝廷對具有優良表現之人，所訂定的獎勵表揚辦法。關於「旌」字，按《說文解字注》記載：「旌，子盈切。游車載旌，析羽注旌首也，所以精進士卒。從於生聲。」〔註2〕《楚辭‧七諫‧怨思》之註記載：「旌，旗也，有鈴爲旌也。」〔註3〕由此可見，「旌」是一種杆首或矛頭有五彩析羽及鈴鐺，用來精進士卒的旗子。關於「表」，《六部成語‧禮

〔註1〕　（清）崑岡等修、劉啓端等纂，《欽定大清會典事例七》，卷403‧禮部‧風教，頁390～437。
〔註2〕　（清）段玉裁，《說文解字註》（台北市：漢京文化出版事業有限公司，1983.9），頁309。
〔註3〕　（西漢）劉向編定，《楚辭》（台北市：藝文印書館，無出版日期，百部叢書集成之九九），湖北叢書第12函，卷十三，無頁碼。

部》關於「旌表」的註解中記載：「旌者，獎也；表者，揭也。忠義節孝，例由禮部奏請旌表。」〔註4〕因此，所謂的「旌表」，即「旌別淑慝，表厥宅里，彰善癉惡，樹之風聲。」〔註5〕是一種對忠義節孝行為的獎勵與表彰，目的在樹立風聲，使民效尤而眾歸於善。旌表的事務在過去，係由六部中的禮部所負責。

由旌表而獲得獎賞，稱之「旌賞」。歷代旌賞的方式大致可分為：捐職、給賞、賜匾、立碑、建祠、建坊等。「捐職」指的是依所捐田地錢粟之多寡，而給予官銜的方法。〔註6〕「給賞」通常是給予銀兩和緞疋。「賜匾」則可分為皇帝御書之匾、中央官員所書之匾，以及地方官所給之匾，依旌表等級不同而分。「立碑」、「建祠」、「建坊」則是旌賞中較為隆重的方式。「立碑」是以碑石篆記某人某事，以期流傳長久，所需耗費的金額較建祠、立坊少。「建祠」則始於清雍正元年，各處建忠義孝悌祠與節孝祠，由官方祀奉忠義孝悌與節孝之人，希冀忠義孝悌節孝之事永遠流傳。〔註7〕「建坊」則由官民合作，官方支付少部分銀兩，餘由本家自負。由於建坊的地點都是相對重要的街衢路口，因此對榮耀本家、提升其社會地位有相當的作用。「建祠」與「建坊」是標榜道德價值的視覺呈現，其傳播效果，並不受觀者的社會地位、學識能力而限，尤其是「建坊」，其獨特的建築形式與坐落的位置，更使效果彰顯。故而朝廷樂於旌表忠孝節義、教化人心的事蹟；有能力之本家，亦無不竭盡所能的對榮耀家族的牌坊進行裝飾。因此，一座牌坊所乘載的意義與所耗費的金錢與時間都相當龐大。這也是本論文以貞節牌坊上的裝飾圖像為探討主題的原因所在。

最早的旌表制度，起於西周的「表閭之制」，即《尚書》與《史記》所載之「式商榮閭」及「表商榮之閭」。〔註8〕最早獲旌表並由朝廷建坊者，為明太祖時旌表任亨泰並為之建坊一事。〔註9〕不論是哪一種旌賞方式，對於激勵人心、教化社會都有相當程度的作用。而「賜匾」、「立碑」、「建祠」、「建坊」

〔註4〕 作者不詳，《六部成語註解》（台北市：鼎文書局 1982.1，中國法制史料第二輯），頁 6、9。
〔註5〕 （唐）孔穎達，《尚書正義》，卷18畢命，頁 1417。
〔註6〕 通常捐納的官職只具頭銜而無實權。
〔註7〕 （清）崑岡等修、劉啟端等纂，《欽定大清會典事例七》，頁 396。
〔註8〕 參見：孔穎達，《尚書正義》，卷 10，頁 1317～1318。（西漢）司馬遷，《史記》，第二四三冊，頁 243～98。
〔註9〕 （明）朱國禎，《涌幢小品》，頁 142。

更是延長了教化的時間，使教化不僅發揮於無形，更可達於永久。

二、「貞節」之意與貞節觀的演變

　　女子的貞節為旌表懿行中的一個項目，貞節牌坊為旌賞貞節的產物。本文的研究對象為台灣本島現存清代的貞節牌坊，下文即針對「貞節」之意與貞節觀的演變做一論述。

　　關於「貞」與「節」，盧葦菁指出：「貞」字最早出現於商代，在甲骨文與《易經》中，其意義為「卜問」。到了西漢涵義擴大，正直、合理、不屈、始終如一等，都屬「貞」的道德概念，並且適用於男女兩性。「貞女」是指具有深刻道德操守的女性。在明清以前，「貞女」指涉的範圍較寬，凡是符合正直、合理、不屈、始終如一等道德概念者，皆可謂之。然而明清以後，隨著女性美德集中於婚姻的忠誠與對夫家的孝，「貞」的範圍縮小，專指女性在婚姻中的表現。此外，「貞女」所忠的對象亦發生改變。明清以前，貞女忠於父母，明清以後，貞女忠於未婚夫。「節」字在元以前，仍男女通用，元代以後，「節」字則專用於女性。能對婚姻忠誠，對夫家盡孝的女性，則為貞女節婦。這是明清時期，貞節觀逐漸窄化的結果。〔註10〕由這段文字可以看出：「貞」與「節」所指涉的範圍與對象有逐漸窄化的趨勢，到了明清時期，則為女性專屬，並僅限於婚姻領域使用。關於「貞節觀」的發展演變，下文述其梗概。

　　一般而言，「貞節」的觀念啟蒙於春秋戰國時期。《易經·恒卦》有「婦人貞節從一而終」，〔註11〕《孔子家語·本命解》有：「女子者，順男子之教而長其理者也，是故無專制之義，而有三從之道，幼從父兄，既嫁從夫，夫死從子，言無再醮之端。」〔註12〕雖然如此，然而彼時貞節觀念僅屬初萌，即便是孔子之家，伯魚卒後，其妻雖生有子思，亦再嫁之。〔註13〕

〔註10〕　參見：（美）盧葦菁著、秦立彥譯，《矢志不渝：明清時期的貞女現象》，頁22～24。

〔註11〕　（魏）王弼、韓康伯注，（唐）孔穎達等正義，《周易》（臺北市：藝文印書館，無出版日期，十三經注疏——周易、尚書），卷4，頁84。

〔註12〕　（魏）王肅，《孔子家語》（台北：新文豐出版公司，1978，漢文大系二十），卷6·本命解第二十六，頁17。

〔註13〕　伯魚，孔子之子。《禮記·檀弓》：「子思之母死於衛」。參見：（西漢）戴聖，《禮記》（臺北市：臺灣商務印書館編，四部叢刊初編縮本，第二冊），卷2，檀公上第三，頁26。

關於「貞節」的獎勵，最早可追溯至秦始皇爲巴寡婦清築懷清臺一事。
〔註 14〕不過此時期尚處於貞潔觀念的發展期，對於「從一而終」仍處於鼓吹
階段，此種表揚尚未形成固定制度。西漢董仲舒提倡三綱五常，「君爲臣綱」、
「夫爲妻綱」男子忠於君和女子忠於夫同樣被強調，使貞節觀念與儒家思想
和政治統治結合。西漢宣帝神爵四年（西元前 58 年）詔賜：「貞婦順女帛」，
成爲中國歷史上皇帝旌賞貞節的先河。〔註 15〕劉向《列女傳》中的「貞順」
門，專爲 16 位貞順婦女立傳，是中國第一部女教專書。〔註 16〕東漢安帝、順
帝、桓帝都有旌賞貞婦的紀錄，〔註 17〕尤其元初 6 年（西元 119 年）的旌賞
還「甄表門閭，旌顯厥行」，讓貞婦的美行藉由書寫於門閭上而公諸於世，使
得里門具備了旌表義、紀念義與教化義。班昭的《女誡》更是強調「三從四
德」、「男尊女卑」的觀念。〔註 18〕其「夫有再娶之義，婦無二適之文」，直接
強調了婦女守節的觀念。〔註 19〕可見女性貞節的觀念在漢代蓬勃發展，並且

〔註14〕 《史記・貨殖列傳》第六十九：「巴寡婦清，其先得丹穴，而擅其利數世，家
亦不訾。清，寡婦也，能守其業，用財自衛，不見侵犯。秦皇帝以爲貞婦而
客之，爲築女懷清臺。」參見：司馬遷，《史記》，卷 129，頁 244～931。

〔註15〕 《漢書》卷 8・宣帝紀：「夏四月，穎川太守黃霸以治行尤異秩中二千石，賜
爵關內侯，黃金百斤。及穎川吏民有行義者爵，人二級，力田一級，貞婦順
女帛。」參見：（東漢）班固，《漢書》（北京：中華書局，1962 年版），卷 8，
頁 2。

〔註16〕 劉向，西漢成帝時的光祿大夫，作《列女傳》「以諷宮中」，強調「貞順」、「節
義」的婦德。參見：（西漢）劉向撰、明仇英繪畫，《烈女傳》（北京：中國書
店，1991）。

〔註17〕 東漢安帝曾三次旌賞貞婦，分別是元初元年（西元 114 年）「貞婦帛，人一
匹。」、元初 6 年（西元 119 年）「貞婦有節義十斛，甄表門閭，旌顯厥行。」、
延光元年（西元 122 年）「貞婦帛，人二匹。」東漢順帝及桓帝分別於永建元
年（西元 126 年）、建和元年（西元 147 年）有「貞婦帛，人三匹。」的紀錄。
參見：（南朝宋）范曄，《後漢書》（北京：中華書局，1965 年版），卷五・孝
安帝紀第五，頁 229；卷六・孝順帝沖孝質帝紀第六，頁 252；卷七・孝桓帝
紀第七，頁 289。由此可見有旌賞愈多的趨勢。

〔註18〕 班昭，班彪之女，班固之妹，曹世叔之妻。繼承兄長遺志，完成《漢書》，又
以「曹大家」名號，成爲皇后的師長。《女誡》爲其著作，全書分七篇，強調
「三從四德」、「男尊女卑」。「三從」指的是：在家從父、既嫁從夫、夫死從
子；「四德」指的是：婦德、婦容、婦言、婦功。參見：（東漢）班昭，《女
誡》（四川成都市：四川人民出版社，1997.6，諸子集成補編 2），頁 2-442～
2-443。

〔註19〕 《女誡・專心第五》：「禮，夫有再娶之義，婦無二適之文，故曰夫者天也，
天固不可逃，夫固不可違也。行違神祇，天則罰之，禮義有愆，夫則薄之。……
故事夫如事天，與孝子事父，忠臣事君同也。」參見：（東漢）班昭，《女誡》，

有政治化的傾向。然而婦女守節的觀念並非當時唯一的價值觀，改嫁在漢代社會仍經常可見。〔註20〕

　　魏晉南北朝時對堅守「貞節」的女子，多有標榜之舉。〔註21〕隋代規定五品、立格九品妻，不得再嫁。〔註22〕唐代女教書籍增多，如長孫皇后的《女則》、〔註23〕宋若昭的《女論語》、〔註24〕陳邈妻鄭氏的《女孝經》等，〔註25〕都是強調女性的貞節觀念。尤其宋若昭的《女論語》，更成爲後世節孝的範

頁 2-442。

〔註20〕 漢代改嫁之例，如：

(1) 漢武帝外祖母臧兒於夫亡後改適田。參見：(東漢) 班固《漢書》(台北市：臺灣中華書局，1965，四部備要)，史部・卷97上，頁8。

(2) 蔡琰先適衞仲道，後爲匈奴左賢王妾，曹操贖回後，再嫁爲董祀妻。參見：(南朝宋) 范曄《後漢書》，卷 84・列女傳第七十四・董祀妻，頁 2800～2803。

(3) 文帝、景帝都曾於後幾年遺詔出宮人得以改嫁。平帝崩，太后詔出媵妾歸家得嫁。參見：(南宋) 徐天麟，《西漢會要》(臺北市：臺灣商務印書館，1983，景印文淵閣四庫全書第六〇九冊)，卷六出宮人條，頁 609～39、609～40。

以上諸例均說明，漢代未必以改嫁爲非。

〔註21〕 如：《魏書》卷 92・列傳列女第八十：「史映周妻耿氏」條有「詔標牓門閭」。「列女習思尊妻」條有「可令本司依式標牓」。參見：(北齊) 魏收奉敕撰，《魏書 (二)》(臺北市：臺灣商務印書館，1983，景印文淵閣四庫全書第二六二冊)，卷 92，頁 262～308、262～309、262～310。

又《南史》卷 73・列傳第六十三・孝義上：「吳翼之母丁氏」條有「詔表門閭，蠲租稅。」參見：(唐) 李延壽撰、(清) 萬承蒼等考證，《南史》(臺北市：臺灣印書館，1983，景印文淵閣四庫全書第二六五冊)，卷 73，頁 265～1041。

〔註22〕 (唐) 魏徵，《隋書》(臺北市：臺灣商務印書館，1983，景印文淵閣四庫全書第二六四冊)，卷 66・列傳第三十一李諤，頁 264-951～264-953；卷 75・列傳第四十劉炫，頁 264-1062～264-1064。

〔註23〕 《女則》爲唐太宗的皇后長孫氏所著，原著十卷。今於《資治通鑑・唐紀十》中所紀載，《女則》爲長孫皇后：「采自古婦人得失事爲女則三十卷」。參見：(北宋) 司馬光著、(元) 胡三省音注，《資治通鑑》(北京：中華書局，1956)，卷 194・唐紀十，頁 6121～6123。

〔註24〕 《女論語》共 12 章，以 4 字一句諧韻寫成，流傳甚廣。其中第 12 章〈守節〉：「夫婦結髮，義重千金。若有不幸，中路先傾，三年重服，守志堅心。保持家業，整頓墳塋。殷勤訓後，存歿光榮。」成爲後世節孝的範本。參見：(唐) 宋若莘，《女論語》(四川成都市：四川人民出版社，1998，諸子集成續編十)，頁 10-599～10-602。

〔註25〕 (唐) 鄭氏，《女孝經》(四川成都市：四川人民出版社，1998，諸子集成續編十)，頁 10-591～10-595。

本。然而即使在隋唐時期，對女性的守節或再嫁，都以個人意願爲主，輿論並不加以非議，態度可謂寬容。〔註26〕甚至於勸導爲夫服喪完畢的寡婦改嫁，爲有司的責任，並且以男女媾合之戶口增減爲有司之考成。〔註27〕

宋代，理學興起，特重節操。然而，貞節觀念流傳於士大夫間，對於婦女守節仍是寬容，並且尙未建立完整制度。即使程朱學派力倡貞節，強調「存天理，滅人欲」、「餓死事小，失節事大」，然而貞節觀念在士人階層間的期許與要求和現實生活婦女守節的落實之間，仍存在著相當的差距。然而，不可諱言的，雖然落差存在，但積極倡導的結果，使得宋代（尤其是南宋時期）貞節觀念增長，規範也由寬泛轉爲嚴格。〔註28〕這種發展，奠基了元代貞節風氣的大盛，進而使明清時期貞節制度趨於完善。

元代，提倡貞節的風氣增強，守貞、守節的婦女、甚至殉死的烈女，都比宋代多上兩倍。〔註29〕這個時期，貞節旌表也開始制度化。婦女 30 歲以前

〔註26〕《新唐書》卷 83〈諸帝公主傳〉記載：公主有 211 人，其中 29 人再嫁，再嫁者中有 4 人爲三嫁。參見：（北宋）歐陽修、宋祁，《新唐書》（臺北市：台灣商務印書館，2010，百衲本二十四史 17），諸公主列傳第八，頁 17-882～17-890。

〔註27〕參見：（宋）王溥《唐會要》（台北市：藝文印書館，無出版日期，百部叢書集成之二七），聚珍版叢書第二十八函，卷 83 嫁娶，頁 1。

〔註28〕柳立言認爲：婦女守節在宋代還不普遍，甚至還有廢止宗婦喪夫不准改嫁之法的事情，因此貞節觀念在此時只是士大夫之間的流傳，要到明清之後，才被具體實踐。參見：柳立言，〈淺談宋代婦女的守節與再嫁〉，《新史學》，2：4（台北，1991.12），頁 37～76。

張邦煒的研究提到：宋代婦女的改嫁與守節情況，與唐代不無顯著差異，然而貞節觀念在此時的確有逐漸增長的趨勢。參見：張邦煒，〈宋代婦女的再嫁問題和社會地位〉，《中國婦女史論集》，3（台北，1993.3），頁 61～95。

陶晉生則發現：北宋婦女再嫁者比守節者多，然而史書中卻又有眾多節婦傳記的現象。筆者以爲此現象正可說明提倡之理與實際狀況落差的現象。參見：陶晉生，〈北宋婦女的再嫁與改嫁〉，《新史學》，6：3（台北，1995.9），頁 1～27。

劉紀華的研究則提到：雖然程朱學派力倡貞節，然而朝廷態度並不積極，因此貞節觀對當時的影響力有限。不過此時期的貞節觀念的確有寬泛轉爲嚴格的現象。參見：劉紀華，〈中國貞節觀念的歷史演變〉，《中國婦女史論集》，4（台北，1995），頁 101～129。

朱曉娟在其碩士論文中指出，程朱學派的「餓死事小，失節事大」的貞節觀，是對士大夫的期許，黃榦、眞德秀也並未從婦女的貞節發揚。參見：朱曉娟，〈程朱學派與宋代婦女貞節觀之研究〉（國立政治大學國文教學研究所碩士論文，2003）。

〔註29〕根據董家遵的研究，元代節烈婦女有 742 人，爲宋代的兩倍多。參見：董家

喪夫，至 50 歲仍不改嫁，守節逾 20 年以上者，就具有旌表資格，由地方鄉里舉報。〔註 30〕爾後，此旌表年齡與年限的條例，成為明清時期旌表的基本規制。這樣的規制，筆者自稱為：「30／50 法則」。

明代，將旌表貞婦烈女立為定制。洪武元年（西元 1368 年）詔令：「民間寡婦，三十以前亡夫守制，五十以後不改節者，旌表門閭，免除本家差役。」〔註 31〕節烈婦女除了可享有旌表門閭的光榮外，更可因此而使自家的差役免除。除此之外，還將地方上貞烈婦女的人數視為地方官吏升遷的一項標準。〔註 32〕如此一來，家人、族人、地方官吏都成為女子遵守貞節的利益共構系統，對女子恪守貞節產生更多壓力。為了能在人數日趨增多的守節女性中，脫穎而出獲得旌表，各種特異的守節行為不斷出現，如：戕害己身，甚至殉死等。這樣的風氣，進而演變成「未婚守貞」，以及「未婚殉死」等的激烈手段。這種情況，到了清代更是屢見不鮮。

清代，旌表制度已臻成熟，除了延續「30／50 法則」之外，清代諸帝對於旌表的年齡、年限、對象都有逐漸放寬的現象，使得旌表的人數逐漸大增（詳本章第二節、清代的旌表制度）。延續自明代的「未婚守貞」行為，被清代人視為道德的極致。更甚者，「殉死」風氣之盛，甚至讓皇帝必須下詔令禁止，但仍無法有效遏止。〔註 33〕

遵，〈歷代節婦烈女的統計〉，《中國婦女史論集》（台北：稻香出版社，1999.5 再版），頁 111～117。

〔註 30〕 元代為因應富強之家假借節孝之名，行規避門役之實，大德八年對貞節婦女的旌表程式和條件作了初步的規定：「今後舉節婦者，若三十以前夫亡守制，至五十以後，晚節不易，貞正著明者，……申呈省部，以憑旌表。」參見：不著撰者，《大元聖政國朝典章》（北京：中國廣播電視出版社，新華書店北京發行所發行，1998.7），禮部卷之四・典章三十三・節孝，頁 1243。

〔註 31〕 （明）申時行，《明會典》（臺北市：臺灣商務印書館，1968，國學基本叢書四百種），卷 79 第 3 冊〈旌表〉，頁 1826。（明）俞汝楫編，《禮部志稿》（臺北市：臺灣商務印書館，1972，四庫全書珍本初集），卷 24 第 4 冊〈旌表〉，頁 32。

〔註 32〕 柴旭健，〈從母權制到處女情結看女權的衰落〉，《樂山師範學院學報》，頁 61。

〔註 33〕 順治 9 年諭：「……又割股或致傷生，臥冰或致凍死，恐民仿效，不准旌表。」參見：（清）伊桑阿等纂修，《大清會典・康熙朝》（台北：文海出版社，1992），卷 54 官民旌表，頁 2641。（清）崑岡等修、劉啓端等纂，《欽定大清會典事例七》，卷 403・禮部・風教，頁 393。

康熙 27 年諭：「夫亡從死，前已履行禁止，近見京城及各省從死者尚多，人命關繫重大，死亡亦屬堪憐，修短聽其自然，豈可妄捐軀體，況輕生從死，

　　由以上說明可以歸結：旌表制度是一種對忠孝節義行爲的獎勵，目的在樹立風聲，以起效尤。「貞」與「節」原本指的是一種道德表現，適用於男女兩性，指涉範圍較廣。到了明清時期，「貞節」的概念轉而專指女性在婚姻上的忠誠與貢獻，範圍與對象都有窄化的趨勢。貞節觀的形成、演變與貞節行爲的旌表：一般說來萌生於周代，發展於秦漢，至宋代被士人階層大力提倡，爲後世奠基，元代開始制度化，到了明清達於極盛。

第二節　清代的旌表制度

一、清代的旌表

　　根據《欽定大清會典事例》〈禮部‧風教〉指出，清代旌表的種類分成 8

事屬不經，若復加襃揚，恐益多摧折，嗣後夫沒從死旌表之例，應停止，自王妃以下及小民婦人從死，永行嚴禁，如有必欲身殉者，赴部及該管官司陳訴，俟奏聞定奪。」參見：(清) 崑岡等修、劉啓端等纂，《欽定大清會典事例七》，卷 403‧禮部‧風教，頁 395。

雍正 6 年，皇帝諭令：「至若婦人從一之義，醮而不改，乃天下正道。……然烈婦難，節婦尤難。……不知夫亡之後，婦職之當盡者更多。上有翁姑，則當奉養代爲子之道；下有後嗣，則當教育以代爲父之道。他如修治蘋繁，經理家業，其事難以悉數，安得以一死畢其責乎？……朕今特頒諭旨，著地方有司，廣爲宣布，……俾愚民咸知，孝子節婦，自有常經，而保全生命，實爲正理。則倫常之地，皆合中庸，毋負國家教養矜全之德矣。儻訓諭之後，仍有不愛軀命，蹈於危亡者，朕亦不概加旌表，以成閭閻激烈之風，長愚民輕生之習也。」參見：(清) 崑岡等修、劉啓端等纂，《欽定大清會典事例七》，卷 403‧禮部‧風教，頁 399。(清) 高宗撰，《大清世宗 (雍正) 皇帝實錄 (二)》(台北市：台灣華文書局總發行，1968)，頁 1044。

乾隆初年，亦曾以飭令勸諭殉死風俗之非，並宣佈對此不再旌表之旨。參見：(清) 崑岡等修、劉啓端等纂，《欽定大清會典事例七》，卷 403‧禮部‧風教，頁 400。

雖然如此，但皇帝常自己打破規定。如：雍正 6 年，皇帝旌表割肝救母而死的李盛山。參見：趙爾巽等撰，《清史稿》(上海市：上海古籍出版社，1995，續修四庫全書‧史部第 300 冊)，卷 502‧孝義傳一‧李盛山，頁 363。又如乾隆 5 年，皇帝旌表殉夫的張義妻李氏。參見：趙爾巽等撰，《清史稿》，卷 516‧列女傳四‧張義妻李，頁 474。

又殉死的行爲，有時還有來自家人的壓力。如：《癸巳類稿》：「閩風生女半不舉，長大期之作烈女。婿死無端女亦亡，酖酒在尊繩在樑。女兒貪生奈逼迫，斷腸幽怨填胸臆。族人歡笑女兒死，請旌籍以傳姓氏。三丈華表朝樹門，夜聞新鬼求返魂。」參見：(清) 俞正燮，《癸巳類稿》(臺北：藝文書局，無出版日期，安徽叢書第 17～20 冊)，卷 13‧貞女說，頁 8。

種，分別是：樂善好施、急公好義、累世同居、百歲人瑞、親見七代、夫婦同登耆壽、兄弟同登百歲與節孝。〔註34〕

其中節孝類別包括孝子、順孫、義夫、節婦、烈婦、貞女、孝婦等。〔註35〕由於旌表的目的在教化與激勵，自然會盡量予以揭發和表揚。由於節孝類旌表的對象眾多，認定標準也因人因時而有所不同，因此是旌表類別中內容最複雜的一種。過去在男性史觀的主導下，女性入史的機會微乎其微。因此，貞孝節烈乃是婦女能入史傳的主要途徑，並且以節孝爲多。再加上爲了彌補應受旌表而被忽略的貞節孝烈之女，「列名地方志」就成爲另一種重要的表彰工具。〔註36〕這樣的方式，即使是孤懸海外的台灣島也不例外。根據盛清沂的研究，列名於地方志傳記中的女性，節孝與節烈類者占了近乎總數的九成九。〔註37〕然而列名於地方志傳記中的男性，以孝入史者，僅占近乎

〔註34〕　（清）崑岡等修、劉啓端等纂，《欽定大清會典事例七》，卷403・禮部・風教，頁390～437。

〔註35〕　〈采訪貞孝節烈婦旌表事例〉：「列女分貞、孝、節、烈四種名目。女曰貞，婦曰節。孝者，婦女善事其父母、翁姑也。烈者，婦女慘遭不幸，奮不顧身也。此須分晰明白。」又「女未字在母家守貞者，曰貞女。已字未嫁而夫死，遂赴夫家守貞者，曰貞婦。女家無男子，女自誓在家守貞，奉養父母終老者，曰孝女。出嫁孝養舅姑代替危難者，婦女代夫危難者，均曰孝婦。夫死守節，孝養舅姑，撫孤成立者，或無子而守節終養者，均曰節孝。凡節未有不孝者也。不論妻妾，但年三十以前夫死而守節至五十歲者，或年未五十而身故，其守節已及六年者，均曰節婦。」又「夫死以身殉夫者，曰烈婦。遭遇盜賊，強暴捐軀殉難者，婦曰烈婦，女曰烈女。力不能拒，羞憤及時自盡者，亦合旌表例建坊。凡婦女貞而兼孝者，曰貞孝；兼節者，曰貞節；兼烈者，曰貞烈；節而兼孝者，曰節孝；兼烈者，曰節烈。」參見：（清）盧德嘉，〈附錄：采訪貞孝節烈婦女旌表事例〉，《鳳山縣采訪冊》（臺北市：行政院文化建設委員會，遠流出版事業股份有限公司，2007.12），頁39～41。

〔註36〕　盧葦菁對貞女的研究發現，行爲合乎旌表標準，但因故未能受旌表之貞女數量頗多，故而「列名地方志」就成爲政府的補償方式。參見：（美）盧葦菁著、秦立彥譯，《矢志不渝：明清時期的貞女現象》，頁85～89。貞女爲女子「貞節孝烈」之一，據此，筆者推論，符合「節孝烈」行誼而未能被旌表的女性人數，也應該不少，「列名地方志」應該也是政府的彌補方式。

〔註37〕　筆者根據盛清沂〈臺灣省二十三種地方志列女傳記索引〉一文，統計其中與孝有關之人數與類別，發現：列名於二十三種傳記中的女性共683位，分六類：侍奉翁姑撫子不嫁的節孝類，共615人，佔總人數的九成；節烈者61位，爲總人數的近9%；其餘耆壽者2人、公益者2人、賢婦1人、五世同居2人，爲總人數的1%多。由此可見：「貞孝節烈」乃是台灣婦女能入史傳的主要途徑，並且以節孝爲多。參見：盛清沂，〈臺灣省二十三種地方志列女傳記索引〉，頁149～189。

總數的四成。〔註38〕與前者相比，差異頗大。因此，從台灣本島的情況看來，婦女貞孝節烈的事蹟，爲節孝類的大宗。又筆者根據文獻與實地調查發現，台灣本島現存的 13 座清代牌坊中，貞節類者有 8 座，其餘 5 座與女性旌表無關；〔註39〕若將範圍擴大到金門地區來看，金門現存的 4 座清代牌坊中（另 1 座爲明代遺存），節孝者佔 3 座，其餘 1 座爲墓道坊（另 1 座明代遺存牌坊爲旌表男性的恩榮坊）。〔註 40〕因此若以台灣本島、金門地區現存清遺存的 17 座牌坊看來，〔註41〕節孝類牌坊爲牌坊種類之大宗，共 11 座。旌表建坊的確爲女性能留名青史、留下物證的方法，而本論文所討論的材料，即爲台灣本島目前現存清代之貞節牌坊。

二、清代各朝旌表貞節的狀況

　　清代各朝對旌表貞節的規定都不同，筆者根據《欽定大清會典事例》，〔註 42〕、《大清世憲宗（雍正）皇帝實錄》、〔註 43〕《大清高宗純（乾隆）皇帝實錄》、〔註44〕《大清宣宗成（道光）皇帝實錄》、〔註 45〕及今人的研究，〔註46〕茲列表如下。

〔註38〕 筆者根據盛清沂〈臺灣省清代二十五種方志暨連雅堂先生臺灣通史人物傳記索引〉一文，統計其中與孝有關之人數，發現：列名於二十六種傳記中的男性共 852 位，其中以孝入史者僅 34 位，佔總人數之近四成，其中僅丁克家入祀孝悌祠，鄭用鑑舉孝廉方正。由此可見，「孝」並非男性入史的主要因素。參見：盛清沂，〈臺灣省清代二十五種方志暨連雅堂先生臺灣通史人物傳記索引〉，頁 76～127。

〔註39〕 8 座貞節牌坊按所在地點由北到南分別爲：台北周氏節孝坊、黃氏節孝坊，新竹楊氏節孝坊、張氏節孝坊、蘇氏節孝坊，苗栗賴氏節孝坊，台中林氏貞孝坊，台南蕭氏節孝坊。其餘 5 座爲：台北急公好義坊，新竹李錫金孝子坊，旌表男性之義與孝；台南泮宮坊、接官亭坊，爲官坊性質，重道崇文坊爲旌表男性之樂善好施，均與女性無關。

〔註40〕 金門現存牌坊按時間先後排列爲：陳禎恩榮坊、邱良功母節孝坊、邱良功墓坊、一門三節坊、顏氏節孝坊。

〔註41〕 建於金門明代的陳禎恩榮坊與台灣明治 38 年（1905）之台中社口林振芳墓道坊，不列入計算。

〔註42〕 （清）崑岡等修、劉啓端等纂，《欽定大清會典事例七》，頁 390～437。

〔註43〕 （清）高宗撰，《大清世憲宗（雍正）皇帝實錄》。

〔註44〕 （清）仁宗撰，《大清高宗純（乾隆）皇帝實錄》（台北市：台灣華文書局總發行，1968）。

〔註45〕 （清）文宗撰，《大清宣宗成（道光）皇帝實錄》（台北市：台灣華文書局總發行，1968）。

〔註46〕 如：漢寶德主持，《新竹市張氏蘇氏節孝坊之研究與修護》，頁 18～25。楊仁

表 4-2-1　清代各朝旌表貞節條件對照表

清代各朝	旌表條件	旌表的相關規定	與前一朝比較
順治	30 歲以前喪夫，連續守節不得低於 20 年，可題請旌表，免除本家差役。（30／50 法則）	官給銀 30 兩，聽本家自行建坊。	承襲明代規制
康熙	1. 30 歲以前喪夫，50 歲以後全節。（守節至少 20 年） ⇨康熙 6 年：題請旌表 ⇨康熙 35 年即行旌表 2. 強姦不從而死身，照節婦例旌表。（康 11 年） 3. 節婦已覈實到部卻病故者，亦准彙題旌表。（康 14 年） 4. 民間貞女未婚聞訃，矢志守節，絕食自盡，照例旌表。（康 52 年） 5. 孀婦撫子守志，親屬逼嫁投繯，照五十二年貞女例旌表。	地方官給銀 30 兩，聽本家建坊。	1. 規定守節年齡與年限。 2. 從早期的題請旌表，到中期的即行旌表。
雍正	1. 30 歲以前喪夫，守節到 50 歲以後，題請旌表。 2. 守節 15 年以上，逾 40 身故者 ⇨雍正元年：酌量旌表。（守節至少 25 年） ⇨雍正 3 年：題請旌表。	1. 雍正元年始建節孝祠，於祠外建大坊一座，已故者設位祠中。 2. 除設位祠中，仍給銀 30 兩，聽本家建坊。	1. 守節年限降低。 2. 建節孝祠，加強教化作用。〔註 47〕 3. 擴大旌表對象，人數激增。〔註 48〕

江，〈臺北市黃氏及周氏節孝坊之研究（上）〉，頁 25～31。漢寶德主持，《新竹楊氏節孝坊與李錫金孝子坊修復計畫》，頁 37～43。陳炳容，《金門的古墓與牌坊》，頁 144～146。郭松義，《倫理與生活——清代的婚姻關係》，頁 386～399。

〔註 47〕　「……因旌表節義，給銀建坊，民間往往視爲具文，未曾建立，恐日久仍致泯沒，不能使民有所觀感，故議設祠宇，……分別男女，每處各建二祠，一爲忠義孝悌祠，……一爲節孝祠，……祠門外建大坊一座，將前後節孝婦女，標題姓名於其上，已故者設位祠中，春秋祭祀，以闡幽光而垂永久。」可見節孝祠的建立是要讓民有所觀感，以達潛移默化之教。參見：（清）崑岡等修、劉啓端等纂，《欽定大清會典事例七》，頁 396。周璽，《彰化縣志》，頁 267～268。

〔註 48〕　根據盧葦菁的研究，清代各朝獲得旌表的貞女數量之年平均數（扣除自殺者）爲：順治朝 0.82，康熙朝 1.05，雍正朝 16.54，乾隆朝 24.78，嘉慶朝 28.40，道光朝 66.77，總計 21.81。從數據中可見：雍正朝獲得旌表的貞女數量爲前朝的 16 倍，乾隆朝與嘉慶朝的數量差不多，但比之雍正朝又增多一半的數量。道光朝是急劇增長的時期。參見：（美）盧葦菁著、秦立彥譯，《矢志不渝：明清時期的貞女現象》，頁 79。

清代各朝	旌表條件	旌表的相關規定	與前一朝比較
	3.孝女照孝子例旌表。（雍3年） 4.軍人家庭的婦女，合例者，亦納入旌表範圍。（雍4年） 5.將孝婦刊入旌表。（雍4年） 6.命婦因子顯達，即使已受誥命，亦可得官方旌表。（雍13年）		
乾隆	1.道姑、童養之妻貞烈者，照例旌表。（乾6、7年） 2.節婦自年30至50，或年逾40而歿，守節超過15年以上，守節有奇節貞特之行者，可建坊入祠祀；若爲尋常守節者，賜「清標彤管」四字匾。（乾14年） 3.再醮者，遇強姦不從致死，只將淫棍依例治罪，本婦不准請旌。（乾23年） 4.在夫家守節病故者，雖未符年例，無論幾歲，即題請旌表。（乾27年） 5.直省貞女未符年例而身故者，照八旗定例，一體旌表。（乾36年）	1.旌表節孝者有貧苦難以存立之人，地方官酌給予口糧。 2.地方官給銀30兩，但必須督促本家於3個月內建造完竣。（乾24年）	1.30～50歲之間，只要守節超過15年，不必歿，就有資格賜匾。 2.旌表對象再擴大。〔註49〕 3.由規定完工時間來看，朝廷更加重視建坊一事。
嘉慶	1.年未40，但守節已歷15年而身終，題請旌表。（守節15年以上，少於25年，亦可請旌。）（嘉4年） 2.婦女遭強姦被殺之案，則視情況請旨定奪。〔註50〕（嘉7年） 3.雖爲世族之家，然因身爲卑微之妾媵，堅貞寒苦守節，一體給銀建坊。（嘉14年）	1.旌表對象，情境堪憫者，給銀30兩建坊，若只是循份守節，給匾旌獎。	1.守節年限再度降低。 2.過去婦女遭強姦而身死，例不旌表，但此處則可視情況定奪，可見旌表對象再擴大。
道光	已故貞女，其守節已10年者，一體旌表。（道4年）	1.道光23年：烈婦烈女建總坊；節婦類，阨	1.貞女守節10年身故即可旌表。

〔註49〕由於可旌表人數過多，乾隆在某些方面做了調整：「節而兼孝」、「貧無依倚艱苦自守」者，得以建坊；「年例相符而無奇節貞特之行」者，在世時賜以匾額，過世後設位於祠中。參見：（清）崑岡等修、劉啟端等纂，《欽定大清會典事例七》，卷403‧禮部‧風教，頁401。（美）盧葦菁著、秦立彥譯，《矢志不渝：明清時期的貞女現象》，頁84。

〔註50〕婦女被姦殺一事，如兇手在兩人以上，則係屛弱難支，則一體旌表。若兇手僅只一人，則應詳究當時狀況，請旨定奪。若婦人被人調戲而羞憤自盡者，例得旌表。若遇橫暴，歹徒遠颺，當下雖未被殺，然立即自殺者，依調戲自盡之例，減半給予。但若死在越日，即行扣除。參見：（清）崑岡等修、劉啟端等纂，《欽定大清會典事例七》，卷403‧禮部‧風教，頁408。

清代各朝	旌表條件	旌表的相關規定	與前一朝比較
		窮者，給建坊銀；僅循分守節者，給區建碑，但若本家自願建坊，則聽其自建。 2. 道光 25 年：題准後給銀 30 兩，於各該府州廳內，**官為總立一坊，毋庸按口給銀**。 3. 道光 27 年：烈婦烈女建專坊，其餘歸入建總坊類。	⇨ 更加重視貞女、守節年限又再次下降。 2. 更重視烈婦烈女。 3. 由地方官為之總建一坊。〔註51〕
咸豐	大致如前	為免建坊入祠之案往返費時，由各路統兵大臣及各該督撫查明，著於該州縣申詳到時，即行遵旨建坊入祠，隨時諮部存案，避免稽延。(咸 4 年)	
同治	孀婦守節 6 年以上身故，一體旌表。(同 10 年)	大致如前	守節年限又再次下降。
光緒	大致如前	大致如前	

表註：筆者整理、製作，日期：2013.03.12。

　　從【表 4-2-1】可看出：從順治、康熙朝的守節年限自寡婦 30 歲以前至 50 歲，連續守節不得低於 20 年，可以獲得朝廷旌表的殊榮；到雍正朝的節婦年逾 40 而身故，記其守節已逾 15 載以上者，可酌量旌表；到嘉慶朝的節婦年未及 40，守節已歷 15 年而身終者可旌表；到道光朝又改為守節 10 年去世者可與旌表；以至同治年間再進一步把年限縮短為 6 年以上身故可旌表，可看出在清代，守節年限是逐年降低的。

　　這種逐朝降低守節年限的原因，根據盧葦菁的研究指出：改變旌表的方式，並非為了安慰貞烈婦女，反而是一種新繼任皇帝用來強調自己新執政

〔註51〕　雖然乾隆朝對旌表建坊的資格做了修正，然而守節對象的擴大與年齡、年限標準的不斷降低，仍使得具建坊資格的人數大增。故而道光朝時，再次修訂旌表規定，以建「總坊」的方式來表彰這些獲旌表的婦女。參見：(清) 崑岡等修、劉啟端等纂，《欽定大清會典事例七》，卷 403．禮部．風教，頁 412～414。(美) 盧葦菁著、秦立彥譯，《矢志不渝：明清時期的貞女現象》，頁 84。

風格的手段。「旌表和普建節孝祠，可以看成是從底層塑造社會和政治秩序的有效措施。」〔註52〕從皇帝的立場來看，「旌表」是一種炫耀偉大皇恩的直接方式，又可藉此攏絡漢族仕紳，擴大獎勵更是維護社會秩序的有利工具。〔註53〕此外，從表中亦可看出獲得旌表後，完成建坊的比例似乎不高，因此雍正朝才會開始設置節孝祠；乾隆朝規定烈婦、烈女的建坊必須於 3 個月內完成；道光朝時則統計各府州廳之節婦總數，由地方官總立一坊。〔註54〕探究此現象，建坊總金額之高與朝廷補助銀兩之少及本家經濟能力之弱，應有密切相關。

第三節　台灣本島現存貞節牌坊主人之事蹟

一、台灣本島現存貞節牌坊主人之事蹟

周璽在《彰化縣志》中提到：「蓋所貴乎節孝者，調其矢志守貞。上事舅姑，下撫兒女，各盡其志以慰九泉，故能生受旌表之榮，歿享春秋之祭。節婦之有裨益於世教也大矣。……誠謂綱常名教之所關，世道人心之所繫，……故殉亡不如撫孤，人當勉為節婦，……」〔註55〕由此可見，婦女夫亡守節，是如何地被為政者所重視。本文第三章第一節提及：台灣本島現存的貞節牌坊共有 8 座，依次為：嘉慶 5 年（1800）之台南蕭氏節孝坊、道光 4 年（1824）之新竹楊氏節孝坊、道光 28 年之台中林氏貞孝坊、咸豐 11 年（1861）之北投周氏貞孝坊、同治 10 年（1871）之新竹張氏節孝坊、光緒六年（1880）之新竹蘇氏節孝坊、光緒 8 年（1882）之台北黃氏節孝坊以及光緒 9 年（1883）之苗栗賴氏節孝坊。（牌坊圖表參見本文「附錄一：台灣本島現存牌坊圖表 A」）本節針對此八位女主人的生平概況做說明。

台南蕭氏節孝坊。蕭氏，名良（娘）〔註56〕，大約生於雍正元年（1723）

〔註52〕（美）盧葦菁著、秦立彥譯，《矢志不渝：明清時期的貞女現象》，頁82。

〔註53〕節婦貞女的請旌多來自漢族仕紳。以上段落，改寫自：（美）盧葦菁著、秦立彥譯，《矢志不渝：明清時期的貞女現象》，頁82～84。

〔註54〕道光朝以建總坊的方式，來表彰受旌表的貞孝節烈婦女，是為了因應過多的旌表人數。筆者推測，受旌表婦女人數越多，無力建坊者的比例也應會隨之增加。

〔註55〕周璽，《彰化縣志》，頁 267。

〔註56〕「娘」字為當時對女子經常性的稱呼，故以此判斷其名應為「蕭良」。下文情況皆同。

或雍正2年（1724），卒年不詳。21歲時嫁太學生沈耀汶爲妻，27歲時喪夫，矢志守節，盡心撫養幼兒及遺腹子並侍奉公婆，其堅貞及孝心，十分受街坊的稱道。清嘉慶2年（1797）獲准建坊表彰，時年75，3年後，於現址建節孝坊。〔註57〕

新竹楊氏節孝坊。楊氏，名居，24歲，夫林熾亡，獨立撫育幼兒有成（子德元，後爲監生），並侍奉公婆至孝，45歲卒。嘉慶24年（西元1819年）獲閩浙總督董教增，福建巡撫史致光等人簽准建坊，並於道光4年（西元1824年）12月立坊。〔註58〕

台中林氏貞孝坊。此坊爲台灣現存貞節牌坊中，唯一的「貞孝」坊，是爲旌表貞婦林氏而建。林氏，名春，生於乾隆43年（1778），爲彰化縣大甲中庄農人林光輝之女，〔註59〕卒於同治2年（1863），享年86歲。乾隆49年（1784），林春7歲，爲余榮長養室。然未婚夫於17歲時（乾隆54年，1789）至鹿港經商不幸溺斃，林春時年12，願終身侍奉婆婆不改嫁。〔註60〕撫族子爲嗣，〔註61〕然不幸夭折，又再立之，終於撫育成人。然子娶婦後卻不幸死

〔註57〕根據《重修臺灣縣志‧列女傳》的記載，蕭氏獲旌表時間爲嘉慶2年，當時蕭氏年75，因此筆者推測其應生於雍正元年（1723）。若根據牌坊鐫刻文字，蕭氏獲旌表時間爲嘉慶3年，因此蕭氏出生之年應爲雍正2年（1724）。本段文字，參見：（清）謝金鑾、鄭兼才合纂，《續修臺灣縣志》，頁339。牌坊鐫刻文字，參見本文「附錄七：台灣本島現存清代牌坊調查表」。

又，關於蕭氏生平，參見：黃靜宜、王明雪主編，《台南歷史散步（上）》，頁124。張素玢、陳鴻圖、鄭安晞，《臺灣全志》卷二‧土地志‧勝蹟篇，頁135。

另，有關於蕭氏各文獻資料之原文，參見本文「附錄七：台灣本島現存清代牌坊調查表」。

〔註58〕有關楊氏生平，參考資料有：陳培貴，《淡水廳志》，頁281～282。陳朝龍著、林文龍點校，《合校足本新竹縣采訪冊》，頁313。張德南，《新竹市的牌坊》，頁76。筆者實地調查，抄錄自牌坊前之〈楊氏節孝坊簡介〉碑文。調查日期：2011/01/22。張素玢、陳鴻圖、鄭安晞，《臺灣全志》卷二‧土地志‧勝蹟篇，頁134。

另，有關於楊氏各文獻資料之原文，參見本文「附錄七：台灣本島現存清代牌坊調查表」。

〔註59〕清乾隆年間，大甲地區屬彰化縣管轄。

〔註60〕《淡水廳志‧卷十》、《台灣通史‧卷35》均記載「舅歿姑在」，而〈貞節坊重修碑記〉（1935）則記載「舅姑尚在」。參見：陳培桂，《淡水廳志》，頁278。連雅堂，《台灣通史》，頁1025。〈貞節坊重修碑記〉見本論文附錄七之〈台中林氏貞孝坊調查表〉中之「文獻資料欄」第8點。

〔註61〕即台灣坊間所稱之「螟蛉子」（即義子，養子）。

亡，林氏乃與兒媳巫氏共育幼孫。

　　道光 12 年（1832），林氏年 55，由鄉紳劉獻廷〔註62〕呈報表彰旌表。道光 16 年（1836），降旨准於建坊，道光 28 年（1848），建坊於大甲街南門外的通衢上，並於同年完竣。

　　道光 30 年（1850，年 73）天旱，請林氏為之祈雨，果然天降甘霖。〔註63〕同治元年（1862，年 85），戴潮春事件使大甲城內斷水，鄉人再度請託林氏祈雨。林氏於 5 月、11 月三度祈雨應驗。〔註64〕同治 2 年（1863），林氏卒，享壽 86 歲。

　　昭和 8 年（1933，民國 22 年，卒後 70 年），大甲再度大旱，鄉民捧林氏神像（時人已奉為「貞節媽」）〔註65〕祈雨又得。鄉民感念其恩，以祈雨募捐所剩餘，另購坊地。昭和 10 年（1935，民國 24 年，卒後 72 年），將牌坊遷至新址（即目前牌坊所在地），並加以重修。〔註66〕

〔註62〕劉獻廷亦為下文苗栗賴氏節孝坊之主人翁賴四（娘）的公公。

〔註63〕關於林氏祈雨，林文龍引林占梅之〈族姑余母貞節孝詞〉一詩，認為道光 30 年至咸豐 5 年間，林氏就應有多次祈雨，只是缺乏相關的文獻紀錄。參見：林文龍，《臺灣史蹟叢論‧中冊‧人物篇》，頁 170。大甲鎮公所全球資訊網，http://www.tachia.gov.tw/，2010。

〔註64〕關於林氏於戴役期間祈雨之日期，林豪之《東瀛紀事》為 5 月 6 日、21 日、11 月 10 日；蔡青筠之《戴案紀略》為 5 月端午日、11 月 18 日。《戴案紀略》中只記載兩個日期，但 11 月 18 日的紀載中，有標明此為第三次祈雨。雖均為 3 次，然日期略異。參見：林豪，《東瀛紀事》，頁 20～21，22。蔡青筠，《戴案紀略》，頁 15、38。又，《戴案紀略》中海外散人（即：吳德功）對林氏祈雨成功之事，有如下的評論：「至余林氏之禱雨，而雨立降，官禱之不應、民禱之不應，獨氏禱之立應，是天之欲全大甲，即所以彰節婦之功也。苟其不然，則萬民塗炭，不知凡幾，節婦之功，不亦偉哉。宜其萬古而不湮也。」由此評論看來，節婦之守節能獲得天佑，其德澤更可廣披眾人。參見：蔡青筠，《戴案紀略》，頁 16。

〔註65〕筆者實地調查，目前大甲鎮瀾宮之左側觀音殿神房內，供奉有貞節媽神像，調查日期：2010.10.16。此外，媽祖婆、貞節媽、鐵砧山國姓爺，被大甲地區人民奉為大甲三位守護神。參見：台中縣大甲鎮公所委託，承德造形工程有限公司執行，《大甲鎮轄內第三級古蹟「林氏貞孝坊」規劃研究報告書》，頁 2～1。

〔註66〕關於林氏的生平，參考資料有：陳培桂，《淡水廳志》，頁 278。魏紹華，〈捐建林氏貞孝坊碑記〉，道光二十九年歲次己酉十二月日，筆者抄錄於貞孝坊旁之碑文，2010/10/16。林占梅〈族姑余母貞節孝詞〉作於咸豐 5 年（1855）。轉引自：台中縣大甲鎮公所委託，承德造形工程有限公司執行，《大甲鎮轄內第三級古蹟「林氏貞孝坊」規劃研究報告書》，頁 2～9 至 2～10。林豪，《東瀛紀事》，頁 20～21、22。蔡青筠，《戴案紀略》，頁 15、38。沈茂蔭，《苗栗縣志》，頁 208。連橫，《臺灣通史》，頁 1025～1026。蔡子昭，〈貞節坊重修

　　北投周氏貞孝坊。周氏名絹，淡水人，生於乾隆 53 年（1788），卒於道光 26 年（1846），享年 59 歲。早年嫁入台北府淡水廳芝蘭二堡北投頂庄陳家，爲小其 2 歲之儒士陳玉麟之妻。嘉慶十九年（1814），周氏 27 歲，喪夫，矢志守節。上事翁姑，下撫育二子。鄉耆陳維英等，請與旌表。道光 30 年（1850，卒後 4 年），閩浙總督劉韻珂奏准旌表建坊。咸豐 11 年（1861，卒後 15 年），由周氏之孫陳秉文、陳招成、陳文華、陳益勝、陳益洽等，共同建坊。〔註67〕

　　新竹張氏節孝坊。張氏名棗，竹塹城張炳之女，生於嘉慶 5 年（1800），卒於光緒 4 年（1878），享年 78。〔註68〕嘉慶 25 年（1820），張氏 20 歲嫁于用錦爲繼室。鄭用錦爲新竹鄭家，鄭用錫之胞弟，「爲附生，得正五品封典」。〔註69〕道光 8 年（1828），張氏 29 歲，喪夫，事親至孝，撫育三子受教長成，子如蘭增生花翎同知銜候選主事。同治年間，獲得旌表，〔註70〕同治 10 年（1871，72 歲），建坊於湳雅北上大官道之萬年橋畔。〔註71〕

　　　　碑記〉，昭和十年乙亥仲秋，筆者抄錄於貞孝坊旁之碑文，2010/10/16。張素
　　　　玢、陳鴻圖、鄭安晞，《臺灣全志》卷二・土地志・勝蹟篇，頁 133。
　　　　另，有關於林氏各文獻資料之原文，參見本文「附錄七：台灣本島現存清代
　　　　牌坊調查表」。

〔註67〕關於周氏之生平，參考資料有：連橫，《臺灣通史》，頁 1027。牌坊前之〈三
　　　　級古蹟周氏節孝坊〉解說牌文字，筆者實地調查，調查日期：2011/02/26。楊
　　　　仁江，〈臺北市黃氏及周氏節孝坊之研究（上）〉，頁 1～62。楊仁江，〈臺北市
　　　　黃氏及周氏節孝坊之研究（下）〉，頁 119～134。張素玢、陳鴻圖、鄭安晞，《臺
　　　　灣全志》卷二・土地志・勝蹟篇，頁 133。
　　　　另，有關於周氏各文獻資料之原文，參見本文「附錄七：台灣本島現存清代
　　　　牌坊調查表」。

〔註68〕關於張氏之卒年，林漢泉之《新竹市志》引《淡水廳志》，張氏之卒年爲 71
　　　　歲。然林漢泉於引文後反駁 71 歲之說，認爲張氏應卒於 78 歲。本文採林漢
　　　　泉 78 歲之說。參見：林漢泉，《新竹市志・卷七》人物志・第八章列女，頁
　　　　⑦ 233。

〔註69〕陳朝龍著、林文龍點校，《合校足本新竹縣采訪冊》，頁 519。

〔註70〕根據《合校足本新竹縣采訪冊》記載爲「……同治三年，廳紳僉秉請旌表張
　　　　氏節孝。五年，得旨允准，如蘭爲之建坊，捐租奉主入祀節孝祠……」，由此
　　　　記載，則張氏節孝坊之題准建坊時間爲同治 5 年。《臺灣全志》亦記載同治 5
　　　　年旌表。而《新竹市志》則記載爲「同治六年題准旌表」，這兩處記載有一年
　　　　的出入。
　　　　參見：陳朝龍著、林文龍點校，《合校足本新竹縣采訪冊》，頁 519。及林漢泉，
　　　　《新竹市志・卷七・人物志・第八章　列女》，頁⑦ 233。

〔註71〕關於張氏之生平，參考資料有：林漢泉，《新竹市志》，頁⑦ 233。陳朝龍著、

　　新竹市蘇氏節孝坊。蘇氏名進治，生於嘉慶元年（1796），卒於同治 4 年（1865），享年 70 歲。〔註 72〕蘇氏為淡水廳竹塹城，故儒士例贈文林郎吳國步（西元 1778～1827），在台灣的妻子。〔註 73〕蘇氏守寡的年齡，有 26 歲與 29 歲的說法，〔註 74〕寡後矢志守節，撫育 2 幼兒至長。其一子吳士敬，庚午舉人（同治 9 年，1870），以軍功奏保候選訓導，後加捐為候選內閣中書，誥封奉政大夫。母以子貴，受封為「吳門蘇太恭人」。

　　　林文龍點校，《合校足本新竹縣采訪冊》，頁 519。牌坊旁之〈張氏節孝坊〉說明牌，筆者實地調查，調查日期：2011/01/22。張素玢、陳鴻圖、鄭安晞，《臺灣全志》卷二・土地志・勝蹟篇，頁 134。
　　　另，有關於張氏各文獻資料之原文，參見本文「附錄七：台灣本島現存清代牌坊調查表」。

〔註 72〕陳培桂之《淡水廳志》記載：「蘇氏，竹塹吳國步妻。年二十六寡，卒年七十。」不過，蘇氏的卒年，族譜的記載與文獻的記載有出入。根據張德南的研究，蘇氏的卒年應為同治乙丑年（即同治四年，西元 1865），筆者以此為根據。參見：陳培桂，《淡水廳志》，頁 279。張德南，《新竹市的牌坊》，頁 91，註 20。

〔註 73〕吳國步的元配為楊氏，在大陸居住，生子友來；蘇氏為其在台灣的妾，生子友信（士梅）、儀禮（士敬）。參見：楊婉伶，〈新竹浦雅吳家的女性〉，頁 107。

〔註 74〕蘇氏 26 歲守寡之說有陳培桂《淡水廳志》、林漢泉《新竹市志・卷七》、牌坊旁之〈蘇氏節孝坊〉說明碑。然而根據筆者於 2011 年 1 月份實地調查的結果，牌坊上所鐫刻之文字資料則為「持節本家風廿九歲操凜松筠白華志節，褒旌昭國典四十年名成獲教丹陛恩隆。」《臺灣全志》亦記載蘇氏守節為 29 歲。因此，若以楹柱上鐫刻的文字資料為第一手資料，則蘇氏守節之齡應為 29 歲。
　　　至於守節之齡究竟應為 26 歲還是 29 歲，筆者有以下的推算：
　　（1）以張德南的研究，蘇氏卒年為同治乙丑年（即同治四年，西元 1865），再根據《淡水廳志》紀載，蘇氏卒年 70。往前推算結果：則蘇氏的出生之年為西元 1796 年，與族譜同。由此，可暫先以此生卒年，為運算基準。
　　（2）根據《新竹市志・卷七》人物志・第八章　列女及牌坊旁之〈蘇氏節孝坊〉說明碑，蘇氏 74 歲卒，則蘇氏之出生應為 1791 年，與族譜記載之 1796 年，有 5 年的落差。出現矛盾。
　　（3）根據牌坊楹柱上鐫刻的文字資料，蘇氏 29 歲喪夫，共 40 年的孀居歲月，則以蘇氏之卒年（同治 4 年，1865）往前推 40 年，則守節之年為 1825 年，為蘇氏 30 歲之時。其間一年的差異，比起(2)之推算，年齡差距較近，與鐫刻之 29 歲守節只差一年。然而至於這一歲的差異，是否為實歲與虛歲的差異，則需再研究。
　　（4）從蘇氏的出生之年西元 1796 年及吳國步的亡故之年西元 1827 年來看，則蘇氏的守節之年為其 32 歲之時，然而此年歲又與 26 歲與 29 歲守寡的說法有異。
　　　由以上推算看來，蘇氏之生卒年應為嘉慶元年（1796），卒於同治 4 年（1865），享年 70 歲。其守節之齡似乎以 29 歲較為可能。

　　此外，蘇氏和台灣其他 7 座貞節牌坊的主人翁生平事蹟有一很大的不同點。根據楊婉伶的研究：蘇氏在丈夫亡故後，不但主持家政，更參與家族商業經營獲利甚豐。〔註 75〕家族以「吳萬吉」、「吳順吉」的商號名購買多筆產業，蘇氏更為無嗣的養父購置土地，招佃耕作，以為養父養老之用。養父過世後，田產歸還吳家，並成立「李而富祭祀公業」。〔註 76〕由此可以看出蘇氏在吳家的權勢與地位舉足輕重，並非一般勢單力孤的孀居寡婦。

　　光緒年間，由巡撫劉銘傳提請旌表建坊，詔祀孝悌祠，為後人典範。〔註 77〕

　　台北黃氏節孝坊。黃氏，名器，謚端懿，生於嘉慶 25 年（1820），卒於光緒 19 年（1893），享年 74 歲。黃氏 16 歲時嫁給福建省泉州府晉江縣南關外二十三都水頭鄉大她一歲的書生王家霖（1819～1847）為妻。王家霖因協助父親王宗河事業，離家至台灣艋舺一帶殖貨，家中留下黃氏侍奉婆婆許氏。至王母去世時，又代夫職全權處理治喪事宜。黃氏 28 歲時喪夫，上事翁姑，下撫育三子二女（長子幼殤，因此原本 4 子剩 3 子。）。〔註 78〕同治 9 年，黃氏年 51 時，淡水廳同知陳培桂將黃氏列入其修纂之《淡水廳志》。後工部主事高鑪璟，奏請按例旌表。光緒 8 年，黃氏年 63 時，由次子王天錫建坊於城內東門街。建坊所需之工匠與石材，均為王天賜親自泉州延聘及選購。光緒

〔註 75〕　吳家以郊商起家，多角化經營，家族企業體龐大。又族中獲功名者眾多，因此為竹塹地區相當重要的地方仕紳家族。參見：楊婉伶，〈新竹淗雅吳家的女性〉。

〔註 76〕　根據楊婉伶的口訪資料，蘇進治（蘇氏）原為李而富（祥）的童養媳，然因李而富的兒子死亡，蘇進治於是成為李而富的養女而後嫁進吳家，成為吳禎蟾（國步）之妻。然而根據《新竹市志·住民志·氏族篇》，則僅提及蘇進治為李而富之養女，由於李無嗣，因此蘇進治購置田產，供李謀生。李亡故後，田產歸還吳家，並以田產之收益作為祭拜李而富之用。究竟蘇進治為李而富的童養媳或養女，已無法查考。詳見：楊婉伶，〈新竹淗雅吳家的女性〉，頁163、211。

〔註 77〕　蘇氏旌表建坊的年代，在《合校足本新竹縣采訪冊》與《新竹市志》都未提及。牌坊上之鐫刻文字則有「光緒庚辰仲秋」字樣。光緒庚辰年即為光緒 6 年（1880），然而此鐫刻文字，卻與蘇氏節孝坊前之說明碑，出現明顯矛盾。說明碑記載：「清光緒六年（公元 1880 年）庚辰仲秋興建於淗雅莊現址」，此與牌坊上之鐫刻文字相同。但於下文又記載：「光緒十五年（1889 年）由巡撫劉銘傳題請旌表，詔祀孝悌祠。母節子孝，足為後人典範。」按題請旌表建坊之順序，應先題請旌表，獲准後，再根據旨意給予牌匾、立碑或者建坊之獎勵。因此，不可能在光緒 6 年即已建坊，卻又在光緒 15 年才提請旌表。另，有關於蘇氏各文獻資料之原文，參見本文「附錄七：台灣本島現存清代牌坊調查表」。

〔註 78〕　河出圖社策劃，《古地圖台北散步 1895 清代台北古城》，頁 63。

19 年（1893），王天錫與王、杜等四人聯名向巡撫唐景崧秉請建節孝祠。節孝
祠甫建成即遇乙未割台被日本團兵屯占，光緒 30 年（1904，明治 37 年），日
人為攏絡台灣士人，將之重建於台北圓山公園內（當時此地為圓山動物園）。
光緒 32 年（1906，明治 39 年）王天錫寫下〈臺北節孝祠碑記〉，記錄下整個
事件。〔註79〕

　　苗栗賴氏節孝坊。賴氏，名四，賴萬盛之女，公館庄人。生於嘉慶 11 年
（1806），卒於光緒 14 年（1888），享年 83 歲。賴氏因家貧，自幼即指腹為
舉人劉獻廷長子金錫為妻，年幼即入劉家做童養媳，十四歲時其夫劉金錫過
世，矢志守節盡孝。夫弟劉楨（金璧），感念賴氏之節孝，於是將長子世熙過
繼為其子嗣，賴氏悉心撫育成人，並且還另加撫養族子。光緒 9 年（1883），
賴氏 78 歲，獲得旌表建坊。〔註80〕

　　綜合以上介紹，筆者將此八座貞節牌坊主人事蹟作成【表 4-3-1】。

表 4-3-1　台灣本島現存貞節牌坊主人事蹟表

	1	2	3	4	5	6	7	8
坊名	臺南蕭氏節孝坊	新竹楊氏節孝坊	台中林氏貞孝坊	北投周氏節孝坊	新竹張氏節孝坊	新竹蘇氏節孝坊	臺北黃氏節孝坊	苗栗賴氏節孝坊
建坊年代	嘉慶 5 1800	道光 4 1824	道光 28 1848	咸豐 11 1861	同治 10 1871	光緒 6 1880	光緒 8 1882	光緒 9 1883
類別	節孝	節孝	貞孝	節孝	節孝（繼室）	節孝（側室）	節孝	節孝
事蹟	1.守節 2.撫子	1.守節 2.撫子	1.守節 2.撫子	1.守節 2.撫子	1.守節 2.撫子	1.守節 2.撫子	1.守節 2.撫子	1.守節 2.撫子

〔註79〕有關黃氏的生平，參考資料有：連橫，《臺灣通史》，頁 1026～1027。楊仁江，
　　　　〈台北市黃氏及周氏節孝坊之研究（上）〉，頁 34～50。張素玢、陳鴻圖、鄭
　　　　安晞，《臺灣全志》卷二·土地志·勝蹟篇，頁 132。
　　　　另，有關於黃氏各文獻資料之原文，參見本文「附錄七：台灣本島現存清代
　　　　牌坊調查表」。

〔註80〕有關賴氏生平，參考資料有：苗栗縣文化中心，《苗栗史蹟巡禮》，頁 8～10。
　　　　沈茂蔭，《苗栗縣志》，頁 211。楊仁江，《苗栗賴氏節孝坊調查研究》，頁 51
　　　　～64。陳運棟，《重修苗栗縣志·卷卅二·人物志上冊》，頁 467。張素玢、陳
　　　　鴻圖、鄭安晞，《臺灣全志》卷二·土地志·勝蹟篇，頁 133。
　　　　另，有關於賴氏各文獻資料之原文，參見本文「附錄七：台灣本島現存清代
　　　　牌坊調查表」。

	1	2	3	4	5	6	7	8
坊名	臺南蕭氏節孝坊	新竹楊氏節孝坊	台中林氏貞孝坊	北投周氏節孝坊	新竹張氏節孝坊	新竹蘇氏節孝坊	臺北黃氏節孝坊	苗栗賴氏節孝坊
	3.侍奉翁姑		3.侍奉婆婆	3.侍奉翁姑	3.事親		3.侍奉翁姑	3.事親
守年	超過49年	22年	75年	33年	49年	42年	47年	70年
後代成就	※文獻中未紀錄。※牌坊之南、北面右摺柱鐫刻有「子貢生沈清澤」字樣。	子德元爲監生	未紀錄	未紀錄	子如蘭增生花翎同知銜候選主事	子吳士敬,庚午舉人,以軍功奏保候選訓導,後加捐爲候選內閣中書。	※次子天錫,貢監生翰林待詔,賞戴藍翎,加中書科中書銜。※四子天均,監生,以軍功議敘六品藍翎。	未紀錄
提請旌表人	地方仕紳	閩浙總督董教增、福建巡撫史致光等	由鄉紳劉獻廷呈報表彰旌表	鄉中耆碩陳維英等	淡水廳紳僉	可能爲劉銘傳〔註81〕	地方官員仕紳奏請旌表	鄉人建請朝廷旌表
建坊經費	未記載	未記載	地方集資	自建	未記載應爲自建	未記載應爲自建	自建	未記載應爲自建
備註			※生平共5次祈雨。※被地方尊爲貞節媽。※媳亦爲節婦。		※爲新竹名門望族鄭家之媳	※蘇氏之身分有不同說法:1.爲李家童養媳,後嫁進吳家。2.爲李家養女,後嫁進吳家。※吳家在地方之政、經實力雄厚。		※爲一門二舉人劉家,劉獻廷之長媳。※有無成婚未明載。

表註:本表爲筆者按建坊時間先後編號並製作,製作日期:2013.03.30。

〔註81〕 此可能之因,請參閱本章註77。

　　根據【表4-3-1】可以發現以下現象：

　　（一）從身分來看。以上守節之婦女，並非全爲正室，新竹張氏爲繼室，新竹蘇氏爲側室，因符合旌表條件，故而不論其身分，都能獲得旌表。〔註82〕此外，大甲林氏未婚守貞，更是符合了延續自明代而盛行於清的「未婚守貞」風氣，是一種道德的極致表現。

　　（二）從事蹟來看。此八位節婦大多都具有守節、撫子、孝養親長等爲人所稱道的事蹟。即使是楊氏與蘇氏，雖然史料上無明確記載養親一事，然而根據楊氏24歲喪夫與蘇氏26歲守寡的年齡來看，翁姑尚在的可能性是有的。因此，可以說：守節、撫子、孝養親長爲清代台灣地區婦女受旌表的原因。這個結果，也符合了劉佳的研究。〔註83〕此外，盧葦菁引杜芳琴與曼素恩（Susan Mann）的研究指出：「明清時期，女德主要由貞節和對夫家的孝所定義。」〔註84〕綜看清代台灣婦女受旌表的原因，守節是對丈夫與夫家貞節的表現，養親與撫子則是對夫家的貢獻，無疑是一種盡孝的表現。故而，這些節婦所表現的美德，足堪表率，值得旌揚。

　　（三）從守節年限來看。雖然清代各朝守節年限逐漸降低，然此八位女性之守節年數均超過20年，且大多數符合「30／50」法則。〔註85〕尤其大甲林氏與苗栗賴氏，守節之齡更是70年（以上），其堅貞意志，著實令人佩服。

　　（四）從建坊經費來看，雖然新竹張氏、蘇氏、苗栗賴氏之建坊並無明確記載爲自建，然筆者根據其夫家的社經地位研判，自建的機率頗大。但台南蕭氏與新竹楊氏之建坊經費來源，則較無法判斷。不過，從這樣的情況看來，能否建坊，夫家的經濟能力仍然是主因。

　　此外，筆者整理此表，亦發現以下問題：

　　（一）台中林氏自幼爲余家養室，12歲未成婚，未婚夫即已過世，根據

〔註82〕旌表條件之一：「現存守節之婦，不論妻妾，自三十歲以前守節至五十歲，……具准旌表，給銀發坊，歿後至祭祠內。」參見：林豪，《澎湖廳志》（南投：臺灣省文獻委員會，原臺灣文獻叢刊第164種，1993.6），頁60。

〔註83〕根據劉佳的研究：清代台灣地區婦女受旌表的原因有：撫子、孝養老人及守節等三樣因素。劉佳，〈角色扮演與榜樣塑造——清代台灣烈女群體的地域差異〉，頁83～128。

〔註84〕參見：（美）盧葦菁著、秦立彥譯，《矢志不渝：明清時期的貞女現象》，頁24註2。

〔註85〕新竹蘇氏之守節年齡有疑義，見本章註74之說明。

《鳳山縣采訪冊》〈附錄：采訪貞孝節烈婦旌表事例〉：「女已字未嫁而夫死，遂赴夫家守貞者，曰貞婦。」〔註86〕因此所建立之坊名曰「貞孝」，符合條例。按苗栗賴氏自幼為劉家童養媳，14 歲就喪夫，守節情況與大甲林氏有許多相似處。不過，文獻資料並無註明其與夫婿是否已成婚，而為賴氏所立之坊名曰「節孝」。是否可以推論：因坊名為「節孝」，故賴氏與劉金錫已行過成婚之禮？

　　（二）關於新竹蘇氏之身分，其一說為：蘇氏原為李而富（祥）的童養媳，因李而富的兒子死亡，蘇進治於是成為李而富的養女而後嫁進吳家，成為吳禎蟾（國步）之妻。〔註87〕若是據此，既為童養媳，表示已字未過門，那麼蘇氏為吳國步守節，能否算是為第一任丈夫守節而合建坊之例呢？

二、小結

　　本章探討了旌表制度與貞節觀的發展、清代的貞節旌表制度與台灣本島現存貞節牌坊之坊主人事蹟。旌表制度是一種對忠孝節義行為的獎勵，因著明清貞節觀念的鼎盛及政府對旌表條件的放寬，婦女因貞節孝烈行為而獲旌表的數量也越來越多。獲旌表婦女的數量雖多，但其事蹟卻千篇一律，守節、撫子、孝養親長等行為，成為這些婦女的共同特色。

　　台灣島位處東南海疆之一隅，從台灣本島現存之清代貞節牌坊及其主人之事蹟來看，與大陸原鄉地區的差別不大，甚至台中林氏與苗栗賴氏守節時間之長（分別為 75 年、70 年），與大陸原鄉地區比較起來毫不遜色。因此，若從貞節牌坊教化大眾的角度來看，清政府對大陸原鄉與台灣本島，可謂一視同仁、毫不偏私了。

〔註86〕　（清）盧德嘉，《鳳山縣采訪冊》，頁 39。
〔註87〕　詳見本章註 76，楊婉伶的研究。

第五章　結論與後記

第一節　結論——台灣本島現存清代貞節牌坊之文化意涵

　　牌坊是中國特有的門洞式建築，其形式從衡門而來，肩負出入口與告示的性質。唐代里坊制有身分與等級之別，里坊開始成爲社會地位的象徵，坊門成爲對外誇耀的招牌。人們爲使坊的門面更加華美，逐漸加入華表與闕的元素，使牌坊形制走向複雜與華麗。宋代社會經濟發達，里坊制度消失，使得牌坊脫離坊牆及門的性質，演變成獨具特色的建築小品。自從明初太祖降旨修建狀元坊以表彰廷試狀元任亨泰起，牌坊的修建就與皇帝的恩寵連結在一起了。此時牌坊的修建，以頌揚科舉考試或仕途卓越的人爲主。〔註1〕到了清代，旌表的焦點轉向節婦貞女，旌表制度的完備，使得具旌表資格而得以建坊的人數大增，此成爲清代牌坊眾多且以貞節孝烈爲主的原因。

　　貞節牌坊爲朝廷旌表類別之一的產物，是對女性貞節行爲的表彰。台灣本島、金門兩地現存完整的牌坊共 18 座，〔註2〕時代涵蓋明、清兩朝，其中貞節牌坊全爲清代的遺存，共有 11 座，台灣本島佔 8 座，比例高達 72.7%。由此可見，清代、台灣本島、貞節牌坊，實爲台灣本島、金門兩地現存牌坊之大宗。此亦爲本論文以此爲研究對象的主因。

〔註1〕 鄭岩、汪悅進，《庵上坊——口述、文字和圖像》，頁 56。
〔註2〕 牌坊總遺存原爲 19 座，然台中社口之林振芳墓道坊建於日治時期，不列入比較，故總遺存坊數爲 18 座。

　　根據本論文研究發現：台灣本島、金門與福建地區的牌坊在外在形制上以柱不出頭、主樓多為廡殿式檐頂的四柱三間式牌坊居多，然「中柱較高」為台灣本島及金門牌坊的特色。此外，台灣島之竹苗地區 4 座牌坊與金門邱良功墓坊、福建林君升墓道坊，都有「捲雲紋」收結的做法。此間是否有風格的延續與傳承，值得進一步研究。若再從牌坊的原始尺寸做比較，台灣本島與福建地區的牌坊明間皆大於次間，整體均屬沉穩結構。然而台灣本島之貞節牌坊與福建非墓道坊類牌坊，均有挑高之效果，台灣本島之其他類牌坊與福建墓道坊則偏寬矮形。可見於形制的「大同」之外，仍有類別上的小差異。若又再從文獻規制來分析，台灣本島與福建地區的牌坊均屬南方《營造法原》系統，但明間寬與次間寬之比高於《營造法原》，福建地區尤甚，此亦可謂「大同」中之「小異」。雖然如此，然而從福建地區明、清兩代牌坊的尺寸比例與台灣本島清代牌坊的尺寸比例做比較，發現數據差別不大，這顯示了不論是哪一類的牌坊，其形制均有不易變動的特性。這特性乃是為符合觀者對牌坊的視覺意義與習慣意義，更深層的探究，則是為達成朝廷的教化目的。

　　牌坊上裝飾圖像的選擇、空間佈局及呈現的工藝技巧，也都為達最有效的觀看而有統一的形式。當觀者距離牌坊較遠時，牌坊著重在整體造型的辨識，因此固定的外在形制與圓雕技法，成為最佳的呈現方式。隨著觀者與牌坊的距離拉近，代表喜慶、吉祥的簡單透雕或高浮雕的圖像，成為理想的選擇。當觀者距離與牌坊拉到最近，使觀者得以仔細閱讀牌坊上的細部訊息時，此時較複雜、充滿忠孝節義寓意的故事圖像或與坊主人行誼相關的文字，就採用了浮雕及陰刻的方式呈現。這樣的安排，無非是為了使形制與圖像都能適應場合的需要，〔註3〕以達成建坊的最終目的──傳遞教化。由此可知，牌坊工藝技巧的呈顯主要不是為凸顯其藝術價值，而是為因應觀者的觀賞距離與視角而做的最佳安排。因此當觀者在欣賞一座牌坊時，他所看到的不是一座牌坊，也不是這座坊的主人，而是旌表的意涵、過程以及朝廷所要建立的氛圍和所欲傳達的不言之教。牌坊的主人是誰並不重要，重要的是坊主人符合朝廷教化的行誼以及傳播這不言之教的方法與效果。統一的旌

〔註3〕 此即為貢布里希所提出之「得體原理（decorum）」。貢布里希認為：「得體（decorum）」即「適合」，就是裝飾能適應場合的需要。參見：（英）E.H.貢布里希著，范景中、楊思梁、徐一維譯，《秩序感──裝飾藝術的心理學研究》，頁 254～255。

表條件與建坊規格，是達成這個效果的最好方法，即使「統一的形式使個人消失在整個隊列圖案之中」，〔註4〕也就不是需要在意的重點了。這也正足以說明為何牌坊在其精神內涵上與外在形制上，總是千人一面、千篇一律的原因了。〔註5〕

　　台灣島，這個偏隅東南海疆的蕞爾小島，在清政府的移民政策與台灣島原住民女性社會規範異於漢人的條件下，台灣島婦女較大陸原鄉婦女擁有較寬鬆的社會規範。耿慧玲在〈台灣碑誌中貞節現象研究〉一文中指出：「台灣地區現存關於婦女的碑誌相較於大陸原鄉地區，明顯少很多，甚至少於同為大陸邊緣地區的海南島……這是因為漢人婦女在台灣有比原鄉更寬廣的生活條件。」〔註6〕即使到了晚清的同治年間，仍可於《淡水廳志》中見到「台灣舊俗，寬於婦責。」的記載。〔註7〕筆者在查找關於台中林氏的事蹟時，發現《戴案紀略》中紀錄了不少女性參與叛亂，甚至還帶兵打仗，為賊營屢建戰功的事件。〔註8〕因此，台灣島女性的社會地位是有其特殊性的。〔註9〕

　　然而反觀台灣本島這 8 座現存的清代貞節牌坊，其鐫刻的匾額及楹聯內容均為讚揚節婦貞女之守節、撫孤、孝養親長的事蹟。這些讚揚的內容，與大陸地區的貞節牌坊並無二致。從這個現象看來，清廷欲藉貞節牌坊所傳達的不言之教，並未隨建坊地點的不同而有所改變。

　　牌坊原是旌表制度下的產物，而這代表著最高殊榮的產物因其立坊地點的公開性以及刻意的製作與裝飾形式，反過來又更加強了旌表制度。尤其是建坊數量最多的貞節牌坊，對貞節觀的強化更是具有關鍵性的影響。那麼，是不是可以推論清代台灣本島女子守貞、守節的行為，是出於被迫的呢？費

〔註4〕　參見：（英）E.H.貢布里希著，范景中、楊思梁、徐一維譯，《秩序感——裝飾藝術的心理學研究》，頁253。

〔註5〕　雖然在本文的第二章第二節談到牌坊的許多變體，不過若將這些變體坊拆解開來看，仍脫離不了「一字形」牌坊的基本形制。換句話說，這些變體坊不過就是多個「一字形」牌坊的不同組合形式。

〔註6〕　耿慧玲，〈台灣碑誌中貞節現象研究〉，頁121、127。

〔註7〕　陳培貴，《淡水廳志・卷十》，頁277。

〔註8〕　蔡青筠，《戴案紀略》。

〔註9〕　卓意雯於《清代台灣婦女的生活》亦提出，台灣因地理位置與移墾社會，因此在清初發展出重財婚與變例婚，使此時期的婦女地位不同於大陸原鄉的低落。參見：卓意雯，《清代台灣婦女的生活》。

絲言認爲：清朝政府以國家立法的方式強勢主導貞節文化，當這樣的教化深植於婦女的價值觀時，其所產生之守貞、守節、甚而殉夫的諸多行爲，反而是表現了婦女的主動、積極性，並非一般認爲的被動與消極。〔註 10〕盧葦菁認爲：明清時期貞女守貞是爲了「義」。女子透過婚姻而與丈夫有了「義」的關係，因此有責任「忠貞」於該關係。不論過門與未過門，既已締結婚約，身分與責任就開始存在。如以一來，「從一而終」不單單只是「情」的表現，更是「義」的徹底實現。「義」是「節」的理由，是身爲妻子的必然責任。故而，作爲貞女的選擇，就是實踐儒家的道德原則，是一種主動性的表現。〔註 11〕綜觀台灣本島現存清代貞節牌坊主人的共同事蹟，都在在展現了清代女德的最佳典範。因此，岸本美緒認爲：當「利他」的意涵大於「利己」，並且能在「利他」的層次中感知自我時，人們主動犧牲私利的行爲就並非不可理解了。〔註 12〕這正足以說明清政府利用旌表制度達教化／控制底層社會的無形手段，與社會大眾對旌表制度的趨之若鶩、女子守節、守貞，甚至殉死以及貞節牌坊數量眾多的現象了。

因此，牌坊之形制與圖像的分析，應回到牌坊建築的整體脈絡與背景中解讀，才能完整；同樣的，女性守貞、守節行爲的評斷，也應回到當時代的社會背景去解析，才能全面。

〔註10〕 費絲言（Janet M. Theiss），〈醜事，盛清的貞節政治〉，頁 255～271。

〔註11〕 已過門的媳婦對夫婿有情，自當可以理解，然未過門的貞女如何對未婚夫有情？根據盧葦菁的研究指出：明清時期，許多狀況是：兩家締結婚姻之前，即已有不錯的交情，往來互動頻繁。婚事的男女主角，或許更是從小一起長大的青梅竹馬，即使不是，從兩家日常的交遊中，絕不可能從未謀面，因此有一定的認識與情感基礎。又，婚事若在女子幼年即已訂定，日常長輩的耳濡目染與教導，都會讓女子於潛移默化中因認定這份關係，因而產生情愫。因此即使未過門，該名女子的精神可能早已「嫁」進未婚夫家，若未婚夫突遭不幸，貞女願意爲「亡夫」守貞甚至殉死，似乎也就可以理解了。參見：（美）盧葦菁著、秦立彥譯，頁 149～162。

〔註12〕 「當人們不覺得自我需侷限於個人肉體，而能夠在更形擴大的血緣組織、乃至於全人類層次中感知自我，如此一來，區分「利己」與「利他」的意涵將完全消失。極言之，考慮到只有無私奉獻所支撐的堅固且絕對之結合，才能夠使其成員獲得最佳保護效果的話，那麼，人們落實此種感覺，以體驗『放棄個人私利後反而使自身得到保護的策略』那就並非不可理解了。」參見：岸本美緒著、何淑宜譯，〈明清地域社會論的反思〉，《明清交替と江南社會》（東京，1999），頁 170。

第二節　後　記

　　根據筆者查找的資料顯示，台灣本島現存的牌坊中，有 2 座曾於日治時期被記錄。其一為記載於台灣總督府公文類纂數位化檔案中的〈臺北城內旌表ヲ公園豫定地內へ移轉ノ件〉，〔註 13〕此文件後來經溫國良翻譯，收錄於《臺灣總督府公文類纂宗教史料彙編（明治二十八年十月至明治三十五年四月）》中。〔註 14〕此份文件紀錄的日期為明治 33 年 8 月 13 日，內容為：臺北城內石坊街與東門邊街的旌表，因為阻礙道路，因之遷移到臺北城內之公園預定地保存一事。整份文件並沒有指出是哪一座牌坊。按筆者田調的結果，現存於台北 228 和平紀念公園內（即文件所提之臺北城內公園預定地）的牌坊有 2 座，分別為建坊於光緒 8 年（1882）之黃氏節孝坊與光緒 14 年（1888）之急功好義坊。此兩座牌坊均原建於臺北城內，距離相去不遠，亦均於日治時期遷建於此。究竟檔案紀錄的是哪一座牌坊，值得日後再行文研究。〔註 15〕另一座牌坊則為台南的重道崇文坊。此坊被記錄於大正 5 年（1916）的《臺灣名勝舊蹟誌》中。〔註 16〕文中大致記載了旌表的人物、年代與楹聯文字。

　　又台灣本島現存的貞節牌坊中，台中大甲的林氏貞孝坊坊主人林春，被當地人供奉為「貞節媽」祭拜，全台唯一，實為特殊。根據李秀娥的說法：「『某某媽』一詞為古代民間通稱已故且有子嗣的婦女或享有廟祠祭拜的女神而言。」〔註 17〕根據林氏的生平事蹟，其未婚守貞 75 年的貞節風範與多次為大甲居民祈雨成功的事蹟，都在在解釋了大甲居民對其崇敬的心理。據《大甲鎮轄內第三級古蹟「林氏貞孝坊」規劃研究報告書》指出：在同治 3 年時（1864，即林氏卒後次年），大甲建貞節祠，供奉林氏貞節媽神像。然民國 36

〔註 13〕　臺灣總督府公文類纂數位化檔案，臺北城內旌表ヲ公園豫定地內へ移轉ノ件，0502-006，0046。

〔註 14〕　溫國良，《臺灣總督府公文類纂宗教史料彙編（明治二十八年十月至明治三十五年四月）》，南投市：臺灣省文獻委員會，1999.6，頁 471～472。

〔註 15〕　黃氏節孝坊遷建的時間為明治 34 年（1901），參見：楊仁江，〈台北市黃氏及周氏節孝坊之研究（下）〉，頁 36。急公好義坊記載的遷建的時間則為日治時期。參見：林衡道、郭嘉雄編著，《台灣古蹟集・第一輯（含第一、二冊）》，頁 2。何良正等編著，《台灣的古蹟——北台灣》，頁 72。

〔註 16〕　（日）杉山靖憲，《臺灣名勝舊蹟誌》，頁 182～183。

〔註 17〕　李秀娥，《鹿港的信仰與曲館研究》（台北縣：博揚文化事業有限公司，2006），頁 148。

年後（1947），因颱風及年久失修，貞節祠荒廢，神像移至鎮瀾宮。〔註18〕根據筆者實地調查，貞節媽目前供奉於鎮瀾宮左側觀音殿觀音佛祖旁陪祀。神像放置於神龕內，尺寸不大，擺放位置也不太明顯。根據筆者田調當日隨機訪問的結果，前來廟裡上香的民眾，大都知道順天路與光明路口有一座牌坊，但是對廟裡「貞節媽」及其事蹟所知甚少，甚至不知有「貞節媽」神像者。〔註19〕按林氏貞孝坊為全台現存8座貞節牌坊中，唯一的「貞孝坊」，林氏守貞之年亦為 8 座貞節牌坊主人守節年限之冠。然而隨著時間久遠，林氏牌坊與林氏事蹟竟不能相互連結，至為可惜，實為大甲地區甚而為全台文化保存之遺憾，有待相關單位與地方人士的重視與努力。

圖表 5-2-1　大甲鎮瀾宮觀音殿「貞節媽」位置示意圖表

圖表註：筆者自製，製圖表日期：2013.07.10。

〔註18〕 參見：台中縣大甲鎮公所委託，承德造形工程有限公司執行，《大甲鎮轄內第三級古蹟「林氏貞孝坊」規劃研究報告書》，無頁碼，第二次審查意見綜理表。

〔註19〕 筆者實地田調日期：2010/10/16。

　　目前，台灣關於現存牌坊調查研究與修復的相關報告書，從 1986 年起至 2004 年，共有 10 本專書，2 篇期刊。然而很可惜的是，自 2004 年起，就沒有相關的研究與修復的紀錄。根據筆者實地針對台灣本島現存的牌坊所做的調查發現：這些長期處於日曬雨淋、颱風地震環境下的石牌坊，在 2004 年之後的這 10 年間，仍繼續有風化、長苔癬、榫接處鬆動的現象。〔註20〕再加上牌坊周圍沒有做出保護的設施，使得牌坊成為好奇民眾攀爬與動物便溺之所，不僅環境髒亂，對牌坊本身亦產生相當的破壞。而那些仍位於道路中央、車輛可往來其間的牌坊，如：台南蕭氏節孝坊、新竹楊氏節孝坊、北投周氏節孝坊，也由於四周無保護設施，很容易導致牌坊遭受撞擊而毀壞。

　　牌坊不僅是一種特有的建築，其本身所內涵的文化意義，實為相當重要且極需保護的文化資產。期望本論文的調查研究能拋磚引玉，喚起大眾對此的重視。

〔註20〕台灣本島現存牌坊的保存狀況，參見：本論文「附錄七：台灣本島現存清代牌坊調查表」。

參考文獻

一、古籍

1. （唐）孔穎達，《尚書正義》，臺北市：臺灣商務印書館，1966，四部叢刊續編經部三。

2. （北宋）王欽若、楊億等奉敕撰，《冊府元龜》，台北市：台灣中華書局，1967，景印文淵閣四庫全書第九○四冊。

3. （清）仁宗撰，《大清高宗純（乾隆）皇帝實錄》，台北市：台灣華文書局總發行，1968。

4. （清）文宗撰，《大清宣宗成（道光）皇帝實錄》，台北市：台灣華文書局總發行，1968。

5. （魏）王肅，《孔子家語》，台北：新文豐出版公司，1978，漢文大系二十。

6. （魏）王弼、韓康伯注，（唐）孔穎達等正義，《周易》，臺北市：藝文印書館，無出版日期，十三經注疏。

7. （北宋）王溥，《唐會要》，台北市：藝文印書館，無出版日期，百部叢書集成之二七‧聚珍版叢書第二十六函。

8. （北宋）王溥，《唐會要》，台北市：藝文印書館，無出版日期，百部叢書集成之二七‧聚珍版叢書第二十八函。

9. （北宋）司馬光著、（元）胡三省音注，《資治通鑑》，北京：中華書局，1956。

10. （戰國）甘公、石申著、王雲五主編，《星經及其他二種》，臺北市：台灣商務印書館，1965.12。

11. （明）申時行，《明會典》，臺北市：臺灣商務印書館，1968，國學基本叢書四百種。

12. （西漢）司馬遷，《史記》，臺北市：臺灣商務印書館，1983，景印文淵閣四庫全書第二四三冊、第二四四冊。

13. （清）伊桑阿等纂修，《大清會典‧康熙朝》，台北：文海出版社，1992。

14. （明）朱國禎著、繆宏點校，《涌幢小品》，北京：新華書店北京發行所，1998.8。

15. （唐）李延壽撰、（清）萬承蒼等考證，《南史》，臺北市：臺灣印書館，1983，景印文淵閣四庫全書第二六五冊。

16. （北宋）李誡奉敕撰，《營造法式》，臺北市：臺灣商務印書館，1983，景印文淵閣四庫全書第六七三冊。

17. （北宋）李昉，《太平御覽》，臺北市：臺灣商務印書館，1983，景印文淵閣四庫全書第八九四冊。

18. （唐）宋若莘，《女論語》，四川成都市：四川人民出版社，1998，諸子集成續編十。

19. （南朝梁）吳均，《續齊諧記》，台北市：藝文印書館，無出版日期，百部叢書集成之九‧古今逸史第四函。

20. （清）周璽，《彰化縣志》，南投：臺灣省文獻委員會，1993.6，原臺灣文獻叢刊第 156 種。

21. （清）林豪，《澎湖廳志》，南投：臺灣省文獻委員會，1993.6，原臺灣文獻叢刊第 164 種。

22. （清）林豪，《東瀛紀事》，南投：臺灣省文獻委員會，1997.6，原臺灣文獻叢刊第 8 種。

23. （南朝宋）范曄，《後漢書》，北京：中華書局，1965 年版。

24. （南朝宋）范曄，《後漢書》，臺北市：台灣書局，無出版日期。

25. （明）俞汝楫編，《禮部志稿》，臺北市：臺灣商務印書館，1972，四庫全書珍本初集。

26. （清）段玉裁，《說文解字註》，台北市：漢京文化出版事業有限公司，1983.9。

27. （清）姚承祖著、張至剛增編、劉敦楨校閱，《營造法原》，台北市：明文書局，1987.6。

28. （清）俞正燮，《癸巳類稿》，臺北：藝文書局，無出版日期，安徽叢書第 17～20 冊。

29. （東漢）班固，《漢書》，北京：中華書局，1962 年版。

30. （東漢）班固，《漢書》，台北市：臺灣中華書局，1965，四部備要。

31. （清）高宗撰，《大清世憲宗（雍正）皇帝實錄》，台北市：台灣華文書局總發行，1968。

32. （南宋）徐天麟，《西漢會要》，臺北市：臺灣商務印書館，1983，景印文淵閣四庫全書第六〇九冊。

33. （東漢）班昭，《女誡》，四川成都市：四川人民出版社，1997.6，諸子集成補編2。

34. （宋）高承，《事物紀原》，台北市：台灣商務印書館，無出版日期，四庫全書珍本十二集。

35. （西晉）崔豹，《古今注》，台北市：藝文印書館，無出版日期，百部叢書集成之九四‧畿輔叢書第四函。

36. （宋）高承，《事物紀原》，台北市：台灣商務印書館，無出版日期，四庫全書珍本十二集‧第二集。

37. （清）伊桑阿等纂修，《大清會典‧康熙朝》，台北：文海出版社，1992。

38. （清）陳培桂，《淡水廳志》，南投：臺灣省文獻委員會，1993.6，原臺灣文獻叢刊第172種。。

39. （清）崑岡等修、劉啓端等纂，《欽定大清會典事例七》，上海市：上海古籍出版社，1995，據清光緒石刻本影印，續修四庫全書第804冊。

40. （唐）張九齡等撰、李林甫等注，《唐六典》，臺北市：臺灣商務印書館，1983，景印文淵閣四庫全書第五九五冊。

41. （北魏）楊衒之，《洛陽伽藍記》，臺北市：臺灣商務印書館，1966，四部叢刊續編史部。

42. 趙爾巽等撰，《清史稿》，上海市：上海古籍出版社，1995，續修四庫全書‧史部第300冊。

43. （西漢）劉向撰、明仇英繪畫，《烈女傳》，北京：中國書店，1991。

44. （清）蔣元樞，《重修臺郡各建築圖說》南投：臺灣省文獻委員會，1995。

45. 蔡青筠，《戴案紀略》，南投：臺灣省文獻委員會，1997.6，原臺灣文獻叢刊第206種。

46. （唐）鄭氏，《女孝經》，四川成都市：四川人民出版社，1998，諸子集成續編十。

47. （西漢）劉安著、熊禮匯注譯，《新譯淮南子》，臺北市：三民書局股份有限公司，2001.1。

48. （西漢）劉向編定，《楚辭》台北市：藝文印書館，無出版日期，百部叢書集成之九九‧湖北叢書第12函。

49. （清）盧德嘉，《鳳山縣采訪冊》，臺北市：行政院文化建設委員會，遠流出版事業股份有限公司，2007.12。

50. （北宋）歐陽修、宋祁，《新唐書》，臺北市：台灣商務印書館，2010，百衲本二十四史17。

51. （西漢）戴聖，《禮記》，臺北市：臺灣商務印書館編，四部叢刊初編縮本・第二冊。

52. （清）謝金鑾、鄭兼才合纂，《續修臺灣縣志》，臺北市：行政院文化建設委員會，2007.6。

53. （北齊）魏收奉敕撰，《魏書（二）》，臺北市：臺灣商務印書館，1983，景印文淵閣四庫全書第二六二冊。

54. （唐）魏徵，《隋書》，臺北市：臺灣商務印書館，1983，景印文淵閣四庫全書第二六四冊。

55. （唐）蘇鶚，《蘇氏演義》，台北市：藝文印書館，無出版日期，百部叢書集成之三五・藝海珠塵第五函。

56. 不著撰者，《六部成語註解》，台北市：鼎文書局，1982.1，中國法制史料第二輯。

57. 不著撰者，《大元聖政國朝典章》，北京：中國廣播電視出版社，新華書店北京發行所發行，1998.7。

二、專書

1. 王浩一，《台南舊城魅力之旅・中輯》，台南：台南市政府，2004.9。

2. 王其均，《中國建築圖解辭典》，北京：機械工業出版社，2006.12。

3. 白文明，《中國古建築美術博覽》，原出版：瀋陽：遼寧美術出版社，台灣發行：台北：地景企業股份有限公司，1992.10。

4. 台中縣大甲鎮公所委託，承德造形工程有限公司執行，《大甲鎮轄內第三級古蹟「林氏貞孝坊」規劃研究報告書》1995.6。

5. 何培夫，《臺灣地區現存碑碣圖誌・台南市》，台北市：中央圖書館臺灣分館，1992。

6. 沈茂蔭，《苗栗縣志》，南投：臺灣省文獻委員會，原臺灣文獻叢刊第159種，1993.6。

7. 何培夫，《臺灣地區現存碑碣圖誌・台中縣市・花蓮縣》，台北市：中央圖書館臺灣分館，1997.12。

8. 何培夫，《臺灣地區現存碑碣圖誌・彰化縣》，台北市：中央圖書館臺灣分館，1997.5。

9. 何培夫，《臺灣地區現存碑碣圖誌・苗栗縣》，台北市：中央圖書館臺灣分館，1998.11。

10. 何培夫，《臺灣地區現存碑碣圖誌・台北市・桃園縣篇》，台北市：中央圖書館臺灣分館，1999。

11. 李乾朗、俞怡萍，《古蹟入門》，臺北市：遠流出版事業股份有限公司，1999.10。

12. 何培夫,《臺灣碑碣的故事》,南投:台灣省政府,2001。

13. 李乾朗,《台灣古建築圖解事典》,台北市:遠流出版事業股份有限公司,2003.07。

14. 何良正等編著,《台灣的古蹟——北台灣》,台北新店:遠足文化,2004。

15. 李秀娥,《鹿港的信仰與曲館研究》,台北縣:博揚文化事業有限公司,2006。

16. 李丰春,《中國古代旌表研究》,昆明:雲南大學出版社,2011.6。

17. 林衡道、郭嘉雄編著,《台灣古蹟集·第一輯(含第一、二冊)》,台中:臺灣省文獻委員會,1977.4。

18. 林衡道,《台灣勝蹟採訪冊》,台中:臺灣省文獻委員會,1977.9。

19. 林衡道,《臺灣古蹟全集》,台北:戶外生活雜誌社,1980.5。

20. 尚秉和,《歷代社會風俗事物考》,臺北市:臺灣商務印書館股份有限公司,1985.12。

21. 林文龍,《臺灣史蹟叢論·中冊·人物篇》,台中:國彰出版社,1987.9。

22. 卓意雯,《清代台灣婦女的生活》,台北:自立晚報文化出版部,1993.5。

23. 承德造形工程有限公司,《大甲鎮轄內第三級古蹟「林氏貞孝坊」規劃研究報告書》,台中縣大甲:台中縣大甲鎮公所,1995.6。

24. 林會承,《台灣傳統建築手冊——形式與作法篇》,台北市:藝術家出版社,1995.07。

25. 林漢泉,《新竹市志》,新竹:新竹市政府,1997.12。

26. 吳慶洲,《中國建築·脊飾》,台北:錦繡出版事業股份有限公司,2002.02.28。

27. 卓克華,《從古蹟發現歷史——卷の一:家族與人物》,臺北市:蘭臺網路出版商務股份有限公司,2004.8。

28. 河出圖社策劃,《古地圖台北散步 1895 清代台北古城》,台北:果實出版,2004.10。

29. 吳漢恩等編著,《台灣的古蹟——南台灣》,台北新店:遠足文化,2004。

30. 吳文雄、楊燦堯、劉聰桂著,《臺灣的岩石》,台北:遠足文化,2005。

31. 金其楨、崔素英,《牌坊·中國》,上海:上海大學出版社,2010.10。

32. 洪敏麟,《臺南市市區史蹟調查報告書》,台中:臺灣省文獻委員會,1979.6。

33. 苗栗縣文化中心,《苗栗史蹟巡禮》,苗栗:苗栗縣文化中心,1990.5。

34. 施鎮洋、李榮聰,《鹿港龍山寺·天后宮木雕藝術概覽》,彰化縣鹿港鎮:施鎮洋工作室,1999.6。

35. 信立祥,《漢代畫像石綜合研究》,北京:文物出版社,2000.8。

36. 柳肅，《中國建築・禮制與建築》，台北：錦繡出版事業股份有限公司，2001.08.30。

37. 侯幼彬，《中國建築・門》（台北：錦繡出版事業股份有限公司，2001.09.20。

38. 連雅堂，《台灣通史》，台北：大通書局，1984.10。

39. 梁思成，《中國建築史》，台北市：明文書局，1981.10。

40. 梁思成，《營造法式註釋》，台北市：明文書局，1984.12。

41. 梁思成，《清式營造則例及算例》，台北市：明文書局，1985.10。

42. 陳炳容，《金門的古墓與牌坊》，金門：金門縣政府，1997.08。

43. 陳朝龍著、林文龍點校，《合校足本新竹縣采訪冊》，南投：台灣省文獻委員會，臺灣歷史文獻叢刊，1999.01。

44. 符宏仁建築師事務所，《邱良功母節孝坊修護工程工作報告書及施工紀錄》，金門：金門縣政府，1999.10。

45. 郭松義，《倫理與生活──清代的婚姻關係》，北京：商務印書館，2000.8。

46. 陳平，《雕梁畫棟：古代居住文化》，南京：江蘇古籍出版社，2002.03。

47. 陳謀德，《古風──中國古代建築藝術老牌坊》，北京：人民美術出版社，2003.12。

48. 康鍩錫，《台灣廟宇圖鑑》，台北市：貓頭鷹出版：城邦文化發行，2004.2。

49. 陳運棟，《重修苗栗縣志》，苗栗：苗栗縣政府，2006.3。

50. 宿巍，《牌坊》，長春：吉林出版集團有限責任公司，2009.12。

51. 康鍩錫，《台灣古建築裝飾圖鑑》，台北市：貓頭鷹出版：家庭傳媒城邦分公司發行，2012.4。

52. 黃靜宜、王明雪主編，《台南歷史散步（上）》，台北：遠流出版社，1995.5。

53. 黃朝進，《清代竹塹地區的家族與地域社會──以鄭、林兩家為中心》，臺北縣新店市：國史館，1995.6。

54. 萬幼楠，《橋・牌坊》，上海：上海人民美術出版社，1996.5。

55. 程俊英，《詩經譯注》，上海：上海古籍出版社，2004.7。

56. 張德南，《新竹市的牌坊》，新竹：新竹市文化局，2004.12。

57. 黃卓權，《進出客鄉：鄉土史、田野與研究》，台北：南天出版社，2008。

58. 張素玢、陳鴻圖、鄭安晞，《臺灣全志》，南投：臺灣文獻館，2010.11。

59. 黃秀政、張勝彥、吳文星，《臺灣史》，臺北市：五南圖書出版有限公

司，2011.4。

60. 楊仁江，《苗栗賴氏節孝坊調查研究》，苗栗：苗栗縣政府，1996.6。

61. 楊仁江，《臺北黃氏節孝坊修護工程工作報告書》，台北市：台北市政府，1998。

62. 費絲言，《由典範到規範：從明代貞節烈女的辨識與流傳看貞節觀念的嚴格化》，台北：台灣大學出版部，1998。

63. 溫國良，《臺灣總督府公文類纂宗教史料彙編（明治二十八年十月至明治三十五年四月）》，南投市：臺灣省文獻委員會，1999.6。

64. 萬幼楠，《中國建築‧牌坊》，台北：錦繡出版事業股份有限公司，2001.12。

65. 楊仁江，《第三級古蹟賴氏節孝坊修護工程工作報告書》，苗栗市：苗栗縣政府，2004。

66. 臺灣省苗栗縣政府民政局，《臺灣省苗栗縣誌》，苗栗：苗栗縣政府，1974.6。

67. 漢寶德主持，《新竹市張氏蘇氏節孝坊之研究與修護》，新竹：新竹市政府，1986。

68. 漢寶德主持，《新竹楊氏節孝坊與李錫金孝子坊修復計畫》，新竹：新竹市政府，1991.6。

69. 臺灣銀行經濟研究室，《臺灣中部碑文集成》，南投：臺灣省文獻委員會，原臺灣文獻叢刊第 151 種，1994.7。

70. 臺灣省文獻委員會主編，《臺灣省通志稿‧第九冊》，台北：捷幼出版社，1999.9。

71. 樓慶西，《中國建築‧屋頂》，台北：錦繡出版事業股份有限公司，2001.09.10。

72. 漢寶德，《中國的建築與文化》，臺北市：聯經出版事業股份有限公司，2004.9。

73. 劉敦楨，《劉敦楨文集》，台北：明文書局，1984.12。

74. 劉還月，《台灣民俗田野手冊：行動引導卷》，台北：常民文化，1991。

75. 劉還月，《田野工作實務手冊》，台北：常民文化，1996。

76. 劉還月，《臺灣民俗田野行動入門》，台北：常民文化，1999。

77. 樓慶西，《中國建築的門文化》，台北市：藝術家出版社，2000.1。

78. 樓慶西，《中國小品建築十講》，台北市：藝術家出版社，2004.12。

79. 鄭岩、汪悅進，《庵上坊──口述、文字和圖像》，北京：三聯書店，2008。

80. 樓慶西，《裝飾之道》，北京：清華大學出版社，2011.4。

81. 劉致平，《中國建築類型及結構》，台北：尚林出版社，1984.9。

82. 樓慶西，《磚雕石刻》，臺北市：龍圖騰文化，2012.12。

83. 閻亞寧，《金門縣第一級古蹟邱良功之母節孝坊之調查研究》，金門：金門縣政府，1995.9。

84. 閻亞寧，《古蹟磚石構件製作與應用之調查研究》，臺北：行政院文建會，1989。

85. 鮑家麟編著，《中國婦女史論集》，台北：稻香出版社，1999.5 再版。

86. 韓昌凱，《北京的牌樓》，北京：學苑出版社，2002.8。

87. 羅永昌，《悠悠古蹟情》，台北市：唐山出版社，2006.9。

88. 韓昌凱，《華表‧牌樓》，北京：中國建築工業出版社，2009。

三、外文書籍

1. （日）衫山靖憲，《臺灣名勝舊蹟誌》，台北：成文出版社，1985。

四、翻譯書籍

1. 英文原版：Erwin Panofsky, *Meaning in the Visual Arts*. Chicago: University of Chicago Press, 1982, 1939 frist print。

2. 中文譯本：（美）歐文‧潘諾夫斯基（Erwin Panofsky）著，李元春譯，《造型藝術的意義》，台北：遠流出版社，1997.7。

3. 英文原版：E.H. Gombrich, *THE SENSE OF ORDER －A study in the psychology of decorative art*. New York: Phaidon Press Inc., Second edition, 1984。

4. 中文譯本：（英）E.H.貢布里希（Ernest Hans Gombrich）著，范景中、楊思梁、徐一維譯，《秩序感──裝飾藝術的心理學研究》，長沙市：湖南科學技術出版社，2000.01。

5. 英文原版：Lu Weijing, *True To Her Word: The Faithful Maiden Cult In Late Imperial China*. Stanford: Stanford University Press, 2008。

6. 中文譯本：（美）盧葦菁著，秦立彥譯，《矢志不渝：明清時期的貞女現象》，南京：江蘇人民出版社，2010.11。

五、期刊論文

1. 尹章義，〈清代台灣婦女的社會地位〉，《歷史月刊》，26（台北市，1990.3），頁 33～41。

2. 牛治平，〈古代婦女的貞節觀〉，《歷史月刊》，26（台北市，1990.3），頁 19～24。

3. 王傳滿，〈明清徽州節烈婦女的牌坊旌表〉，《文山師範高等專科學校學報》23：2（雲南，2010.6），頁 43～46。

4. 付秀飛、謝甜瓊，〈中國牌坊在公共空間中的作用〉，《藝術探索》，25：1（廣西壯族自治區南寧市，2011.2），頁 128。

5. 依若蘭，〈旌表制度、傳記體例與女性史傳——論《清史稿・列女傳》賢母傳記之復興〉，《臺大歷史學報》，41（台北：2008.6），頁 165～202。

6. 朱曉娟，〈程朱學派與宋代婦女貞節觀之研究〉，國立政治大學國文教學研究所碩士論文，2003。

7. 李華鳳等，〈田野研究的理論與實務〉，《地理教育》，25（台北市，1999），頁 41～53。

8. 李興寧，〈中國古代女性貞烈觀念的強化與深化探究——以明清史籍列女傳爲討論範圍〉，《宗教哲學》42（台北，2007.12），頁 115～128。

9. 李昕，〈析中國牌坊〉，《遼寧公安司法管理幹部學院學報》，2009 年：第 4 期（遼寧省瀋陽市，2009），頁 123～124。

10. 李克克，〈單縣節孝牌坊研究〉，青島理工大學碩士學位論文，2010.12。

11. 林衡道文、高而恭圖，〈台灣西海岸的勝蹟——民國 57 年 12 月調查〉，《臺灣文獻》，20：3（南投，1970.9），頁 65～77。

12. 周宗賢，〈清代台灣節孝烈婦的旌表研究〉，《台北文獻》，35（臺北市，1976.3），頁 113～155。

13. 岸本美緒、何淑宜譯，〈明清地域社會論的反思〉，《明清交替と江南社會》（東京，1999），頁 164～176。

14. 吳瓊媚，〈清代台灣「妾」地位之研究〉，國立臺灣師範大學歷史研究所碩士論文，2000.6。

15. 金其楨，〈論牌坊的源流及社會功能〉，《中華文化論壇》，2003 年：第 1 期（四川省成都市，2003），頁 71～75。

16. 邱玉嬌，〈明代旌表貞節婦女之研究——以《明實錄》爲中心〉，國立台北師範學院社會科教育學系九三級歷史組專題研究論文，2004.1。

17. 周坤，〈牌坊文化與徽州商人〉，《青海師範大學學報（哲學社會科學版）》，2006：2（青海，2006.3），頁 51～56。

18. 林秀琴，〈淺析閩南傳統建築屋頂文化的形成〉，《福建文博》，2009 年：第 1 期（福建省福州市，2009），頁 50～56。

19. 林瑤、阮宏宇，〈談中國建築的「門」藝術〉，《作家》，2010 年：第 8 期（吉林省長春市，2010.4），頁 255～256。

20. 柳立言，〈淺談宋代婦女的守節與再嫁〉，《新史學》，2：4（台北，1991.12），頁 37～76。

21. 范存星、謝翠琴，〈中國傳統景觀建築與國外景觀建築的比較辨析——以法國的凱旋門與明清的牌坊爲例〉，《內蒙古科技與經濟》，第 19 期，總第 149 期（內蒙古自治區呼和浩特市，2007.10），頁 107～108。

22. 胡剛，〈湖南石雕牌坊及其裝飾設計研究〉，湖南師範大學碩士學位論文，2010.4。

23. 苗紅磊，〈單縣石牌坊及其石雕藝術略考〉，《設計藝術研究》，2011 年：第 3 期（湖北省武漢市，2011.6），頁 83～87。

24. 柴旭健，〈從母權制到處女情結看女權的衰落〉，《樂山師範學院學報》，23：6（四川，2008.6），頁 59～67。

25. 耿慧玲，〈台灣碑誌中貞節現象研究〉，《朝陽人文社會學刊》，6：2（台中，2008.12），頁 121～143。

26. 徐惠廷，〈明代女性殉死行為之研究〉，國立中央大學歷史研究所碩士論文，2009.6。

27. 盛清沂，〈臺灣省清代二十五種方志暨連雅堂先生臺灣通史人物傳記索引〉，《臺灣文獻》，20：1（台北，1969.3），頁 76～127。

28. 盛清沂，〈台灣省二十三種地方志列女傳記索引〉，《台灣文獻》，20：3（台北，1969.9），頁 149～189。

29. 陳俊杰，〈明清士人階層女子守節現象〉，《二十一世紀》，27（香港，1995.2），頁 98～107。

30. 陶晉生，〈北宋婦女的再嫁與改嫁〉，《新史學》，6：3（台北，1995.9），頁 1～27。

31. 許康、張晶晶、馬利亞，〈淺析中國古代牌坊的造型藝術〉，《四川建築科學研究》，36：6（四川省成都市，2010.12），頁 236～238。

32. 陳建標，〈漳州詔安明代牌坊調查〉，《福建文博》，2009 年第 2 期（福建廈門，2009），頁 26～31。

33. 陳建標，〈漳州清代牌坊建築裝飾〉，《福建文博》，2009 年第 4 期（福建廈門，2009），頁 42～48。

34. 陳建標，〈福建明清名人墓道坊調查〉，《福建文博》，2010 年：第 2 期（福建省福州市，2010），頁 26～31。

35. 陳建標，〈屏南縣清代節孝坊群的保護與利用〉，《福建文博》，2010 年：第 4 期（福建省福州市，2010），頁 27～32。

36. 陳建標，〈福建漳州城明代功名坊建築探略〉，《南方文物》，2010 年：第 4 期（福建省福州市，2010），頁 174～177。

37. 陳建標，〈福建歷史建築瑰寶──仙游清代「樂善好施」坊〉，《文博》，2010 年：第 6 期（陝西省西安市，2010），頁 66～70。

38. 張邦煒，〈宋代婦女的再嫁問題和社會地位〉，《中國婦女史論集》，3（台北，1993.3），頁 61～95。

39. 黃玫瑄，〈宋代旌表研究〉，國立成功大學碩論，1995。

40. 黃麗君，〈孝治天下——入關前後滿族孝道觀念之轉化及其影響〉，國立中正大學歷史研究所碩士論文，2006.11。

41. 馮雙元，〈鴟尾起源考〉，《考古與文物》，2011 年第一期（北京市，2011），頁 58～63。

42. 楊仁江，〈臺北市黃氏及周氏節孝坊之研究（上）〉，《臺北文獻》，85（臺北，1988.9），頁 1～62。

43. 楊仁江，〈臺北市黃氏及周氏節孝坊之研究（下）〉，《臺北文獻》，86（臺北，1988.12），頁 119～134。

44. 楊婉伶，〈新竹湳雅吳家的女性〉，國立臺灣師範大學歷史系碩士論文，2003.8。

45. 費絲言（Janet M.Theiss），〈醜事，盛清的貞節政治〉，《近代中國婦女史研究》14（台北，2006.12），頁 255～271。

46. 張獻梅，〈宋代理學禁錮女性在建築上的反映〉，《重慶科技學院學報（社會科學版）》，2007：4（重慶，2007.8），頁 125～126。

47. 葉青，〈從敘事特徵看民間牌坊的功能指向——以江西奉新縣「濟美牌坊」爲例〉，《江西社會科學》，2008 年：第 12 期（江西省南昌市，2008.12），頁 30～39。

48. 楊芳，〈連城清代木雕花板調查〉，《福建文博》，2010 年：第 2 期（福建省福州市，2010），頁 59～63。

49. 馮雙元，〈鴟尾起源考〉，《考古與文物》，2011 年：第 1 期（陝西省西安市，2011.2），頁 58～63。

50. 趙世瑜，〈田野工作與文獻工作——民間文化史研究的一點體驗〉，《民俗研究》，1996 年第 1 期（山東省濟南市，1996），頁 8～14。

51. 樓建龍，〈福建傳統民居區系類型概述〉，《福建文博》，2009 年：第 2 期（福建省福州市，2009），頁 13～17。

52. 劉紀華，〈中國貞節觀念的歷史演變〉，《中國婦女史論集》，4（台北，1995），頁 101～129。

53. 劉佳，〈角色扮演與榜樣塑造——清代台灣烈女群體的地域差異〉，《新北大・史學》，卷 7（台北，2009.10），頁 83～128。

54. 蘇秋金，〈近代八里觀音山石傳統打石業之發展〉，《北藝大文資學院學術研討會》，2008.12.04 於北藝大國際會議廳。

六、數位化資料

1. 臺灣總督府公文類纂數位化檔案，臺北城內旌表ヲ公園豫定地內へ移轉ノ件，0502-006，0046。

附錄一：台灣本島現存牌坊圖表 A

依建坊時間先後順序排列

朝代	圖片

泮宮坊（乾隆 14 年，1748）	接官亭坊（乾隆 42 年，1777）
蕭氏節孝坊（嘉慶 5 年，1800）	重道崇文坊（嘉慶 20 年，1815）

朝代	圖片	
道光	 楊氏節孝坊（道光 4 年，1824）	 林氏貞孝坊（道光 28 年，1848）
咸豐	 周氏節孝坊（咸豐 11 年，1861）	
同治	 張氏節孝坊（同治 10 年，1871）	

朝代	圖片
光緒	 蘇氏節孝坊（光緒 6 年，1880）　　李錫金孝子坊（光緒 7 年，1881） 　 黃氏節孝坊（光緒 8 年，1882）　　賴氏節孝坊（光緒 9 年，1883）  急公好義坊（光緒 14 年，1888）

圖表註：

1. 紅色箭號表示「捲雲紋」收結處。
2. 除李錫金孝子坊照片參考張德南《新竹的牌坊》外，〔註1〕其餘照片皆筆者自攝。製圖表
　　日期：2013.03.20。

―――――――――――――

〔註 1〕 張德南，《新竹市的牌坊》，頁 98。

附錄二：金門現存牌坊圖表

朝代	圖片	
明代	陳禎恩榮坊	
清代	邱良功母節孝坊（嘉慶 17 年，1812）	邱良功墓坊（嘉慶 24 年，1819）

朝代	圖片
	  顏氏節孝坊（道光 5 年，1825）　　一門三節坊（道光 11 年，1831）

圖表註：
1. 紅色箭號表示「捲雲紋」收結處。
2. 圖片來源
　陳禎恩榮坊：金門國家公園保育知識平台，
　http://biogis.kmnp.gov.tw/main/bld_info.html#id=a144，2013.04.12。
　邱良功母節孝坊：金門觀光旅遊網，
　http://tour.kinmen.gov.tw/chinese/spot_detail.aspx?sn=409，2013.04.10。
　邱良功墓坊：金門觀光旅遊網，
　http://tour.kinmen.gov.tw/chinese/spot_detail.aspx?sn=409，2013.04.10。
　顏氏節孝坊：金門國家公園（一）網頁，http://forestlife.info/Onair/401.htm，2013.04.10。
　一門三節坊：金門觀光旅遊網，
　http://tour.kinmen.gov.tw/chinese/spot_detail.aspx?sn=409，2013.04.10。

附錄三：台灣本島現存牌坊圖表 B

依現行行政區域位置由北而南順序排列

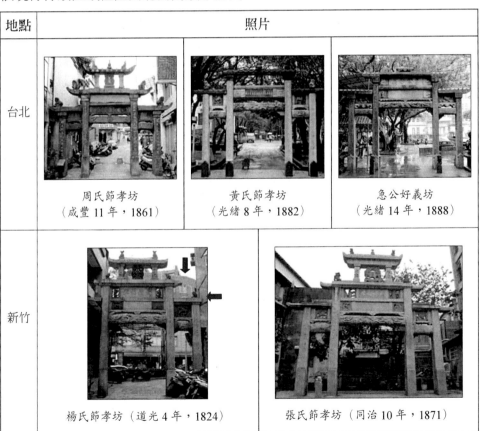

地點	照片		
台北	周氏節孝坊 （咸豐 11 年，1861）	黃氏節孝坊 （光緒 8 年，1882）	急公好義坊 （光緒 14 年，1888）
新竹	楊氏節孝坊（道光 4 年，1824）	張氏節孝坊（同治 10 年，1871）	

地點	照片	
	 蘇氏節孝坊（光緒 6 年，1880）	 李錫金孝子坊（光緒 7 年，1881）
苗栗	 賴氏節孝坊（光緒 9 年，1883）	
台中	 林氏貞孝坊（道光 28 年，1848）	

地點	照片	
台南	 泮宮坊（乾隆 14 年，1748）	 接官亭坊（乾隆 42，1777）
	 蕭氏節孝坊（嘉慶 5 年，1800）	 重道崇文坊（嘉慶 20 年，1815）

圖表註：

1. 紅色箭號表示「捲雲紋」收結處。
2. 除李錫金孝子坊照片參考張德南《新竹的牌坊》外，〔註 1〕其餘照片皆筆者自攝。製圖表日期：2013.03.20。

〔註 1〕 張德南，《新竹市的牌坊》，頁 98。

附錄四：台灣本島現存清代貞節孝坊之各部位圖像表

		1	2	3	4	5	6	7	8
坊　名		臺南蕭氏節孝坊	新竹楊氏節孝坊	台中林氏貞孝坊	北投周氏節孝坊	新竹張氏節孝坊	新竹蘇氏節孝坊	臺北黃氏節孝坊	苗栗賴氏節孝坊
建坊年代		嘉慶5 1800	道光4 1824	道光28 1848	咸豐11 1861	同治10 1871	光緒6 1880	光緒8 1882	光緒9 1883
類　別		節孝坊	節孝坊	貞孝坊	節孝坊	節孝坊	節孝坊	節孝坊	節孝坊
形　式		二柱一間二層二樓	四柱三間三層一樓	四柱三間二層三樓	四柱三間三層五樓	四柱三間三層五樓	四柱三間三層一樓	四柱三間二層三樓	四柱三間三層一樓
匾額題字		節孝	天旌節孝	匾額與字板合一，為旌表之女主人與覈實官員之名	天旌節孝〔註1〕	天旌節孝	節孝	節孝	天旌節孝
上層飾物	簷頂兩側	無	圓雕蚩尾	無	圓雕蚩尾（補）	圓雕蚩尾〔註2〕	無〔註3〕	圓雕蚩尾	圓雕蚩尾
	中	圓雕葫蘆	無	無	圓雕葫蘆（補）〔註4〕	圓雕葫蘆〔註5〕	圓雕葫蘆	圓雕葫蘆	圓雕葫蘆

〔註1〕 根據：張德南，《新竹市的牌坊》，頁36，表二，此匾額原遺失，現者為後製。
〔註2〕 根據：張德南，《新竹市的牌坊》，頁36，表二，此蚩尾原遺失，現者為後製。
〔註3〕 根據：張德南，《新竹市的牌坊》，頁90～91，所引之舊照片，此坊之上簷、中簷、下簷之兩端分別為圓雕蚩尾、圓雕坐獅、圓雕坐獅。
〔註4〕 張德南調查時，無葫蘆，筆者調查時已重製。筆者調查日期：2011.02.26。
〔註5〕 根據：張德南，《新竹市的牌坊》，頁36，表二，此葫蘆原遺失，現者為後製。

		1	2	3	4	5	6	7	8
坊名		臺南蕭氏節孝坊	新竹楊氏節孝坊	台中林氏貞孝坊	北投周氏節孝坊	新竹張氏節孝坊	新竹蘇氏節孝坊	臺北黃氏節孝坊	苗栗賴氏節孝坊
	聖旨碑	存	存	存	存	有〔註6〕	存	無	存
	侏儒柱	有櫨枓之花草浮雕	有櫨枓之花草浮雕	無	有櫨枓之「梅」、「蘭」浮雕，雙面相同。	有櫨枓之花草浮雕	有櫨枓之花草浮雕	無	有櫨枓之花草浮雕
中層飾物	簷頂兩側	無中層	圓雕坐獅	只有上下層，無中層。	圓雕坐獅（補）	圓雕坐獅〔註7〕	無	無中層	圓雕坐獅
	摺柱		長條形素面		整片石板，以淺浮雕竹節柱分隔區額與兩邊花板	長條形素面	淺浮雕竹節		竹節紋圓短柱
	花板		透雕「加冠」、「晉祿」		無紋飾	透雕「加冠」、「晉祿」	透雕「加冠」、「晉祿」		高浮雕陽面:「清官赴任」「蘇武牧羊」陰面:「孔明夜送出師表」「以乳餵姑」
下層飾物	簷頂兩側	無	圓雕坐獅（右方沒入民宅）	無	圓雕坐獅（補）	圓雕蚩尾〔註8〕	無	圓雕坐獅	圓雕坐獅
	明間摺柱	陰刻文字	長條形素面	無摺柱	整片石板，以淺浮雕竹節柱分隔字板〔註9〕與兩邊花板	長條形素面	長條形素面	整片石板，以淺浮雕竹節柱分隔字板與兩邊花板	長條形素面
	明間花板	高浮雕「加冠」、「晉祿」	高浮雕陽:「以乳餵姑」「孔明夜送出師表」陰:「蘇武牧羊」，另一圖像待考。	陽面：兩側花板空白陰面:「山茶花」、「菊花」	陽面：陰刻立坊之後代陰面:陰刻立坊之後代	透雕圖像待考	透雕「孔明夜送出師表」「狄仁傑望雲思親」	淺浮雕無法判斷陽、陰面。四面紋飾為:「岳母為子刺青」、「清官赴任」、「蘇武牧羊」，另一圖像待考。	高浮雕「加冠」、「晉祿」

〔註6〕 根據：張德南，《新竹市的牌坊》，頁36，表二，此聖指碑原遺失，現者為後製。

〔註7〕 根據：張德南，《新竹市的牌坊》，頁36，表二，此坐獅原遺失，現者為後製。

〔註8〕 根據：張德南，《新竹市的牌坊》，頁36，表二，此蚩尾原遺失，現者為後製。

〔註9〕 字板亦可稱為「事蹟枋」。

坊 名		1 臺南蕭氏節孝坊	2 新竹楊氏節孝坊	3 台中林氏貞孝坊	4 北投周氏節孝坊	5 新竹張氏節孝坊	6 新竹蘇氏節孝坊	7 臺北黃氏節孝坊	8 苗栗賴氏節孝坊
額枋刻飾		高浮雕「龍首籠頭雙龍一火珠」與「龍首籠頭雙鳳一火珠」	高浮雕陽：「龍首籠頭雙龍一火珠」陰：「龍首籠頭雙鳳一火珠」	高浮雕陽：「龍首籠頭雙龍一火珠」陰：「龍首籠頭雙鳳一火珠」〔註10〕	高浮雕陽面、陰面均為：「龍首籠頭中間一火珠」	高浮雕雙面均為「龍首籠頭雙龍一火珠」	高浮雕陽：「龍首籠頭雙龍一火珠」陰：「龍首籠頭雙鳳一火珠」	高浮雕一面：「龍首籠頭雙龍一火珠」一面：「龍首籠頭雙鳳一火珠」	高浮雕陽：「龍首籠頭雙龍一火珠」陰：龍首籠頭尚可辨認，其餘圖像風化。
次間內容	兩側花板	無次間	高浮雕「回首麒麟」	陽面：陰刻文字「性貞守篤」、「貞潔可風」陰面：上：陰刻文字「貞節流芳」、「貞節性成」下：陰線刻「回首麒麟」	陽面：陰刻文字「玉比」「冰凜」陰面：陰刻文字「淒風」「苦雨」	鏤雕「回首麒麟」	鏤雕「回首麒麟」	高浮雕「回首麒麟」	高浮雕「回首麒麟」
	小額枋		月梁形淺浮雕陽：「回首麒麟」陰：「祥鶴」	月梁形浮雕陽：「回首鷹」、「魚躍龍門」	月梁形有開光，然紋飾已風化難辨。	月梁形，中間開光，淺浮雕陽：「書」「畫」陰：「琴」「棋」	月梁形淺浮雕陽：「琴」「棋」陰：「書」「畫」	月梁形淺浮雕「琴」「棋」「書」「畫」	圖像風化，不易辨認。
柱		抹角方柱，柱頂有櫨枓	抹角方柱，中柱頂有櫨枓	抹角方柱，四柱頂皆有櫨枓，陰面次間櫨枓淺浮雕「棋」、「畫」	抹角方柱，四柱頂皆有櫨枓	抹角方柱，四柱頂皆有櫨枓	抹角方柱，四柱頂皆有櫨枓	抹角方柱，中柱頂有櫨枓	抹角方柱，中柱頂有雕刻櫨枓樣式。
夾桿石護欄	層數	二層	二層	二層	二層	二層	二層	二層	二層
	紋飾	邊緣雕成抹角加溝紋，頂部為壺紋造形，其餘素面。	邊角為雙弧，平頂，其餘素面無紋。	邊角為雙弧，平頂，其餘素面無紋。	邊角為雙弧，平頂，兩側抹角加溝紋。	邊角為雙弧，平頂，其餘素面無紋。	邊角削掉，其餘素面無紋。	邊緣雕成抹角加溝紋，頂部為五弧造形，其餘素面。	中柱夾杆石為半圓柱形，頂部半圓剖面斜切，邊柱頂部為五弧造形，其餘素面。

表註：筆者根據本論文主題，截選自張德南，《新竹市的牌坊》，頁36，表二，並根據筆者實地調查的資料作部分修改。

〔註10〕紋飾有風化情形，鳳形模糊。

附錄五：各種雕刻圖像的象徵意涵表

單一動物類（按筆畫順序排列）

筆畫	名稱	象　徵　意　義	備　　註
6	羊	1.羊／祥音近，吉祥之意。 2.羊／美形近，美好之意。 羊／陽諧音，大地春回、和氣初生。 ⇨三陽開泰、九陽啓泰。	
8	虎	勇猛威武，能驅妖鎮宅、驅邪避災。	
11	鹿	1.鹿／祿諧音，爲仕途暢達、升官晉爵、高官厚祿之意。 2.鹿也象徵地位、政權。	
	魚	1.魚／餘諧音，魚／玉音近，魚＋水塘＋荷蓮：金玉（魚）滿堂、連年（蓮）有餘。 2.鯉魚爲龍的一個分支，「鯉魚躍龍門」、「鯉魚騰浪」乃祝人高中科舉、金榜題名、榮登仕途。 3.鯉／利音近，魚／餘諧音，有「富貴有餘」、「年年有餘」之意。	
12	象	1.「太平有象」，國家長治久安、物阜民豐。 2.象爲普賢菩薩的坐騎，諧音「祥」，有吉祥納福之意。 3.舜以象耕田，有孝順之意。	康諾錫，《臺灣古建築裝飾圖鑑》，頁64～65。
13	獅	1.百獸之王，力量與威武的象徵。 2.法的擁護者。〔註1〕	1.雙獅滾繡球爲民間常用之題材，可視爲「太師、少師」

〔註 1〕 陳建標，〈漳州清代牌坊建築裝飾〉，頁 47。

筆畫	名稱	象　徵　意　義	備　　註
		3.在佛教中爲護衛神。〔註2〕 4.獸／壽諧音，有祝壽祈福之意。	之寓意。又相傳「繡球」爲雌雄兩獅相戲時，牠們的毛纏在一起滾動而成，球內能再生出小獅。〔註3〕 2.獅多立於抱柱石之上，在牌坊前後，起守衛保護之意。 3.形態有：蹲獅、倒爬（匐）獅等。
	(松)鼠	多子多孫	
15	蝙蝠	1.蝠／福諧音，爲運氣幸福的象徵。 2.兩隻爲「雙福」，四隻爲「四福」或「賜福」。 3.五蝠（福）：長壽、健康、富裕、平安、人丁興旺、子孫滿堂。 4.蝙蝠繞雲：福運（雲／運音近）	1.四福：全、壽、富、貴。〔註4〕
17	龍	1.皇帝。 2.權力與富貴。　3.皇家的高貴與尊嚴。 　　　　　　　4.出類拔萃的優異人才。	
	鳳	1.皇后。 2.權力、美好、吉祥。	
	龜	長壽。	「鶴、龜、松」三者常被雕刻在一起，象徵健康、長壽、幸福。
18	雞	1.報曉，被視爲太陽鳥，護衛太陽，象徵光明美好。 2.雞／吉諧音，象徵吉祥。	
	(螃)蟹	1.有甲之水族，象徵高中科甲。 2.二隻螃蟹象徵「二甲」，螯上夾之「蘆葦草」與「臚」諧音，象徵「二甲傳臚」，祝人金榜題名、仕途順利。	康諾錫，《臺灣古建築裝飾圖鑑》，頁66。
19	麒麟	1.避邪驅凶，招財納寶。 2.社會太平，盛世來臨。 3.傑出的人才。	1.《說文》：「行止中規中矩，性溫良，不踩生蟲，不折草木，是祥瑞的象徵。」〔註5〕 2.《孔子家語・執轡》：「鳥之屬三百六十，鳳，鳥之長，又飛則群鳥從，出則王正

〔註2〕　相傳佛祖出生時，有五百獅子從白雪中走來侍列門前迎接佛的誕生。金其楨、崔素英，《牌坊・中國》，頁57。
〔註3〕　康諾錫，《臺灣古建築裝飾圖鑑》，頁62。
〔註4〕　胡剛，〈湖南石雕牌坊及其裝飾設計研究〉，頁33。
〔註5〕　康諾錫，《臺灣古建築裝飾圖鑑》，頁50。

筆畫	名稱	象　徵　意　義	備　　　註
			平，國有道。」〔註6〕 3. 麒麟能送太平之子，此子將為賢臣良將，因此「麒麟送子」紋飾經常出現在牌坊的雕刻圖案中。
	蟾	與金蟾相連，象徵富貴。	
21	鶴	幸福、愛情、長壽。	

單一植物類（按筆畫順序排列）

筆畫	名稱	象　徵　意　義	備　　　註
4	月季花	能四季常開的花朵，稱為花之皇后。插於瓶中，象徵四季平安。	
6	竹	1. 竹節象徵氣節，亦有節節高升之意。 2. 竹管空心象徵虛心。	1. 蘇東坡：「寧可食無肉，不可居無竹。」 2. 花之四君子之一。
	向日葵	因其向日的特性，象徵人追求光明美好的願望。	
7	牡丹	花形碩大，有百花之王的美稱，為富貴繁榮的象徵。	周敦頤，〈愛蓮說〉，「牡丹，花之富貴者也。」
8	松	長壽。	
11	荷花	1. 與蓮花同，為花中君子，象徵清廉、正直、氣節高尚。 2. 為佛教的吉祥寶物，象徵聖潔。	1. 周敦頤，〈愛蓮說〉，「蓮，花之君子者也。」 2. 用於牌坊上，表達頌揚讚美之意。
	梅花	歲寒而開，象徵不畏艱險，堅貞不屈的品格。	花之四君子之一。
12	菊	秋天開花，象徵一個人氣節高尚，不趨炎附勢，亦為隱者的象徵。	1. 周敦頤，〈愛蓮說〉，「菊，花之隱逸者也。」 2. 花之四君子之一。
13	葡萄	1. 甘美的果實，象徵人們對美好結果的追求。 2. 多子多孫	象徵多子多孫者還有：葫蘆、石榴。
20	蘭花	1. 四清：氣清、色清、神清、韻清。 2. 為花中君子。 3. 象徵高潔清雅。	1. 詩文之美稱為「蘭章」，真誠的友誼為「蘭交」，良友為「蘭客」。 2. 花之四君子之一。

〔註 6〕 施鎮洋、李榮聰，《鹿港龍山寺‧天后宮木雕藝術概覽》，頁 46。

其它類

筆畫	名稱	象　徵　意　義	備　　註
2	卍	佛教中為萬德吉祥，吉祥之所集的象徵。	在牌坊上，常被用來裝飾圖案的邊框或地紋，以表吉祥。
6	如意	象徵稱心如意，萬事如意。	如意頭之靈芝狀或雲葉狀的紋飾，經常被雕飾於牌坊之額枋與柱子的兩端，以做為吉祥如意的象徵。
8	河圖洛書	象徵聖人受命、積德累業、豐功厚利、澤被大眾。	《易經‧繫辭上傳》：「河出圖，洛出書，聖人則之。」「伏羲氏王天下，龍馬出河，遂則其文，以畫八卦曰：『河圖』；禹治水，洛出書，法而成之，作洪範曰『洛書』。」〔註7〕
14	綬帶	1.授／壽諧音，寓有長生不老之意。 2.暗指為印紐的絲帶，為高官顯爵的標幟。	綬帶形式有時會表現在鳥尾巴上，此鳥稱為綬帶鳥。〔註8〕
16	燈（燈籠）	燈／登諧音，燈／丁音近，有登科、豐登、添丁等吉祥之意。	

組合類（按筆畫與諧音順序排列）

筆畫	組合物件	象　徵	備　　註
2	八寶：法螺、法輪、寶傘、白蓋、蓮花、寶瓶、金魚、盤長	為八件佛家符號，象徵八吉祥。	
	卍、壽、囍字	壽喜萬年	
4	水仙、海棠	金玉滿堂。	
5	（金）瓜、松鼠	1.金瓜多子、瓜瓞綿綿。 2.松鼠／送子音近，又繁殖力強，有「子孫萬代、宗族繁盛」之意。 3.松鼠亦被視為「錢鼠」，有「錢鼠運金」之意。	
6	竹、梅、授帶	齊眉到老、齊眉祝壽。	

〔註7〕 康諾錫，《臺灣古建築裝飾圖鑑》，頁109。
〔註8〕 康諾錫，《臺灣古建築裝飾圖鑑》，頁140。

筆畫	組合物件	象　　徵	備　　註
7 牡	牡丹、蝴蝶	富貴無敵。	
	牡丹、蝴蝶、貓	1. 貓、蝶／耄耋音近，象徵長壽。 2. 「富貴長壽」、「福壽雙全」之意。	
	牡丹、白頭翁	富貴白頭、富貴長久	
	牡丹、芙蓉	榮華富貴。	
	牡丹、海棠	光宗耀祖、光耀門庭。	
	牡丹、桃花	富貴長壽。	
	牡丹、玉蘭、海棠	富貴滿堂。	
	牡丹、卍字形雲紋	富貴萬年。	
8	花、瓶；四季花、瓶	平安；四季平安	
9	（玉）兔、月亮	喜悅、高興。	
10	豹、喜雀、瓶	報喜、報平安。	
豹	豹兩隻或豹三隻、喜雀	雙報喜、三報喜。	
茶	茶花、百合、萬年青、盒子	百年和合。	
11 鳥	（百）鳥、鳳	百鳥朝鳳，喜慶、知恩圖報。	傳說鳳曾救過許多小鳥。〔註9〕
鹿	鹿、鶴、梧桐樹、桃花樹	六合同春，吉祥如意。	
	鹿、鶴、松樹	1. 松樹代表春，象徵六合同春。 2. 松、鶴代表長壽，鹿代表福祿，象徵福壽綿綿。	
	鹿、松、鵪鶉	松鹿安居，吉祥高壽、安居常樂。	
	鹿、鐘	鹿鼎鐘鳴，天下太平。	
	鹿、竹	祝祿平安、福祿雙全	
	鹿、猴	祿侯	

〔註 9〕 金其楨、崔素英，《牌坊・中國》，頁 59。

筆畫	組合物件	象　　徵	備　　註
魚	（金）魚、池塘	金玉滿堂。	
荷	荷花、圓盒、如意	和合如意。	
12 猴	猴、馬	馬上封侯，官運亨通。	
喜	喜鵲兩隻	喜上加喜、雙喜臨門。	
	喜鵲、梅花	喜上眉梢。	
13	大獅、小獅	太師、少師。	太師為「三公」之首（太師、太傅、太保），少師為「三孤」之首（少師、少傅、少保），均為古代之高官顯爵，有祝人官居高位、飛黃騰達之意，一般代表「祥瑞」之意。〔註10〕
獅	獅子、授帶	世世代代。	
	獅子、鸚鵡、茶花	英雄豪傑	
	（秋）葵、玉蘭	玉堂生魁。	
蜂	蜜蜂、猴子、籠中畫眉（一角：猴子攀於山岩舉長竿捅蜂窩，另一角懸於枝頭的籠中鳥，迎風唱啾。）	掛印（音）封侯。	
14	鳳、太陽	鳳鳴朝陽、丹鳳紅日，太平美好，賢才逢明主。	
鳳	鳳凰、麒麟	盛世太平。	
	鳳凰、牡丹	鳳穿牡丹，美好光明、吉祥富貴。	
	鳳凰、牡丹、麒麟	三王獻瑞	康諾錫，《臺灣古建築裝飾圖鑑》，頁52。
旗	旗、球、戟、磬	「祈求吉慶」的諧音	
15	蝙蝠、鹿	福祿雙全	
蝠	五蝠＋壽桃	五福捧壽	

〔註10〕 康諾錫，《臺灣古建築裝飾圖鑑》，頁55。

筆畫	組合物件	象　　徵	備　　註
	五蝠、荷花、圓盒	五福和合	
	蝙蝠、古錢	福在眼前	
	蝙蝠、松	福壽延年	
	蝙蝠、海	福如東海	
	蝙蝠、壽桃、古錢	福壽雙全	
	蝙蝠、海水、壽桃、大山	福海壽山	
蓮	蓮花、芭蕉	連招貴子	康諾錫，《臺灣古建築裝飾圖鑑》，頁46。
16	（春）燕、桃花	長春比翼。	
17	龍、鳳	龍鳳呈祥，夫婦生活美滿幸福。	
19	麒麟、彩球	麟戲彩球，吉祥富貴。	
麒	麒麟、蘭花、山	壽比南山。	
	麒麟、蝙蝠	麒麟賜福	
	（錦）雞、繡球	錦繡前程。	
雞	高歌雄雞、百花盛開	歌頌功德、昇平祥和。	
	公雞、雞冠花	1.公／功諧音、雞／吉音近、冠／官諧音、鳴／名諧音。 2.雞冠花與雞冠為紅色。 3.以上皆有官上加官、連連晉升、官位顯赫之意。	
20	鶴、卍字不斷頭、祥雲	福壽萬年。	
鶴	鶴、潮水	一品當朝，象徵榮升高官。	
	鶴、荷花、蓮蓬	健康長壽，和合美美	
	鶴、鹿	賀祿	
24	鷺鷥、蓮花	一路連科	
30	鸞、鳳	鸞鳳和鳴，婚姻美滿。	

典故類（按首字筆畫順序排列）

筆畫	典故名稱	典 故 內 容	備 註
2	八仙過海 八仙祝壽	八仙聚於蓬萊閣飲酒，酒酣之時，鐵拐李提議至海上一遊。眾仙齊附，並定下規則：各憑道法渡海，不得乘舟。漢鍾離率先丟出芭蕉扇，坦胸露肚仰躺於扇上，向海中漂去。何仙姑將荷花往水中一拋，佇立於上，隨波漂遊。隨後，其他六人也借助各自寶物大顯神通，傲遊東侮。這就是：「八仙過海，各顯神通」的由來。 八仙過海與東海龍王及蝦兵蟹將發生衝突，東海龍王乘八仙不備，將藍采和擒入龍宮。雙方在海上激烈交戰，恰好南海觀音菩薩經過，出面調停，直至東海龍王釋放藍采和，雙方才罷戰。	1.明八仙：李鐵拐、漢鍾離、張果老、何仙姑、呂洞賓、藍采和、韓湘子、曹國舅等八位仙人。 2.暗八仙與坐騎：指八位仙人的法器與所乘之神獸。漢鍾離：芭蕉扇／麒麟、狻猊；李鐵拐：葫蘆／虎；呂洞賓：寶劍／馬、狻猊、象；張果老：魚鼓／驢；曹國舅：玉板／馬、象；何仙姑：蓮花／鹿；韓湘子：笛子／牛、麒麟；藍采和：花籃／獨角獸。
8	秉筆直書	春秋時代，晉國的太史董狐，不畏強梁而直書「趙盾弒其君」，因而博得孔子的讚譽：「董狐古之良史也，書法不隱！」寫史書根據事實記錄，不隱諱。如同「直筆」。	文天祥，〈正氣歌〉：「在齊太史簡，在晉董狐筆。」
11	麻姑獻壽	道教神話人物。據《神仙傳》記載，其為女性，修道于牟州東南姑餘山，中國東漢時應仙人王方平之召降于蔡經家，年十八九，貌美，自謂「已見東海三次變為桑田」。故古時以麻姑喻高壽。又流傳有三月三日西王母壽辰，麻姑于絳珠河邊以靈芝釀酒祝壽的故事。過去民間為女性祝壽多贈麻姑像，取名麻姑獻壽。	1.麻姑頂中作髻，餘髮垂腰，肩托木竿掛花籃，籃內有靈芝草，旁有鹿相隨。 2.通常用作賀女壽。〔註11〕
13	楊震拒金	漢朝時的楊震，為官非常清廉，經常為國家舉薦人才。他在東萊擔任太守時，舉薦了王密當昌邑令。王密為表感謝，帶了黃金相贈。楊震看到送來的黃金，不僅拒絕還對王密曉以大義。王密聽完之後，覺得很慚愧，就把黃金帶走了。因為楊震的清廉，成了他的後代子孫的榜樣，他的兒子秉、孫子賜、曾孫彪，官職都做到三公的地位，都是國家的棟樑之臣。	象徵品格高尚清廉

〔註11〕 康諾錫，《臺灣古建築裝飾圖鑑》，頁156。

筆畫	典故名稱	典　故　內　容	備　　註
14	漁樵耕讀	漁夫、樵夫、農夫、士子。	各行各業，各司其職，表太平盛世。
	精忠報國	南宋初年，金兵入侵，相傳岳飛母親為鼓勵兒子效國家，在他要去從軍之前，在他背上刺了「精忠報國」四個大字。孝順的岳飛不敢忘記母親的教訓，那四個字成為岳飛終生遵奉的信條。	象徵忠貞
20	蘇武牧羊	漢武帝時，中郎將蘇武奉命出使匈奴，被匈奴單于囚禁冰窟逼降，他飲雪吞氈，堅決不從。後來又把他遣送到北海邊上牧放公羊，說要等公羊產奶之後才能放他回朝。蘇武不顧威脅利誘，不怕艱苦折磨，堅持十九年而終不屈服。	象徵志節高尚忠堅貞

表註：
1. 筆者參考以下資料，整理製表。製表日期：2013.01.22。
   施鎮洋、李榮聰，《鹿港龍山寺‧天后宮木雕藝術概覽》。
   萬幼楠，《中國建築‧013‧牌坊》，頁 10。
   陳建標，〈漳州清代牌坊建築裝飾〉，頁 45～48。
   李昕，〈析中國牌坊〉，《遼寧公安司法管理幹部學報》，頁 124。
   胡剛，〈湖南石雕牌坊及其裝飾設計研究〉，頁 32～39。
   陳諾，〈牌坊中圖案的象徵意義——以四川雅安上裡古鎮韓氏雙節孝牌坊為例〉，頁 204～205。
   金其楨、崔素英，《牌坊‧中國》，頁 56～66。
   康諾錫，《臺灣古建築裝飾圖鑑》。
2. 裝飾圖像會隨時間與環境不同而有所增減或改變，本表所列未能竟全。
3. 本表只註列較不熟悉之圖像象徵意之出處。

附錄六：台灣本島現存八座貞節牌坊之陽面與陰面之判斷資料表

現今位址	名稱	事蹟枋文字之同異	事蹟枋有無重修	獅座情形	位址道路情形	有無遷建
台北	周氏節孝坊	雙面不同	無	有 獅座正面之事蹟枋文字為「與女主人相關文字」	雙面通道	無
	黃氏節孝坊	雙面相同	有	有 獅座呈側坐，獅頭無偏向，無法從獅座判斷正反面。	雙向通道	有
新竹	楊氏節孝坊	雙面不同	無	有 獅座正面之事蹟枋文字為「覈實官員名」	雙面通道	無
	張氏節孝坊	雙面不同	有	有 獅座正面之事蹟枋文字為「與女主人相關文字」	位於道路旁，坊的一面被阻隔，無法通行。	無
	蘇氏節孝坊	雙面不同	無	無 無法從獅座判斷 ※張德南：陽面為「與女主人相關文字」。〔註1〕	位於道路旁，坊的一面被阻隔，無法通行。	無
苗栗	賴氏節孝坊	雙面相同	有	有 但因事蹟枋雙面文字相同，故無法判斷。	位於道路旁，坊的一面被阻隔，無法通行。	有

〔註1〕 根據張德南《新竹市的牌坊》所引之牌坊舊照，中層與下層護檐上之獅座可判斷其陽面為「與女主人相關文字」。張德南，《新竹市的牌坊》，頁90。

現今位址	名稱	事蹟枋文字之同異	事蹟枋有無重修	獅 座 情 形	位址道路情形	有無遷建
台中	林氏貞孝坊	雙面不同	無	無	位於道路旁，僅可供行人穿越。	有
台南	蕭氏節孝坊	雙面相同	無	無	雙面通道	無

表註：筆者根據自行調查資料繪製，2011.12.24。

附錄七：台灣本島現存清代牌坊調查表

台南市　蕭氏　節孝坊

地點	■原址：台南市中西區府前路一段 304 巷 3 號前				調查者	施雲萍
	□遷建：無					
年代	旌表年代：嘉慶 3 年（1798）〔註 1〕				調查日期	2011/03/14
	建坊年代：嘉慶 5 年（1800）					
旌表人物	人物	蕭良（娘）〔註 2〕（監生沈耀汶之妻）			類別	□貞孝 ■節孝
	事蹟	1. 蕭良可能生於雍正元年（1723）或雍正 2 年（1724），〔註 3〕卒年不詳。 2. 蕭氏 21 歲歸耀汶，27 歲喪夫，育有二子，幼者遺腹生。				
	備註	生前旌表（嘉慶 3 年，年 75。），建坊時間爲嘉慶 5 年，因不知蕭氏卒年，故無法判斷是否爲生前建坊。			守節年數	超過 49 年
建物形式	二柱一間二層	陽面判斷	判斷依據	無法判斷 護檐無獅座，事蹟枋文字双面相同，牌坊立於雙面通道上。	材質	泉州白石 青斗石

〔註 1〕 雖然嘉慶 12 年之《續修臺灣縣志・卷三學志・列女傳》記載旌表年代爲嘉慶 2 年（1797），然本調查表依牌坊上鐫刻之文字資料：嘉慶 3 年爲準。參見：謝金鑾、鄭兼才合纂，《續修臺灣縣志》（臺灣文獻叢刊電子資料庫第 140 種），頁 237。點閱日期：2013.02.01。

〔註 2〕 「娘」字爲當時對女子經常性的稱呼，故以此判斷其名應爲「蕭良」。

〔註 3〕 根據《續修臺灣縣志・列女傳》的記載，蕭氏獲旌表時間爲嘉慶 2 年，當時蕭氏年 75，因此筆者推測其應生於雍正元年（1723）。若根據牌坊鐫刻文字，蕭氏獲旌表時間爲嘉慶 3 年，因此蕭氏出生之年應爲雍正 2 年（1724）。

| 事蹟枋
內容 | 事蹟枋與匾額合一
事蹟枋雙面文字相同
匾額：節孝
上款：旌表太學生沈耀汶妻蕭氏
下款：大清嘉慶五年陽月吉旦立 | |

建物圖片	北面 	南面 

文獻資料

1. 《續修臺灣縣志·卷三學志·列女傳》〔註4〕
   蕭氏良娘，監生沈耀汶妻，年二十一歸耀汶，二十七寡。有二子，幼者遺腹生，氏俱教至長成。事姑能色養，貞節之性，至老逾堅。有孫遊於庠。嘉慶二年旌表，現年七十有五。

2. 《臺灣古蹟全輯》〔註5〕
   清嘉慶五年（1800），旌表監生沈耀汶之妻蕭氏節孝所立。蕭氏27歲守寡，生有二子，幼遺腹，後皆受教經長成事，有孫遊於庠。

3. 《台南歷史散步（上）》〔註6〕
   蕭氏故事：蕭氏名良娘，21歲嫁予太學生沈耀汶爲妻，27歲時喪夫，從此爲夫守節，盡心撫養兩位幼兒，培育他們長大成人，同時極盡孝心侍奉公婆，十分受街坊鄰居的稱道。清嘉慶2年（1797）獲准建坊表彰，3年後，便於今址建起節孝坊。

4. 〈蕭氏節孝坊〉說明牌〔註7〕
   創建於清嘉慶五年（1800）用以旌表監生沈耀汶妻蕭氏良娘事蹟：（年二十一歸耀汶，二十七寡；有二子，幼者遺腹生，氏俱教至長成。事姑能色養，貞節之性，至老逾堅；有孫遊於庠。嘉慶二年旌表，現年七十有五）

〔註4〕 謝金鑾、鄭兼才合纂，《續修臺灣縣志·列女傳》，頁237。

〔註5〕 林衡道，《臺灣古蹟全集》，頁210。

〔註6〕 黃靜宜、王明雪主編，《台南歷史散步（上）》，頁124。

〔註7〕 筆者實地調查牌坊旁之〈蕭氏節孝坊〉說明牌後抄錄。抄錄日期：2011/03/14。

橫額題「節孝」二字，上款「旌表太學生沈耀汶妻蕭氏」，下款「大清嘉慶三年旌表，子貢生沈清澤」，〔註8〕並有朝官手托冠爵，以傳達「加冠晉爵」的吉祥圖案。「大清嘉慶三年旌表」一語，卻與方志所載不同，更爲古蹟可補史料不足的明證。

蕭氏節孝坊是全省僅見的單間二柱二樓式牌坊，也是格局最小的石造牌坊。最高五‧三二公尺，寬二‧六六公尺。坊頂用護檐兩層，中間安聖旨牌，頂檐有葫蘆飾。北向大額枋雕刻雙龍，南向大額枋雕刻雙鳳，皆以龍吻唧柱，呈現穩重有力而又生動變化的畫面。

北向石柱鐫聯：「夢熊三月守冰清畫荻垂後昆之裕，唧鳳九天榮壺秀樹坊顯夫子之名」，乃前知臺灣縣事署臺灣府兼南路理番廳周祚熙所題；南向石柱鐫聯：「敬事姑嫜全婦道，堅持冰蘗樹坤型」乃闔郡紳士仝拜題。

蕭氏待〔註9〕奉公婆盡孝，育教二子盡心，而以節孝垂名。今坊猶立於巷道，沈家後代亦居於附近，里鄰不以爲礙，而與有榮焉。

5. 《臺灣全志》卷二‧土地志‧勝蹟篇〔註10〕

蕭氏爲臺南府城太學生沈耀汶之妻，27歲守寡，撫育二子皆有所成，由地方仕紳舉薦表揚。石坊位於巷口，格局爲雙柱單間形式，額題「節孝」二字，重簷之間，中刻「聖旨」二字，坊上雕刻有牡丹、荷花等圖案。今已列爲國家第三級古蹟保存。

建物文字	北面 匾額、事蹟枋合一： 　　　　匾額：節孝 　　　　上款：旌表太學生沈耀汶妻蕭氏 　　　　下款：大清嘉慶五年陽月吉旦立 　　　　左摺柱：嘉慶元年題達 　　　　右摺柱：嘉慶三年旌表子貢生沈清澤 明間中柱聯：夢熊三月守冰清畫荻垂後昆之裕 　　　　唧鳳九天榮壺秀樹坊顯夫子之名 　　　　賜進士出身前知臺灣縣事署臺灣府兼南路理番廳南豐周祚熙題 〔印〕〔印〕 南面 匾額、事蹟枋合一： 　　　　匾額：節孝 　　　　上款：旌表太學生沈耀汶妻蕭氏 　　　　下款：大清嘉慶五年陽月吉旦立 　　　　左摺柱：嘉慶元年題達 　　　　右摺柱：嘉慶三年旌表子貢生沈清澤 明間中柱聯：敬事姑嫜全婦道 　　　　堅持冰蘗樹坤型 　　　　闔郡紳士劉四熊陳作霖韓必昌吳春貴黃汝濟仝拜贈 〔印〕〔印〕
藝術表現	石雕 雕法：圓雕、透雕、平浮雕、淺浮雕、深浮雕、陰刻。

〔註8〕 根據筆者實地調查，其下款爲「大清嘉慶五年陽月吉旦立」並非「大清嘉慶三年旌表，子貢生沈清澤」字樣。調查日期：2011/03/14及2012/07/07。

〔註9〕 「待」字筆者疑爲「侍」之別字。

〔註10〕 張素玢、陳鴻圖、鄭安晞，《臺灣全志》卷二‧土地志‧勝蹟篇，頁135。

建物線繪圖與尺寸	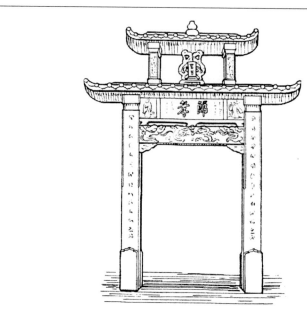 台南蕭氏節孝坊線繪圖 圖版：李乾朗，《台灣古建築圖解事典》，頁58。 尺寸 總面寬為266公分、明間寬為200公分（不含柱寬）、柱寬：33公分、總高455公分、明間額下高272公分。四柱之下前後應各有一層夾杆石，然南面左下之夾杆石遺失。夾杆石高79公分、厚8公分與9公分，為裝飾作用。牌坊四周並無石護欄。〔註11〕
備註	1. 台灣現存貞節牌坊中，年代最早者，也是唯一二柱一間形式者。 2. 保存狀況： 　（1）上檐南面立柱之櫨枓破損。 　（2）一邊護檐沒入民宅。 　（3）夾杆石少一。 　（4）陰刻字體風化嚴重，導致字跡難辨。 　（5）北面事蹟枋面有黑印，南面中柱上有水印，不易辨認字跡。 　（6）柱與枋之榫接鬆動，影響牌坊的結構穩定。 3. 根據《臺南市市區史蹟調查報告書》，從明鄭至清代古臺南市曾豎立7座貞節牌坊，其中6座已毀圮，分別為鎮北坊貞節坊（明鄭）、十字街貞節坊（康熙61年，1722）、大南門內貞節坊（乾隆10年，1745）、東安坊貞節坊（乾隆13年，1748）、上橫街節孝坊（乾隆14年，1749）、大南門外節孝坊（乾隆15年，1750）。〔註12〕

〔註11〕　筆者礙於調查器材之限制，因此總高度455的數據，參考漢寶德主持，《新竹楊氏節孝坊與李錫金孝子坊修復計畫》，頁11。
〔註12〕　洪敏麟，《臺南市市區史蹟調查報告書》，頁183～184。

※牌坊相關之圖片

上層侏儒柱破損

花板兩側產生孔隙，一方夾杆石佚失

風化嚴重
字跡難辨

新竹市　楊氏　節孝坊

地點	■原址：新竹市北區石坊里石坊街 4 號				調查者	施雲萍
	□遷建：無					
年代	旌表年代：嘉慶 24 年（1819）				調查日期	2010/01/22
	建坊年代：道光 4 年（1824）					
旌表人物	人物	楊居（娘）〔註 13〕（竹塹城民人林熾之妻）			類別	□貞孝 ■節孝
	事蹟	1. 楊氏，生卒年不詳。 2. 二十四歲喪夫，以母兼師，獨立撫育幼兒有成（子德元，後爲監生），至四十五歲而卒。				
	備註	現有史料，無法確知楊氏爲生前旌表或死後旌表。			守節年數	22 年
建物形式	四柱三間三層中柱較高式〔註 14〕	陽面判斷	判斷依據	中層、下層護簷獅座	材質	泉州白石青斗石
			事蹟枋內容	陽面：各部覈實官員名 陰面：「旌表台灣府淡水廳本城民人林熾之妻楊氏」		
建物圖片	陽面			陰面		

〔註 13〕 「娘」字爲當時對女子經常性的稱呼，故以此判斷其名應爲「楊居」。

〔註 14〕 張德南，《新竹市的牌坊》，頁 46～50。

根據張德南在此書中的分法，將四柱三間二層的牌坊構造型式分成兩種，其一爲「四柱等高式」，此種牌坊的穩定性高，護簷結構的合理性也高。另一種爲中柱較高式，此類型的牌坊節點結構較不合理，穩定性較弱，但在牌坊高度相同時，此種型式的牌坊較四柱等高式的牌坊具有高聳之感。

<table>
<tr><td rowspan="1">文獻資料</td><td>

1. 〈新竹古蹟石碑（坊）志〉手抄本〔註15〕
   說法有二：
   其一，婚禮當日，由於夫婿林熾過於忙碌或因喝酒過多，導致心臟麻痺而死亡。
   其二，林熾本已體弱多病，希望娶楊氏以沖煞病魔。然新婚之夜夫妻尚未同衾，林熾即病故。楊氏於夫婿死後，本欲殉死，在家人勸阻看顧之下，才得保全性命。楊氏奉養翁姑至孝，鄰居皆讚譽有佳。然而終因憂悶成疾，於45歲辭世。

2. 《淡水廳志》〔註16〕
   楊居娘，竹塹林熾妻。年二十四寡，卒年四十五。子德元監生，孫元會庠生，嘉慶年間旌。（「鄭稿」）

3. 《合校足本新竹縣采訪冊・卷六・坊匾》〔註17〕
   林楊氏節孝坊：在縣城西門內。

4. 《新竹市志・卷七・人物志・第八章　列女》〔註18〕
   楊氏節孝坊建於道光4年（西元1824年），位於原淡水廳治官署南南側，現此地名因建坊而得名古坊腳，是爲林熾妻楊氏節孝（因資料移失，不詳）。

5. 牌坊前之碑文：〈楊氏節孝坊簡介〉〔註19〕
   楊氏節孝坊係旌表清代新竹人林熾之妻——楊居娘而立，楊居娘24歲喪夫，堅貞守節，以母兼師，獨立撫育幼兒有成，至45歲而卒，嘉慶24年（西元1819年）獲閩浙總督董教增，福建巡撫史致光等人簽准建坊，並於道光4年（西元1824年）十二月立坊，規模爲三層四柱三間型式，材料皆選用來自大陸泉州的花崗石及青斗石，牌坊形式採取仿中國大木構造的作法，裝飾題材豐富，柱坊之間榫頭粗接，精雕的斗拱與花鳥人物，精彩呈現出傳統的工藝特色，但因林熾只是一介草民，家世不夠顯赫，所以由當地名人題刻楹聯只有兩幅，兩面相同，成爲罕見例子。
   中華民國七十四年八月十九日，經內政部公告指定爲台閩地區第三級古蹟，以宏顯其歷史與文化的重要價值。
   歲次丁丑年十二月立

6. 《台灣全志》卷二・土地志・勝蹟篇〔註20〕
   楊氏本名楊居娘，爲竹塹人林熾之妻，24歲喪夫，母代父職，撫孤孝親，直45歲逝世爲止，堅貞守節，十分感人。嘉慶24年（1819），閩浙總督董教增、福建巡撫史致光等奏請建坊褒獎，牌坊遂於道光4年（1824）建成，爲新竹地區第一座牌坊。該牌坊爲四柱三間三層格局，使用泉州花崗石及青斗石爲建材，上層爲雙龍環拱聖旨牌，中間石匾書「天旌節孝」表示皇帝核准表揚其貞節事蹟，另有石雕圖案，構圖比例等均，具有藝術及教化價值。民國74年（1985）列爲國家第三級古蹟保存。

</td></tr>
</table>

〔註15〕黃瀛豹，〈新竹古蹟石碑（坊）志〉手抄本，不具年代。本文轉引自：張德南，《新竹市的牌坊》，頁75。

〔註16〕陳培貴，《淡水廳志》，頁281～282。

〔註17〕陳朝龍著、林文龍點校，《合校足本新竹縣采訪冊》，頁313。

〔註18〕林漢泉，《新竹市志・卷七・人物志・第八章　列女》，頁⑦240。

〔註19〕筆者實地調查，抄錄自牌坊前之〈楊氏節孝坊簡介〉碑文。調查日期：2011/01/22。

〔註20〕張素玢、陳鴻圖、鄭安晞，《臺灣全志》卷二・土地志・勝蹟篇，頁134。

建物文字	**陽面** 匾額：天旌節孝 事蹟枋：諱請咨　部職官姓名 　　　　閩浙總督　董教增 　　　　福建巡撫　史致光 　　　　福建提督學政吳　椿〔註21〕 　　　　福建布政司明　山 　　　　台灣府知府鄭佐廷 　　　　彰化縣知縣吳性誠 　　　　彰化縣教諭朱開垣 　　　　彰化縣訓導張夢麟 　　　　嘉慶己卯年十二月 　　　　題准建坊 明間中柱聯：苦雨淒風未悔當年九死 　　　　　　黃章紫誥共欽此節千秋 　　　　　　天□林文斗〔註22〕頓首拜題 次間邊柱聯：問視椿萱婦能代子 　　　　　　（右側下聯沒入民宅中，研判與陰面文字相同。） **陰面** 匾額：天旌節孝 事蹟枋：旌表台灣府淡水廳本城民人林熾之妻楊氏 　　　　道光甲申年臘月立 明間中柱聯：苦雨淒風未悔當年九死 　　　　　　黃章紫誥共欽此節千秋 　　　　　　天□林文斗〔註23〕頓首拜題 次間邊柱聯：問視椿萱婦能代子 　　　　　　栽培桂樹母可兼師 　　　　　　眷極郭成金頓首拜題
藝術表現	石雕 雕法：圓雕、透雕、平浮雕、淺浮雕、深浮雕、陰刻。

〔註21〕 根據筆者的實地調查及林衡道之《台灣勝蹟採訪冊》均記爲「吳椿」，然陳朝龍之《合校足本新竹縣采訪冊‧卷六‧坊圖》卻記載爲「吳禧」。參見：林衡道，《台灣勝蹟採訪冊》，頁133（圖九）。陳朝龍著、林文龍點校，《合校足本新竹縣采訪冊》，頁313。

〔註22〕 《新竹市志》記載爲：林「光」斗。參見：林漢泉，《新竹市志‧卷七‧人物志‧第八章　列女》，頁⑦240。

〔註23〕 《新竹市志》記載爲：林「光」斗。參見：林漢泉，《新竹市志‧卷七‧人物志‧第八章　列女》，頁⑦240。

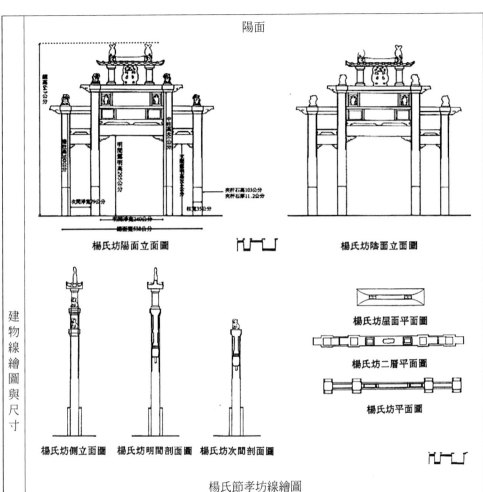

陽面

楊氏坊陽面立面圖　　　楊氏坊陰面立面圖

楊氏坊屋面平面圖

楊氏坊二層平面圖

楊氏坊平面圖

楊氏坊側立面圖　楊氏坊明間剖面圖　楊氏坊次間剖面圖

楊氏節孝坊線繪圖

建物線繪圖與尺寸

圖版：漢寶德主持，《新竹楊氏節孝坊與李錫金孝子坊修復計畫》，附錄圖 A27、A28。
圖註：紅色線條與尺寸為筆者自加，2013.04.06。

尺寸
1. 筆者調查
　總面寬為 538 公分、明間寬為 240 公分（不含柱寬）、次間寬為 79 公分（不含柱寬）、柱寬為 35 公分、明間額下高 295 公分、次間額下高 264 公分。四柱之下前後各有一層夾杆石，石高 103 公分、厚 11.2 公分，為裝飾作用。牌坊四周並無石護欄。
2. 根據《新竹楊氏節孝坊與李錫金孝子坊修復計畫》〔註 24〕
　中柱高 461 公分，邊柱高 380 公分，總高 647 公分。
3. 運算：
　(1) 根據《營造法原》
　　　明間寬：總面寬之 21 / 50
　　　中柱露明高（即明間額下高）：為明間面寬 12 / 10 或中柱高之 2 / 3
　　　柱面寬：柱高之 1 / 10

〔註24〕漢寶德主持，《新竹楊氏節孝坊與李錫金孝子坊修復計畫》，頁 8。

	(2) 根據現況運算 　　明間面寬／總面寬＝242／536.5＝22.6／50⇨接近 21／50 　　中柱露明高／明間面寬＝295／240＝12.3／10⇨接近 12／10 　　中柱露明高／中柱高＝295／461＝0.64⇨接近 2／3 　　柱寬／柱高＝35／461＝0.75／10⇨明顯較窄 4. 結論 　(1) 楊氏節孝坊尺寸較符合江南地區的《營造法原》 　(2) 中柱露明高／明間面寬＝1.2／1⇨稍高，較接近長方形，使牌坊看起來較高。
備註	1. 新竹現存四座牌坊中最早的一座。 2. 台灣現存牌坊中，中柱較高式之先例。 3. 台灣現存牌坊中，三層形制之先例。 4. 台灣現存牌坊中，花板鏤雕之始。（楊氏節孝坊為明間花板鏤雕之先例，後新竹其餘 4 座牌坊，明間、次間花板皆鏤雕。） 5. 楊氏子林德元，捐納監生，協捕盜匪賞給軍功六品頂戴名銜。廳城修建時，擔任南城城工董事。「金廣福」推展時，負責二十分之十的閩客捐股。

※牌坊相關之圖片

1950年楊氏節孝坊舊照

圖版：張德南，《新竹市的牌坊》，頁77。

楊氏節孝坊前解說碑

透雕花板與浮雕花板

名間匾額與字板

台中　林氏　貞孝坊

地點	■原址：大甲街南門外的通衢 ■遷建：昭和 10 年（1935，民國 24 年），遷移重修。 　地址：台中市大甲區光明路與順天路交匯口處，即現址。	調查者	施雲萍
年代	旌表年代：道光 13 年（1833）〔註 25〕	調查日期	2010/10/16
	建坊年代：道光 28 年（1848）		
旌表人物	人物　　林春（娘）〔註 26〕。（民人余榮長之妻）		
	事蹟　　1. 林氏，生於乾隆 43 年（1778）之彰化縣〔註 27〕大甲中庄，父林光輝業農，卒於同治 2 年（1863），享年 86 歲。 2. 乾隆 49 年（1784），林春 7 歲，為余榮長養室。 3. 乾隆 54 年（1789），年 17 之余榮長溺斃，林氏年 12，未成婚，願終身事姑不他適。〔註 28〕 4. 以紡織維生，撫族子為嗣〔註 29〕，然不幸夭折，再立之，娶婦復歿，乃偕媳巫氏育幼孫。 5. 道光 30 年（1850，年 73），天旱祈雨，果成。〔註 30〕	類別	■貞孝 □節孝

〔註 25〕　關於林春事蹟之旌表年代：魏紹華，〈捐建林氏貞孝坊碑記〉：「道光壬辰年，紳士劉獻廷等即呈報請旌：越丙申年，蒙准旌表，建坊入祠。」意即：道光 12 年（1832，林氏年 55），即由鄉紳劉獻廷呈報表彰旌表，然可能因公文層層報轉，直至道光 16 年（1836），才降旨准於建坊旌表。牌坊上北面左次間花板之上款鐫刻「道光拾參年拾月日給」字樣；陳培桂，《淡水廳志、卷十》記載：「道光 13 年旌」；連雅堂，《台灣通史、卷 35》記載：「道光十三年奉旨旌表」，由此林氏獲旌表的時間有道光 13 年與道光 16 年兩種。林文龍認為：道光 12 年至道光 16 年間，請旌的公文已經過淡水同知、臺灣知府等地方官職的用印批准，因此先行頒獎。而奉旨旌表建坊，則應為道光 16 年。由此，本文以牌坊上所鐫刻之道光 13 年為林氏獲得旌表之年代，道光 16 年為准以建坊之年代，道光 28 年為貞孝坊建成之年代。參見：魏紹華，〈捐建林氏貞孝坊碑記〉，道光二十九年歲次己酉十二月日，筆者於 2010/10/16 抄錄，全文見本表文獻資料欄。陳培桂，《淡水廳志》，頁 278。連雅堂，《台灣通史》，頁 1025～1026。林文龍，《臺灣史蹟叢論・中冊・人物篇》，頁 165～166。

〔註 26〕　「娘」字為當時對女子經常性的稱呼，故以此判斷其名應為「林春」。

〔註 27〕　清乾隆年間，大甲地區屬彰化縣管轄。

〔註 28〕　《淡水廳志・卷十》、《台灣通史・卷 35》均記載「舅歿姑在」，而《貞節坊重修碑記》（1935）則記載「舅姑尚在」。參見：陳培桂，《淡水廳志》，頁 278。連雅堂，《台灣通史》，頁 1025～1026。《貞節坊重修碑記》，本次調查表「文獻資料」欄，第 8 點。

〔註 29〕　即台灣坊間所稱之「螟蛉子」（即義子，養子）。

〔註 30〕　關於林氏祈雨，林文龍引林占梅之〈族姑余母貞節孝詞〉一詩，認為道光 30 年至咸豐 5 年間，林氏就應有多次祈雨，只是缺乏相關的文獻紀錄。參見：

				6.同治元年（1862，年 85），戴潮春事件使城內斷水，鄉人再度請託祈雨，林氏於 5 月、11 月三度祈雨應驗。〔註31〕 7.昭和 8 年（1933，民國 22 年，卒後 70 年），大甲再度大旱，鄉民捧林氏神像（時人已奉爲「貞節媽」）祈雨，得。		
	備註			1.生前旌表（道光 16 年，年 59），生前建坊（道光 28 年，年 71）。 2.道光 12 年（1832，年 55），由鄉紳劉獻廷呈報表彰旌表。〔註 32〕	守節年數	75 年
建物形式	四柱三間二層中柱較高式〔註33〕	陽面判斷	判斷依據	無法判斷 1.護簷無獅座。 2.遷建。 3.現所在地位於道路旁，亦無法由道路方向判斷。 註： 1.依建坊年款之面 2.依牌坊紋飾與文字落款多寡，推斷北面應爲正面。	材質	泉州白石 青斗石
			事蹟枋內容	雙面不同 北面：「旌表故民人余榮長未笄妻貞女林氏坊」及道光 28 年覈實官員之名。 南面：道光 13 年覈實官員之名。		

林文龍，《臺灣史蹟叢論·中冊·人物篇》，頁 170。大甲鎮公所全球資訊網，http://www.tachia.gov.tw/，2010。

〔註31〕關於林氏於戴役期間祈雨之日期，林豪之《東瀛紀事》爲 5 月 6 日、21 日、11 月 10 日；蔡青筠之《戴案紀略》爲 5 月端午日及 11 月 18 日。但在 11 月 18 日的記載爲第三次，可見中間應有第二次，但未記載。雖均爲 3 次，然日期略異。參見：林豪，《東瀛紀事》，頁 20～21、22。蔡青筠，《戴案紀略》，頁 15、38。

〔註32〕劉獻廷爲苗栗賴氏節孝坊坊主人之公公。

〔註33〕張德南，《新竹市的牌坊》（新竹市：竹市文化局，2004），頁 46～50。
根據張德南在此書中的分法，將四柱三間二層的牌坊構造型式分成兩種，其一爲「四柱等高式」，此種牌坊的穩定性高，護簷結構的合理性也高。另一種爲中柱較高式，此類型的牌坊節點結構較不合理，穩定性較弱，但在牌坊高度相同時，此種型式的牌坊較四柱等高式的牌坊具有高聳之感。

	北面	南面
建物圖片		

文獻資料	1. 《淡水廳志‧卷十》列傳四‧列女‧貞女〔註34〕 林春娘，大甲中莊光輝女，七歲爲余榮長養室。乾隆己酉，夫年十七，赴鹿經商溺死。時舅歿姑在，無別子，晝夜哭之。氏年方十二，未成婚，願終身代夫奉事，不他適。姑目疾媿瞽，以舌舐睭；焚香虔禱，未半載而愈。姑復拘攣，日侍床蓆，沐浴浣濯，甘旨躬親。及歿，哀毀逾常。家貧，勤紡績，撫養族子爲嗣。旋沒，再立之。娶媳後，又沒。乃偕媳撫幼孫。道光十三年旌。同治元戴逆亂，屢犯大甲，城中水道絕，氏禱之，遂雨。凡旱經禱亦然。三年卒，年八十六。媳巫氏，亦以節稱（「鄭稿」）。 2. 〈捐建林氏貞孝坊碑記〉〔註35〕 淡轄大甲街余榮長未笄妻林氏，以十二齡守貞，爲閨門最難得。道光壬辰年，紳士劉献廷等即呈報請旌；越丙申年，蒙准旌表，建坊入祠。余家窘，未能卒舉；其猶子智信奉曹憲文，赴司親領坊價，十仍闕九。蓋臺屬貞砥，多由內地購採；轉運維艱，公費浩繁。因之，迨二十八年張職吏綱來甲清庄，稔悉是由，遂揚諸；自堂黃司馬，始捐廉爲之倡：官紳士庶，好善同心，聞風踴躍樂輸，計得白金壹千式百有奇。隨于是歲鳩工琢□，閱數月日而工告成，則□於街之南關外通衢。華表矗立，盈帖燦然，都人士式歌且舞曰：「七一歲之完貞，躬膺盛典；五九齡之苦節，目覩恩綸：邦家之光，亦閭里之榮也」。周道往來過其下者，聞名生敬：巾幗奉爲女宗，且益共敦節行，胥於是乎在。 斯役也，張職吏綱力肩顛末，籌畫不憚；再三嚮善之誠，固無待贅。工既□，屬予寔微所見，并榜好義勒之石，以垂永久。予忝比鄰，熟聞盛事；爰不辭□鄙，謹爲之記。 道光二十九年歲次己酉十二月　　日，歲進士候選訓導魏紹華拜誌：捐理張綱、王崑崗、林向榮、盧仁風、黃茂重、劉奕金、黃維紋、余克□、謝秋、張強，經辦承差張耀、蔡亮等。 謹臚捐助建坊銀兩如左： 淡分憲黃捐廉銀伍拾元，加道銜即補府林占梅捐銀壹百廿元、即補道林國華捐銀壹百廿元，艋舺參府蘇捐銀參拾元。署大甲分司張捐銀拾式元，署大甲首府鄒捐銀陸元，學正堂謝振聲捐銀百拾伍元、監生林光國捐銀壹百拾伍元，舉人林廷鳳捐銀伍拾伍元。候補縣正堂林逢泰捐銀廿元、儒學正堂陳嘉猶捐銀廿元，□捐□職吏張綱捐銀伍拾元，監生盧世忠捐銀柒拾元，直隸州江作和捐銀拾式元，生員陳維菁捐銀式拾元，舉人高國瑞捐銀式拾肆元，大甲街文炳社捐銀肆拾捌元，大甲街拔英社捐銀陸大元，益仁堂樂助銀式

〔註34〕 陳培桂，《淡水廳志》，頁278。
〔註35〕 魏紹華，〈捐建林氏貞孝坊碑記〉，道光二十九年歲次己酉十二月日，筆者抄錄於貞孝坊旁之碑文，2010/10/16。

拾大元、監生王如松捐銀式拾元、職員陳大濱捐銀式拾元，淡北隆街徐並茂捐銀拾式元，邱匡景樂助銀柒大元，職監王崑崗捐銀拾式元，大甲中軍副府楊樂助銀四元。布經歷銜蕭啓武、州同張正瑞、鄭合順、杜媽力、監生馬瑞珊、蔡苑記、振盛號，以上各樂捐銀各捌大元。職員李錫金、振成號、屯外委福永錫、瑞興號、余觀求、職監謝玉麟、源泉號，以上各樂捐銀各陸大元。張四德捐銀式元、益元堂捐銀式元、活蘭號捐銀式元、余光澤捐銀式元、德昌號捐銀式元、曾永秀捐銀二元。張榮茂、職員張強、職員劉待生、賴好官、蔡大吉、監生林岳衡、監生蘇同春、監生林芳梅、李明賢、貢生林超英，以上各捐銀四元。職員蘇郁文、布經歷翁裕佳、職員林國忠、韓松昆、監生劉輝、布經歷張熙德、貢生鄭用哺、府經縣丞彭棟、歲貢生林宗橫、余同安、張四川，以上各喜捐四大元。林勝裕號、林裕成號、林大義號，以上各捐銀叄大元。監生林清蘭、監生李輔仁、生員蘇文榮、陳維超、徐維寅，以上各捐銀式大元。監生張塑維、張順發、監生林丕衡、黃占縈、監生鄭時霖、張高陞、春榮堂、總理林向榮、協泰號、童生陳連標、總理張媽喜，以上各捐銀式大元。茂源號、張文來、張觀鳳、余協利、黃新春、鄭媽觀、陳存仁，以上各捐銀式元。曾佑、陳正道、金鯉號、蔡光明、張阿晨、陳生、張嘉發、益和號、濟源堂、廳史黃斌、庸寶堂，以上各捐銀壹元。職員林敦華捐銀式元，職員林衡文、監生張茂枋合捐銀四元。李□海、陳漢水、林文宗捐銀□元。詹如豪捐銀式元。林甘露、□合號捐銀叄元。童生陳國祥捐銀式元。

3. 林占梅，〈族姑余母貞節孝詞〉〔註36〕

次年苦旱過夏初，四野焦枯傷黍菽，官民籲禱總無功，面面相覷顙蹙蹙，咸請我姑出祈禱，千人萬幸同葡萄，我姑節操凜冰霜，豈有冥冥不聽服，歸田衣袂裩沾濡，幾日淋漓失平陸，頻年數出應同前，風伯雨師相隨逐，共逆雨如藏袖中，抖袖登時紛脈沐，由來節孝眷兩間，故爲我姑揚芬馥。

4. 《東瀛記事》〔註37〕

「（同治元年）五月，……初六日，糾眾來犯，節婦余林氏禱雨，雨隨降。」

「二十一日，……共萬餘賊，復圍大甲。水道爲賊所斷，城中絕汲數日，節婦林氏復出禱雨，並齋戒禱天，願賊早退。時賊壓城而軍，居上風轟擊，幾不支。忽大雨反風，濠邊草屋失火，賊之據其中者皆驚潰。張世英登城擊鼓，羅冠英開門急擊破之，大甲解圍。」

「十一月初十日，戴逆復犯大甲。……時水道屢斷，民皆飲溝水，垂罄，幸節婦林氏三出禱雨，雨降，士氣倍奮。」

5. 《戴案記略》〔註38〕

「（同治元年）五月，……大股賊眾……圍困城池，並絕水道。大甲城中無水，素汲溪水爲食，一旦水道梗絕，炊煙不舉，人心惶惶。節婦余林氏青年苦守，至是年六十餘矣。置香案，當天叩首禱雨，甘霖立降，萬民懽呼，以爲天助，用氣百倍。」

「（同治元年十一月）十八日，……賊四面環攻之，城中水道又絕，計無所施，不得已，姑請節婦林氏再出祈雨。在官民之意，亦未必歲感有應，蓋以此已三次矣。詎林拜於香案下，俯伏未起，黑雲陡合。適巨賊何守以火箭從南門射入，燒燬近城民居，諸賊乘之攀登，外以掘子軍穿城，壤垣崩數丈，勢已危。適雨至，鄭榮懽呼，引兵冒雨堵禦，……解圍而退。」

〔註36〕 林占梅此詩作於咸豐5年（1855）。轉引自：台中縣大甲鎮公所委託，承德造形工程有限公司執行，《大甲鎮轄內第三級古蹟「林氏貞孝坊」規劃研究報告書》1995.6，頁2-9～2-10。

〔註37〕 林豪，《東瀛紀事》，頁20～21、22。

〔註38〕 蔡青筠，《戴案紀略》，頁15、38。

6. 《苗栗縣志‧卷14》列傳‧列女‧貞孝〔註39〕
林春娘，大甲中莊光輝女。七歲，爲余榮長養室。乾隆己酉，夫年十七，赴鹿經商溺死。時舅歿、姑在，無別子，晝夜哭之。氏年方十二，未成婚，願終身代夫奉事，不他適。姑目疾幾瞽，以舌日舐，焚香虔禱；未半載而愈。姑復拘攣，日侍床蓐；沐浴浣濯，甘旨躬親。及歿，哀毀逾常。家貧，勤紡績。撫養族子爲嗣，旋歿；再立之，娶媳後又歿；乃偕媳撫幼孫。道光十三年，旌。同治元年戴逆亂，屢犯大甲，城中水道絕；氏禱之，遂雨。凡旱經禱，亦然。三年卒，年八十六。媳巫氏，亦以節稱（依「廳志」）。

7. 《臺灣通史‧卷35》列女列傳‧余林氏〔註40〕
林春娘淡水大甲中庄人，父光輝業農，爲余榮長養媳，榮長年十七，赴鹿港經商溺死，時舅歿姑在，無他子，哭之慟，春娘年十二，未成婚，願終身奉事，不他適，姑痛稍殺，進飲食、佐理中饋，早作夜息，奉命維謹，已而姑目疾，醫不能視，春娘以舌舐之，焚香虔禱，未半載而愈，顧復患拘攣，待床蓐，躬洗濯，或徹夜不寐，姑勤之息，春娘從之，猶時起省視，姑顧而歡曰，得婦，如此，老身不憂無子也，及卒，哀毀逾常，家貧，日事紡織，撫族子爲嗣，旋沒，再立之，娶婦復沒，乃偕育幼孫，平居燕處，未嘗有疾言厲色，里黨之人靡不敬之，道光十三年奉旨旌表，及戴潮春之役，同治元年夏五月初六日，王和尚料衆，攻大甲，斷水道，城人無所汲食，洶洶欲走，乃請春娘禱雨，雨隨降，衆大喜，嬰城固守，二十一日，和尚又合何守載如川江有仁等來攻，衆可萬人，環圍數匝，水道復斷，城中絕汲數日，春娘復出禱雨，時和尚壓城而軍，居上風，轟擊幾不支，忽大雨反風，濠邊茅舍發火，衆驚潰，義通開門出擊，破之，圍始解，當是時兩軍相爭，以大甲爲扼要之地，淡北安危繫於此城故輒遭圍困而守禦益堅，十一月，林日成以衆來攻，勢張甚，連戰旬日，水道屢斷，二十六日，春娘三出禱雨，雨降，士氣倍舊，圍復解事平，城人禮之如神，二年卒，年八十有六，婦巫氏亦以節稱。
連橫曰，吾讀東瀛紀事，載大甲林氏禱雨之事，甚奇，吾以爲藉作士氣雨，繼而思之，至誠之道，可以格天，桑林之禱豈虛語哉，是故愚者可以生其智，弱者可以振其通，訥者可以伸其辯，昧者可以張其明，補天浴日之勳，固人所能爲也，然非，林氏之貞孝，則不可以對鬼神況可邀倖萬一哉。

8. 〈貞節坊重修碑記〉〔註41〕
夫貞孝者，婦人之美德也。其生也，有以坊于時；其沒也，亦有以懷於心。雖巷閭匹夫閨門弱質，猶時思慕而不能忘，畏敬而不敢慢；故其名久而行益彰、身亡而節彌者，縱經陵谷變遷，其貞孝之坊魏然獨存，只豈或使之然栽？然而鄉人歲時敬祝若禮，其先者何也？蓋所以興起其世俗而動化其民，使知貞孝之不可泯也。
大甲北通基淡、南極高屏，大海在其西，爲中州之要衝；是君子往來者，咸欲一詹貞孝之坊而憑弔之也。按：是坊自有清道光十三年爲貞孝母林氏建，氏諱春，大甲中庄林光輝女，七歲爲余榮長養室。乾隆己酉，余年十七，赴鹿港經商溺死，時舅姑尚在，家無餘蓄，是年方十二，雖未成婚，願以身代夫奉事；數十年間，備嘗辛苦，及舅姑沒，哀毀逾常，撫族子爲嗣，享壽八十六。
然是坊年久失修，風雨剝蝕，幾淪於礦角敲火之中；倘不重爲修繕，則他時恐作沒字碑之誚，邑人鰓鰓然憂之。會癸酉年五月，我台各地旱魃爲災，大甲尤甚；乃奉貞孝母神像，築壇祈雨，越三日果雨。人皆以爲貞孝母歿而已百年，而精誠尚能格動神祇，以福吾民也；于是由李君閬嘴倡誠重修，邀集大甲、大安、外埔三街庄人士共襄斯舉。爰是，上請有司，下謀紳董，其議逐定，其費即以祈雨義捐之剩餘金四百十五圓購建坊地址一區，價五百九拾五圓；其不足額壹百八十圓，由李君閬嘴、李君塗、周君喜、林君炳焜

〔註39〕沈茂陰，《苗栗縣志》，頁208。
〔註40〕連橫，《臺灣通史》，頁1025~1026。
〔註41〕蔡子昭，〈貞節坊重修碑記〉，昭和十年乙亥仲秋，筆者抄錄於貞孝坊旁之碑文，2010/10/16。

擱足成之，而以地址寄附於大甲街，役場即由大甲街街費支出金壹千圓爲重修之費。工事肇始于乙亥孟夏，□工于仲秋。不辭癏腿而募捐，不避風雨而監督，則李君闊嘴之力爲多。工既竣，因爲之昭和十年乙亥仲秋，後學蔡子昭拜撰，受賜紳章李城敬書，石司楊木督造。

9. 台中縣大甲鎮公所委託，承德造形工程有限公司執行，《大甲鎮轄內第三級古蹟「林氏貞孝坊」規劃研究報告書》1995.6。

10. 《臺灣全志》卷二·土地志·勝蹟篇〔註42〕

位於台中縣大甲鎮，建於道光 29 年（1849），乃爲褒揚貞婦林春娘所建。林氏臺中縣大安鄉人，七歲入大甲余家做童養媳，十二歲時其未婚夫余榮長至鹿港經商溺斃，自此開始林氏以身代夫，奉養公婆並撫養族子傳承香火。道光 13 年（1833），地方仕紳劉獻廷奏請旌表，獲准建坊，直至道光 29 年（1849），始由地方捐銀興建。該坊爲石砌，四周以石欄圍護，上有對聯多幅。今已列爲國家第三級古蹟保存。

| 建物文字 | **北面**
匾額與事蹟枋合一，旌表人物寫於櫃台腳橫座上。
匾額與事蹟枋：上款：道光戊申年季冬月立
　　　　　　　　閩浙總督劉韻珂
　　　　　　　　臺澎兵備道徐楨（原誤）〔註43〕榦
　　　　　　中行：旌表故民人余榮長未筓妻貞女林氏坊
　　　　　　下款：臺灣府正堂史密
　　　　　　　　淡水廳同知黃開基
　　　　　　　　淡水廳儒學王承緯
櫃台腳橫座：上款：道光戊申年
　　　　　　中行：旌表故民人余榮長未筓妻貞女林氏坊
　　　　　　下款：拾壹月陞建
明間中柱正聯：道光戊申小春穀旦
　　　　　　失偶未冠筓夫直如兄七一歲居心依然處子
　　　　　　于歸當襁褓姑以爲母十二齡矢志竟至終身
　　　　　　即補府知淡水廳事西蜀黃開基題
明間中柱內側聯：矢志清貞當日未筓九牧女
　　　　　　冰心操節此時旌表十閭天
　　　　　　□□里興調□大甲分□□□裘□贈
次間邊柱正聯：相夫爲千古□□可鳳者生小未同衾以處子而完大節
　　　　　　行孝實一身□性尤苦者從容能守義是天心豈遽終亡
左次間邊柱內側聯：十二便遺夫終身處子
　　　　　　七一存全璧千古完人
　　　　　　軍功職吏員夫愚侄□綱　耀東　仝□□□贈
左次間邊柱外側聯：節冠東瀛只爲義守雙秉十二齡於今已老
　　　　　　坊旌南郭須知身經百折萬千歲以後猶生
右次間邊柱內側聯：未筓矢志七十年來天旌節烈
　　　　　　到老冰心三千里外人仰清貞
右次間邊柱外側聯：貞節不誓靡他人推志立十二齡終昭日皦
　　　　　　表丹心湧白石天爲身清七一載永樹風聲 |

〔註42〕 張素玢、陳鴻圖、鄭安晞，《臺灣全志》卷二·土地志·勝蹟篇，頁133。

〔註43〕 臺澎兵備道之名應爲徐宗幹，此處卻誤鐫爲「徐楨榦」，可能是因徐宗幹字伯楨的緣故。參見：林文龍，《臺灣史蹟叢論·中冊·人物篇》，頁169。

左次間花板：上款：道光拾參年拾月　日給
　　　　　　中行：性貞守篤
　　　　　　下款：陞授寧紹臺道知臺灣府事周彥立
右次間花板：上款：道光弍拾參年□月　日給
　　　　　　中行：貞潔可風
　　　　　　下款：特陞知府同知淡水廳事曹謹立
坊前護欄正聯：失耦十二齡即矢冰清玉潔
　　　　　　　居孀七一載長存柏操竹筠
坊前護欄內側聯：悲黃鵠之不雙尤歎十齡餘所天已失
　　　　　　　　頌紫鸞之異數應知百歲後入地猶榮

南面
匾額與事蹟枋合一：閩浙總督程祖洛
　　　　　　　　　　福建巡撫魏元烺
　　　　　　　　　　福建學政張麟
　　　　　　　　　　福建布政使張青選
　　　　　　　　　　臺灣府知府周彥
　　　　　　　　　　淡水同知李嗣鄴
　　　　　　　　　　淡水廳儒學方岱
明間中柱聯：未成人而喪所天七十年中苦雨淒風何心共白
　　　　　　既及身而隆美報千百世後陳詩修史有眼皆青
次間邊柱正聯：十二齡摧膽披肝苦節深閨月且
　　　　　　　七一載飲冰畫荻叨恩大樹風聲
左次間花板：貞節流芳
右次間花板：貞節性成
坊前護欄正聯：旌垂萬世美玉清貞揚淡北
　　　　　　　坊建千秋芳名節操羨西河
坊前護欄內側聯：成歲方覺終身最為情苦
　　　　　　　　弱齡即知大義尤以孝稱

藝術表現	石雕 雕法：圓雕、透雕、平浮雕、淺浮雕、深浮雕、陰刻。
建物線繪圖與尺寸	北面 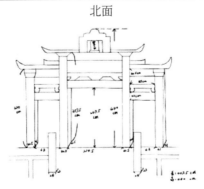 林氏貞孝坊線繪圖 圖版：筆者自繪，2010/12。

	尺寸 1. 筆者調查 　　總面寬爲 469 公分、明間寬爲 214.5 公分（不含柱寬）、次間寬爲 63 公分（不含柱寬）、柱寬：31 及 32.5 公分、明間額下高 258 公分。四柱之下前後各有一層夾杆石，明間夾杆石頂部做平頂三圓弧，次間夾杆石做三弧形劍尖線腳，爲裝飾作用。牌坊四周有短柱所圍繞之石護欄，柱高 158 及 151.5 公分、寬 24 公分、厚 23 公分，除石柱陰刻文字外，無其他紋飾。 2. 根據《新竹楊氏節孝坊與李錫金孝子坊修復計畫》〔註 44〕 　　總高 500 公分、次間額下高 240 公分。
備 註	1. 林氏被尊爲貞節媽，供奉於大甲鎮瀾宮內。〔註 45〕 2. 余家窮困，建坊經費除朝廷頒給之三十兩外，其餘均由地方首長募捐而來，因此本坊建造歷時 12 年完成。〔註 46〕 3. 次間花板爲文字，與北投周氏節孝坊同。 4. 總共經歷 5 次整修。 　(1) 昭和 10 年（1935，民國 24 年），將貞孝坊遷建於現今大甲鎮光明路與順天路交匯口處。〔註 47〕 　(2) 民國 40 年（西元 1951），大甲鎮瀾宮執行委員會出面整頓，四周築牆，並設有一大門。 　(3) 民國 68 年（西元 1979），大甲鎮公所又予以重修，並將原本設於順天路之大門改於光明路上，並於入口處設白獅一對，並以大理石鐫刻《台灣通史》之林氏傳全文，放於貞孝坊之一側。 　(4) 民國 87 年（1998），大甲鎮公所呈報，內政部及台中縣政府補助整修。 　(5) 民國 89 年（2000）2 月重修，於民國 91 年（2002）4 月完工。

〔註44〕　漢寶德主持，《新竹楊氏節孝坊與李錫金孝子坊修復計畫》，頁 8。

〔註45〕　據《大甲鎮轄內第三級古蹟「林氏貞孝坊」規劃研究報告書》指出：在同治 3 年時（1864，即林氏辛後次年），大甲建貞節祠，供奉林氏貞節媽神像。然民國 36 年後（1947），因颱風及年久失修，貞節祠荒廢，神像移至鎮瀾宮。參見：台中縣大甲鎮公所委託，承德造形工程有限公司執行，《大甲鎮轄內第三級古蹟「林氏貞孝坊」規劃研究報告書》，無頁碼，第二次審查意見綜理表。根據筆者實地調查，貞節媽供奉於大甲媽祖之左方側殿觀音佛祖旁陪祀。調查日期：2010/10/16。

〔註46〕　道光二十八年，由當時任職大甲之職吏張綱，將詳情稟告於淡水同知黃開基。黃氏獲悉，捐銀五十元並發起募捐。竹塹富紳林占梅首先響應，捐銀一百二十元，旋即各方捐款熱烈，共得銀一千二百餘元。由張綱籌劃，開始營建工程，建坊於大甲街南門外的通衢上，於同年（道光 28 年，1848）竣工。

〔註47〕　昭和 8 年（1933，民國 22 年），大甲又逢乾旱，於是鄉民又請林氏神像祈雨，竟得應驗。鄉民感其恩澤，以祈雨募款所餘之錢，另購坊地，又此土地捐贈給大甲街役場，因此由大甲街費中撥出一千元作爲重修費用。工程開始於民國 24 年 4 月，完成於當年 8 月，所購之地址，位於現今大甲鎮光明路與順天路交匯口處。資料來源：大甲鎮公所全球資訊網，http://www.tachia.gov.tw/，2010。

※牌坊相關之圖片

次間花板處以文字代替

次間花板處以文字代替

貞節媽位於鎮瀾宮觀音殿，神房觀音媽的右手邊

貞節媽神龕

台北市　周氏　節孝坊

地點	■原址：台北市北投區大同里豐年路一段 36 號門口			調查者	施雲萍
	□遷建：無				
年代	旌表年代：道光 30 年（1850）			調查日期	2010/02/26
	建坊年代：咸豐 11 年（1861）				
旌表人物	人物	周絹（儒士陳玉麟之妻，祖籍泉州同安）			
	事蹟	1.周氏，淡水人，生於乾隆 53 年（1788），卒於道光 26 年（1846），享年 59 歲。 2.早年嫁入台北府淡水廳芝蘭二堡北投頂庄陳家，27 歲喪夫，上事翁姑，下撫育二子。		類別	□貞孝 ■節孝
	備註	1.死後旌表（卒後 4 年）、建坊（卒後 15 年）。 2.由周氏之孫陳秉文、陳招成、陳文華、陳益勝、陳益洽等，共同建坊。		守節年數	33 年
建物形式	四柱三間三層中柱較高式〔註48〕	陽面判斷	判斷依據	中層與下層護檐之獅座座向	材質	觀音山石青斗石
			事蹟枋內容	陽面：「旌表臺灣府淡水廳故儒士陳玉麟之妻周氏」 陰面：覈實官員名		
建物圖片	陽面			陰面	

〔註48〕 張德南，《新竹市的牌坊》，頁 46～50。

根據張德南在此書中的分法，將四柱三間二層的牌坊構造型式分成兩種，其一為「四柱等高式」，此種牌坊的穩定性高，護檐結構的合理性也高。另一種為中柱較高式，此類型的牌坊節點結構較不合理，穩定性較弱，但在牌坊高度相同時，此種型式的牌坊較四柱等高式的牌坊具有高聳之感。

文獻資料	1. 《臺灣通史》〔註49〕 「周氏，淡水人，……夫死奉姑，撫育幼子，克勤克儉，里黨稱之。」 2. 牌坊旁之說明牌〈三級古蹟周氏節孝坊〉〔註50〕 「周氏名絹，臺灣府淡水廳人，生於清乾隆五十三年（公元一七八八年）。既長，歸同廳芝蘭二堡北投頂莊少其二歲之陳玉麟爲妻。夫婦合力經營雜貨，家計賴以租給。嘉慶十九年（一八一四年），玉麟歿，氏年方二十有七，喪葬畢，矢志嫠守。上奉翁姑，曲盡孝道，下撫兩孤，至於成立。道光二十六年（一八四六），染疾逝，享年五十九歲。鄉中耆碩陳維英等，敬氏之勤儉恭順，敦睦親鄰，稟其節行，請與旌表。三十年（一八五〇年），閩浙總督劉韻珂奏准建坊，咸豐十一年（一八六一年）孫陳文華等遵旨造成。光緒二十三年（一八九七年），地大震，坊之花板護檐及聖旨牌勒石，均墮落。時日軍初踞臺，□符四起，後裔不敢聞問，遂間有散失。民國七十四年（一九八五年）八月十九日，經內政部勘查公告指定爲臺北市三級古蹟，列管市府。爲表彰潛德出光，發揚倫理精神，特於八十一年（一九九二年）十月，鳩工修繕，復其原貌。期以垂諸久遠，藉勵來茲。中華民國八十一年十月臺北市政府民政局局長莊芳榮謹識」 3. 楊仁江，〈臺北市黃氏及周氏節孝坊之研究（上）〉，《臺北文獻》，85（臺北：臺北市文獻委員會，1988.9），頁1～62。 4. 楊仁江，〈臺北市黃氏及周氏節孝坊之研究（下）〉，《臺北文獻》，86（臺北：臺北市文獻委員會，1988.12），頁119～134。 5. 《臺灣全志》卷二・土地志・勝蹟篇〔註51〕 位於臺北市北投區，建於清代到（原誤，應爲「道」字）光年間。周氏名絹，生於乾隆53年（1788），卒於道光26年（1846），爲淡水廳名儒陳玉麟之妻，早年喪夫守節撫孤，侍奉翁姑至孝，其事蹟經當時禮部職名閩浙總督劉韻珂於道光30年（1850）奏請建坊，咸豐11年（1861）竣工。此坊爲四柱三間三層石造，日治明治30年（1897）大地震，二層以上倒塌，現已復原整修，爲當地地標，且已列國家第三級古蹟保存。
建物文字	**陽面** 匾額：天旌節孝 事蹟枋： 　　　中：旌表臺灣府淡水廳故儒士陳玉麟之妻周氏 　　　左：故儒士長男天興監生男廷傑 　　　右：例贈六品軍功孫秉文招成孫文華曾孫益勝益洽全立坊〔註52〕 明間中柱聯：內親叔母外戚妻姑卅載獨歌陶鵠 　　　　　　上孝尊嫜下慈孫子九原不愧梁鴻 　　　　　　誥授奉政大夫鄉進士孝廉方正內閣中書國史館分校升主事欽五品銜前閩縣教諭仰山掌院維英敬題〔註53〕 次間花板：左：冰凜　右：玉比

〔註49〕 連橫，《臺灣通史》，頁1027。

〔註50〕 筆者實地調查，抄錄自牌坊前之〈三級古蹟周氏節孝坊〉解說牌文字。調查日期：2011/02/26。

〔註51〕 張素玢、陳鴻圖、鄭安晞，《臺灣全志》卷二・土地志・勝蹟篇，頁133。

〔註52〕 楊仁江之調查爲：例贈六品軍功孫秉文招成孫文華「會」孫益勝益洽「同」立坊。楊仁江，〈台北市黃氏及周氏節孝坊之研究（下）〉，頁127。

〔註53〕 楊仁江之調查無「鄉」字：誥授奉政大夫「鄉」進士孝廉方正內閣中書國史館分校升主事欽五品銜前閩縣教諭仰山掌院維英敬題。楊仁江，〈台北市黃氏及周氏節孝坊之研究（下）〉，頁128。

	次間邊柱聯：激其濁揚其清遵乎內則〔註54〕 　　　　　　樹之坊立之表榮及外家 　　　　　　庠生□周殿安超領極光祿寺典簿仰濂謹題〔註55〕 **陰面** 匾額：天旌節孝 事蹟枋： 　　　中：詳咨禮部職名閩浙總督劉韻珂福建巡撫徐繼畬福建學政黃贊湯福建藩司陳慶 　　　　　偕臺灣知府史密淡水同知黃開基淡水訓導吳文焯道光三十年臘月題准建坊 　　　左：例封奉直大夫策軒世宗伯大人冥几宗世姪□林□林經全敬題〔註56〕 　　　右：孫六品軍功奉委北投兼奎府聚汛防廳招成立坊 明間中柱聯：讀詩至共姜篇心堪印白 　　　　　　修史入列女傳顏不汗紅 　　　　　　乙卯科鄉進士內閣中書國史館分校宗姪霞林敬題〔註57〕 次間花板：左：苦雨　右：淒風 次間邊柱聯：翁故氷清母尤氷潔〔註58〕 　　　　　　人將石化天以石旌 　　　　　　布政司經歷女婿楊春瑞謹題
藝術表現	石雕 雕法：圓雕、平浮雕、淺浮雕、深浮雕、陰刻。
建物線繪圖與尺寸	陽面 北投周氏節孝坊修復前線繪圖（陽面） 圖版：楊仁江，〈台北市黃氏及周氏節孝坊之研究（下）〉，頁 124～125 之間。 圖註：此為牌坊修復前之線繪圖，目前牌坊已經修復完畢。

〔註54〕楊仁江之調查為：激其「渴」揚其清遵乎內則。楊仁江，〈台北市黃氏及周氏節孝坊之研究（下）〉，頁 128。

〔註55〕楊仁江之調查無此行文字。

〔註56〕楊仁江之調查□字為：例封奉直大夫策軒世宗伯大人冥几宗世姪「露」林「霞」林經全敬題。楊仁江，〈台北市黃氏及周氏節孝坊之研究（下）〉，頁 127。

〔註57〕楊仁江之調查為：乙卯科鄉進士內閣中書國史館分「枝」宗姪霞林敬題。楊仁江，〈台北市黃氏及周氏節孝坊之研究（下）〉，頁 128。

〔註58〕楊仁江之調查為：翁故氷清母尤氷「深」。楊仁江，〈台北市黃氏及周氏節孝坊之研究（下）〉，頁 128。

陰面

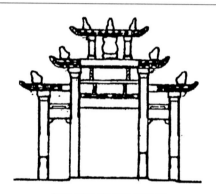

北投周氏節孝坊修復前線繪圖（陰面）
圖版：楊仁江，〈台北市黃氏及周氏節孝坊之研究（下）〉，頁 124～125 之間。
圖註：此為牌坊修復前之線繪圖，目前牌坊已經修復完畢。

北投周氏節孝坊線繪圖
圖版：閻亞寧，《金門縣第一級古蹟邱良功之母節孝坊之調查研究》，頁 61。

尺寸
筆者調查
總面寬為 516 公分、明間寬為 212 公分（不含柱寬）、次間寬為 81、80 公分（不含柱寬）、柱寬：明間柱寬 36.5 公分、次間柱寬 35 公分、明間額下高 247 公分、次間額下高 215 公分。四柱之下前後各有一層夾杆石，明間夾杆石高 93、94 公分、厚 12 公分，次間夾杆石高 80、82 公分、厚 12 公分，為裝飾作用。牌坊四周並無石護欄。

備註	1. 光緒 23 年（1897，明治 30 年）2 月 12 日，臺灣北部發生大地震，石坊自二層以上部分倒塌，部分構件由孫陳文華收存，〔註 59〕筆者調查時已復原。 2. 民國七十四年（一九八五年）八月十九日，指定為臺北市三級古蹟。 3. 民國八十一年（一九九二年）十月重修為現貌。 4. 現後代仍保存當年獲旌表之紅色絹布「捷報」一枚。〔註 60〕 5. 次間花板文為文字，與大甲林氏貞孝坊同。

〔註 59〕楊仁江，〈台北市黃氏及周氏節孝坊之研究（上）〉，頁 51～52。
〔註 60〕捷報內容：「捷報　陳府老太孺人周氏，奉旨恩准咨部行文，遵例詳請貞表節孝義坊，誥受封典周太孺人德業貞節，奕世流芳。淡分府本禮學報舍。」參見：楊仁江，〈台北市黃氏及周氏節孝坊之研究（上）〉，頁 51。

※牌坊相關之圖片

周氏節孝坊解說牌

三級古蹟周氏節孝坊石碑

次間文字花板

護檐獅座與櫨枓

新竹市　張氏　節孝坊

<table>
<tr><td rowspan="2">地點</td><td colspan="4">■原址：新竹市北區湳雅里光華段 415 地號〔註61〕</td><td>調查者</td><td>施雲萍</td></tr>
<tr><td colspan="4">□遷建：無</td><td rowspan="2">調查
日期</td><td rowspan="2">2010/02/11</td></tr>
<tr><td rowspan="2">年代</td><td colspan="4">旌表年代：同治 5 年（1866 年）〔註62〕</td></tr>
<tr><td colspan="4">建坊年代：同治 10 年（1871 年）</td><td></td><td></td></tr>
<tr><td rowspan="5">旌表人物</td><td colspan="3">人物</td><td>張棄（娘）〔註63〕（淡水廳竹塹城庠生鄭用錦〔註64〕妻，泉州同安所管轄之浯江（即：金門）人。）〔註65〕</td><td rowspan="3">類別</td><td rowspan="3">□貞孝
■節孝</td></tr>
<tr><td colspan="3" rowspan="2">事蹟</td><td>1. 張氏，竹塹炳女，生於嘉慶 5 年（1800），卒於光緒 4 年（1878），享年 78。〔註66〕</td></tr>
<tr><td>2. 嘉慶 25 年（1820 年），氏年 20 歲嫁于用錦爲繼室，29 歲喪夫，事親至孝，撫育三子受教長成，子如蘭增生花翎同知銜候選主事。</td></tr>
<tr><td colspan="3">備註</td><td>生前旌表（同治 5 年，67 歲），生前建坊（同治 10 年，72 歲）。</td><td>守節
年數</td><td>49 年</td></tr>
<tr><td rowspan="2">建物形式</td><td rowspan="2">四柱
三間
三層
中柱</td><td rowspan="2">陽面
判斷</td><td>判斷
依據</td><td>中層護檐獅座</td><td rowspan="2">材質</td><td rowspan="2">泉州白石
青斗石</td></tr>
<tr><td>事蹟枋
內容</td><td>陽面：「皇清旌表同安縣金門故淡廳鄭用錦妻張氏坊」</td></tr>
</table>

〔註61〕 張氏節孝坊建於清代淡水廳竹塹城的北上大官道萬年橋邊，是當時的交通要道。可惜因日治時期市區改正，此坊所處地理位置之重要性被水田街取代後，逐漸荒蕪於荒煙蔓草間。之後又因颱風侵襲而導致損害，1991 年完成整修工程而爲現貌。參見：張德南，《新竹市的牌坊》，頁 85。

〔註62〕 關於張氏獲得旌表的時間，有不同説法。根據《合校足本新竹縣采訪冊》記載爲「……同治三年，廳紳僉秉請旌表張氏節孝。五年，得旨允准，如蘭爲之建坊，捐租奉主入祀節孝祠……」；而張德南根據《浯江鄭氏族譜》，張氏的旌表時間爲同治 6 年（1867）；《新竹市志》的記載爲「同治六年題准旌表」。參見：陳朝龍著、林文龍點校，《合校足本新竹縣采訪冊》，頁 519。張德南，《新竹市的牌坊》，頁 85。林漢泉，《新竹市志・卷七・人物志・第八章　列女》，頁⑦ 233。本論文採《合校足本新竹縣采訪冊》的説法，旌表時間爲：同治 5 年。

〔註63〕 「娘」字爲當時對女子經常性的稱呼，故以此判斷其名應爲「張棄」。

〔註64〕 鄭用錦爲開臺進士鄭用錫胞弟，「爲附生，得正五品封典」。參見：陳朝龍著、林文龍點校，《合校足本新竹縣采訪冊》，頁 519。

〔註65〕 關於新竹鄭家的發展，參見：黃朝進，《清代竹塹地區的家族與地域社會——以鄭、林兩家爲中心》，頁 67～127。

〔註66〕 林漢泉之《新竹市志》引《淡水廳志》，張氏之卒年爲 71 歲。然林漢泉於引文後反駁 71 歲之説，認爲張氏應卒於 78 歲。本文採林漢泉 78 歲之説。

較高式〔註67〕		陰面：同治五年吉月題准建坊		
建物圖片	陽面		陰面	

文獻資料

1. 《合校足本新竹縣采訪冊‧卷六‧坊匾》〔註68〕
「鄭張氏節孝坊：在縣城北門外湳子莊，距城三里。」
2. 《合校足本新竹縣采訪冊‧卷十‧孝友》〔註69〕
「鄭如蘭……母羅氏、張氏，均二品夫人。羅氏早卒，張氏守節，孝養備周，必誠必敬，日用飲食，躬親洗腆。母或有疾，延醫診視，方藥必證以醫書，嘗而後進，侍奉維謹，不敢諉諸僕從……」
3. 《新竹市志‧卷七‧人物志‧第八章　列女》〔註70〕
張氏棗娘（1800～1878）
按淡水廳誌內記載：「張棗娘，竹塹炳女，適水田鄉賢鄭崇和之子庠生用錦，年二十九歲，享年七十一，子如蘭庠生，同治六年旌。」張氏生於嘉慶庚申五年十一月廿七日（西元一八○○年），卒於光緒戊寅四年三月二十日（西元一八七八年），享生應是七十八歲。嘉慶二十四年（一八一九年），氏年二十歲嫁于用錦，共守節霜居計四十九年。子有三：長德纘、次德桂、參德探。子如蘭增生花翎同知銜候選主事。同治六年題准旌表，計未十年建坊於湳雅莊萬年橋畔（現仍存）。如蘭方齔之年即孤，氏撫養長大成人，先生年少即捧書冊入塾，每日記誦書文倍於他人，既長，文譽大起，受知遇於提學道丁曰健，補博士弟子員。如蘭事母至孝。張氏含莘茹孤，養子有成，傳頌於後。
4. 牌坊旁解說牌：〈張氏節孝坊〉〔註71〕
張氏節孝坊為表彰鄭用錦的妻子張棗娘事蹟所建。鄭用錦生於一七九九年，是鄭崇和之三子，為淡水廳學附生。鄭用錦於一八二○年娶張棗娘為繼室，去世時，張氏一人獨立撫育三子，事親至孝，守節四十九年。一八六六年題准建坊，一八七一年建坊於湳雅萬年橋畔。

〔註67〕張德南，《新竹市的牌坊》，頁46～50。
根據張德南在此書中的分法，將四柱三間二層的牌坊構造型式分成兩種，其一為「四柱等高式」，此種牌坊的穩定性高，護檐結構的合理性也高。另一種為中柱較高式，此類型的牌坊節點結構較不合理，穩定性較弱，但在牌坊高度相同時，此種型式的牌坊較四柱等高式的牌坊具有高聳之感。
〔註68〕陳朝龍著、林文龍點校，《合校足本新竹縣采訪冊》，頁313。
〔註69〕陳朝龍著、林文龍點校，《合校足本新竹縣采訪冊》，頁519。
〔註70〕林漢泉，《新竹市志‧卷七‧人物志‧第八章　列女》，頁⑦233。
〔註71〕筆者實地調查後，抄錄自牌坊旁之〈張氏節孝坊〉說明牌。調查日期：2011/01/22。

張氏節孝坊爲四柱三間三層的石坊，在用材上也是以泉州白石爲主，配以青斗石雕刻，塑造牌坊的珍貴與價值感。張氏節孝坊造形與新竹地區其他石坊不同，整體在比例上與其他石坊較爲寬大低矮，而顯得平實穩重些，特別是一、二層的尾端出檐，不但雕出滴水瓦線，末端也起翹上揚，是與其他牌坊最大的差異。

5. 《臺灣全志》卷二‧土地志‧勝蹟篇〔註72〕

位於新竹市，乃爲表彰張棗娘事蹟而建。張氏之夫爲開臺進士鄭用錫三弟——鄭用錦。鄭用錦時爲淡水廳學附生，於嘉慶 25 年（1820）取張棗娘爲繼室，用錦去世後，張氏守節 49 年，獨力撫養三子、事親至孝。同治 5 年（1866）題准建坊表彰，遂於同治 10 年（1871）建成。該坊爲四柱三間三層格局，整體比例較寬大低矮，使用泉州白石爲建材，配以青石雕刻，其一、二層尾端出簷未雕初（原誤，應爲「出」字。）滴水瓦線爲其特色，不同於新竹地區其他牌坊。現已列爲國家第三級古蹟保存。

| 建物文字 | **陽面**
匾額：天旌節孝
事蹟枋：節孝
　　　　皇清旌表同安縣金門故淡廳鄭用錦妻張氏坊〔註73〕
明間中柱聯：悲深哀鵠幸能代報春暉夫眞有婦
　　　　　　念□□□□解課□□定母實慈師〔註74〕
次間邊柱聯：北郭清風垂壼範
　　　　　　東瀛皓月照眞心
陰面
匾額：天旌節孝
事蹟枋：同治五年吉月題准建坊
明間中柱聯：苦節堅貞四十載矢志柏舟磺溪流潔
　　　　　　恩綸獎錫千百年垂芳彤管瀛嶠風清
次間邊柱聯：松筠介節標瀛海
　　　　　　冰雪清輝映玉山 |
| 藝術表現 | 石雕
雕法：圓雕、透雕、平浮雕、淺浮雕、深浮雕、陰刻。 |

〔註72〕 張素玢、陳鴻圖、鄭安晞，《臺灣全志》卷二‧土地志‧勝蹟篇，頁 134。
〔註73〕 根據牌坊的現況看來匾額與事蹟枋應是重製。又根據《合校足本新竹縣采訪冊》，其內容記載了當時提請旌表建坊的人名：「閩浙總督左宗棠、福建撫院徐宗幹、福建學政曹秉濬、福建布政張銓慶、台灣知府陳懋烈、淡廳同知鄭元杰、淡學訓導楊維章，同治五年吉月，爲皇清旌表同安縣金門故淡廳庠生鄭用錦妻張氏立」，故應是重製無誤。參見陳朝龍著、林文龍點校，《合校足本新竹縣采訪冊》，頁 313。
〔註74〕 根據張德南《新竹市的牌坊》一書記爲「念奶哺雛尤解課課勤答姨母實爲歸」。參見：張德南，《新竹市的牌坊》，頁 87。

	陽面
建物線繪圖與尺寸	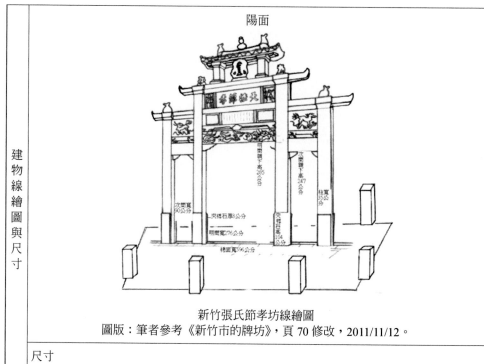 新竹張氏節孝坊線繪圖 圖版：筆者參考《新竹市的牌坊》，頁 70 修改，2011/11/12。
	尺寸 總面寬為 596 公分、明間寬為 276 公分（不含柱寬）、次間寬為 90 公分（不含柱寬）、柱寬為 35 公分、明間額下高 285 公分、次間額下高 247 公分。四柱之下前後各有一層夾杆石，石高 104 公分、厚 8 公分。牌坊四周有石護欄。
備註	1.事蹟枋的規制與台灣其他牌坊不同。 2.張棄卒年有 2 說。（見本表註 66） 3.牌坊型制較寬大低矮。 4.事蹟枋的寫法與其他牌坊不同，是否為重修時誤置，待考。 5.張氏為新竹鄭家鄭用錫弟婦，子如蘭為增貢生，修橋築路不可勝數。

※牌坊相關之圖片

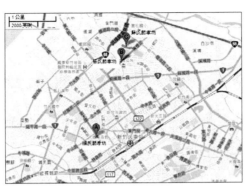

現存新竹市牌坊地理位置圖
圖版：Google 地圖搜尋，2011/10/20。

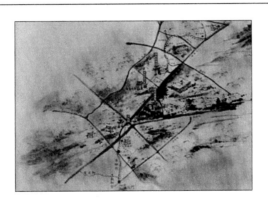

清代淡水廳竹塹城北上大官道圖
圖版：張德南，《新竹市的牌坊》，頁 65。

張氏節孝坊旁之說明牌
圖版：筆者自攝，2011/01/22。

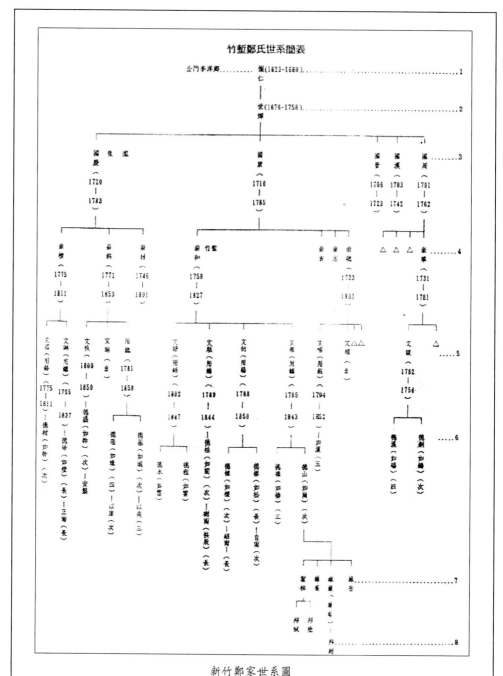

新竹鄭家世系圖

圖版：黃朝進，《清代竹塹地區的家族與地域社會──以鄭、林兩家爲中心》，頁69。

新竹市　蘇氏　節孝坊

地點	■原址：新竹市北區湳雅里武陵路 218 巷〔註 75〕				調查者	施雲萍
	□遷建：無					
年代	旌表年代：光緒元年（1875）				調查日期	2010/02/11
	建坊年代：光緒 6 年（1880）					
旌表人物	人物	蘇進治（淡水廳竹塹城故儒士例贈文林郎吳國步之妻）				
	事蹟	1. 蘇氏，生於嘉慶元年（1796），卒於同治 4 年（1865），享年 70 歲。 2. 29 歲寡，〔註 76〕撫 2 幼兒，其一子吳士敬，庚午舉人，以軍功奏保候選訓導，後加捐為候選內閣中書。		類別	□貞孝 ■節孝	
	備註	死後旌表（光緒元年，卒後 10 年），死後建坊（光緒 6 年，卒後 16 年）		守節年數	42 年〔註 77〕	
建物形式	四柱三間三層中柱較高式〔註 78〕	陽面判斷	判斷依據	無法判斷 但根據張德南《新竹市的牌坊》一書中所引之牌坊舊照，其中層與下層護擔上之獅座可判斷其面向。〔註 79〕	材質	泉州白石 青斗石
			事蹟枋內容	陽面：「旌表臺北府新竹縣即前臺灣府淡水廳故儒士例贈文林郎吳國步之妻蘇氏坊」 陰面：覈實官員之名		

〔註 75〕 蘇氏節孝坊的地號為：新竹市武陵路 719 地號，清代時位於竹塹城的北上大官道附近。

〔註 76〕 蘇氏 26 歲守寡之說有陳培桂，《淡水廳志》、林漢泉，《新竹市志·卷七·人物志·第八章　列女》、牌坊旁之〈蘇氏節孝坊〉說明碑。然而根據筆者於 2011 年 1 月份實地調查的結果，牌坊上所鐫刻之文字資料則為「持節本家風廿九歲操凜松筠白華志節，褒旌昭國典四十年名成獲教丹陛恩隆。」因此，若根據楹柱上鐫刻的文字資料，則蘇氏守節之齡應為 29 歲。

〔註 77〕 以蘇氏 29 歲守寡計算。

〔註 78〕 張德南，《新竹市的牌坊》，頁 46～50。
根據張德南在此書中的分法，將四柱三間二層的牌坊構造型式分成兩種，其一為「四柱等高式」，此種牌坊的穩定性高，護擔結構的合理性也高。另一種為中柱較高式，此類型的牌坊節點結構較不合理，穩定性較弱，但在牌坊高度相同時，此種型式的牌坊較四柱等高式的牌坊具有高聳之感。

〔註 79〕 張德南，《新竹市的牌坊》，頁 90。

建物圖片	陽面	陰面

文獻資料

1. 《合校足本新竹縣采訪冊・卷六・坊匾》〔註80〕
   「吳蘇氏節孝坊：在縣城外湳子庄，距城三里許。」
2. 《新竹市志・卷七・人物志・第八章　列女》〔註81〕
   蘇氏
   按淡水廳誌內載：「蘇氏，竹塹吳國步妻，年二十六守寡，卒年七十四，其子吳士敬，字以讓，號謹齋，同治九年（一八七○年）庚午舉人，北門街人，候選訓導，內閣中書。」建坊於湳雅一帶仍存。
3. 牌坊旁之說明碑：〈蘇氏節孝坊〉〔註82〕
   清光緒六年（公元一八八○年）庚辰仲秋興建於湳雅莊現址，為旌表臺北府新竹縣及前臺灣府淡水廳故儒士例贈文林郎吳國步之妻蘇氏節孝之石坊。
   蘇氏二十六歲喪夫，七十四歲卒，守節四十餘年。子吳士敬，字以讓，號謹齋，同治九年（一八七○年）庚午舉人，於光緒十五年（一八八九年）由巡撫劉銘傳題請旌表，詔祀孝悌祠。母節子孝，足為後人典範。〔註83〕
   蘇氏節孝坊為四柱三間三層五樓，主要的樑、柱、坊等構材均採泉州白色花崗石打造，中央額坊（原）陽面雕有四龍一珠，陰面則為雙龍雙鳳一珠。石坊的聖旨牌、框堵、鴟尾、雀替等構材為青綠色產自泉州玉昌湖的青斗石，採鏤刻透雕手法。整座牌坊造型挺拔秀麗，架構比例合宜，雕刻細膩有緻，誠屬佳構。
   石坊聯文如下：（略，見建物文字欄。）
   歲次丁丑年仲春新竹市政府築籬立石（民國八十六年）〔註84〕

〔註80〕 陳朝龍著、林文龍點校，《合校足本新竹縣采訪冊》，頁314。

〔註81〕 林漢泉，《新竹市志・卷七・人物志・第八章　列女》，頁⑦239。

〔註82〕 筆者實地調查後抄錄，2011/01/22。

〔註83〕 此處出現明顯錯誤。「清光緒6年（公元1880年）庚辰仲秋興建於湳雅莊現址」，此與牌坊上之鐫刻文字相同。但於下文又記載：「光緒15年（1889年）由巡撫劉銘傳題請旌表，詔祀孝悌祠。母節子孝，足為後人典範。」按提請旌表建坊之順序，應先提請旌表，獲准後，再根據旨意給予牌匾、立碑或者建坊之獎勵。因此，不可能在光緒6年即已建坊，卻又在光緒15年才提請旌表。

〔註84〕 筆者實地調查後，抄錄自牌坊旁之〈蘇氏節孝坊〉說明碑。

	4.《臺灣全志》卷二・土地志・勝蹟篇〔註85〕 　位於新竹市，表彰的對象爲吳國步之妻蘇氏，其名不詳。蘇氏 29 歲喪夫，原欲殉死，但念其子年又（原誤，應爲「幼」字。）待哺，矢志守節 40 年。其母代父職、教子甚嚴，獨子吳國敬爲同治 9 年（1870）庚午科舉人，候選爲內閣中書。蘇氏於 69 歲，光緒 6 年（1880）題准旌表。該坊爲四柱三間三層規模，建材爲花崗石與青斗石。今已列爲國家第三級古蹟保存。
建物文字	**陽面** 匾額：節孝 事蹟枋：旌表臺北府新竹縣即前臺灣府淡水廳故儒士例贈文林郎吳國步之妻蘇氏坊 明間中柱聯：持節本家風廿九歲操凜松筠白華志節〔註86〕 　　　　　　褒旌昭國典四十年名成荻教丹陛恩隆〔註87〕 　　　　　　賜進士出身大理寺卿年侍生寶□森頓首拜題〔註88〕 次間邊柱聯：光緒庚辰仲秋 　　　　　　堂上奉萱帷蘇孺人春暉能報 　　　　　　階前培桂樹吳季子秋榜同登 　　　　　　賜進士及第翰林院□□年愚姪王仁□頓首拜題〔註89〕 **陰面** 匾額：節孝 事蹟枋：全題□旌□名〔註90〕 　　　　閩浙總督部堂李□□〔註91〕 　　　　福建巡撫部院王凱泰 　　　　福建提督學政馮譽驥 　　　　福建布政使司□□亨〔註92〕

〔註85〕 張素玢、陳鴻圖、鄭安晞，《臺灣全志》卷二・土地志・勝蹟篇，頁 134。
〔註86〕 張德南的調查則爲：「持節本家風『廿』歲『年持』『秉』松筠白華志節」。參見：張德南，《新竹市的牌坊》，頁 96。
〔註87〕 根據《新竹市志・卷七・人物志・第八章　列女》所列文字爲：「袞旌昭荻典四十年名成幛教子丹階思隆」，與筆者實地調查有不同。參見：林漢泉，《新竹市志・卷七・人物志・第八章　列女》，頁⑦ 239。
〔註88〕 張德南的調查則爲：「『進士及第』大理寺卿年侍生寶□森頓首拜題」。參見：張德南，《新竹市的牌坊》，頁 96。
〔註89〕 張德南的調查則爲：「賜進士及第翰林院□□年愚姪王『任』□頓首拜題」。參見：張德南，《新竹市的牌坊》，頁 96。
〔註90〕 張德南之調查爲「會請旌表芳名」。參見：張德南，《新竹市的牌坊》，頁 96。
〔註91〕 筆者實地勘查時，字跡已相當模糊。之後筆者查閱《合校足本新竹縣采訪冊・卷六・坊匾》，其記載爲「閩節總督部堂李鶴年」。（筆者實地勘查應爲「閩浙」，「節」字應爲筆誤。）參見：陳朝龍著、林文龍點校，《合校足本新竹縣采訪冊》，頁 314。
　　　又張德南的調查亦爲「李鶴年」。參見：張德南，《新竹市的牌坊》，頁 96。
〔註92〕 筆者實地勘查時，字跡已無法辨識。之後筆者查閱《合校足本新竹縣采訪冊・卷六・坊匾》，其記載爲「福建建布政使司葆亨」。（筆者實地勘查並無兩「建」字，應爲筆誤。）參見：陳朝龍著、林文龍點校，《合校足本新竹縣采訪冊》，頁 314。又張德南的調查爲「福建布政使司葆『享』」。參見：張德南，

	臺澎督學道□獻綸〔註93〕 臺灣府知府□壽□〔註94〕 淡水廳同知陳星聚 淡水儒學訓導梁仲年 光緒庚辰仲秋 明間中柱聯：光緒庚辰仲秋之月 　　　　　守從一而永終玉潔冰清苦節竟同奇節〔註95〕 　　　　　垂在三於不朽鸞章鳳誥恭人無愧完人〔註96〕 　　　　　賜進士出身翰林院編修　拜題 次間邊柱聯：歷七旬翼燕和熊所天默鑒蓮心苦 　　　　　看二子經文緯武怎地漸嘗蔗境甘 　　　　　庚午科解
藝術表現	石雕 雕法：圓雕、透雕、平浮雕、淺浮雕、深浮雕、陰刻。

《新竹市的牌坊》，頁96。

〔註93〕根據《合校足本新竹縣采訪冊・卷六・坊圖》，其記載為「台灣督學道夏獻綸」。（筆者實地勘查為「臺『澎』督學道」。）參見：陳朝龍著、林文龍點校，《合校足本新竹縣采訪冊》，頁314。又張德南的調查為「台灣督學道夏獻綸」。參見：張德南，《新竹市的牌坊》，頁96。

〔註94〕根據《合校足本新竹縣采訪冊・卷六・坊圖》，其記載為「台灣府知府孫壽銘」。參見：陳朝龍著、林文龍點校，《合校足本新竹縣采訪冊》，頁314。又張德南的調查亦為「台灣府知府孫壽銘」。參見：張德南，《新竹市的牌坊》，頁96。

〔註95〕張德南的調查則為：「守從一而永終玉潔冰清苦節『更』同奇節」。參見：張德南，《新竹市的牌坊》，頁96。

〔註96〕張德南的調查則為：「垂『再』三於不朽鸞章鳳誥恭人無愧完人」。參見：張德南，《新竹市的牌坊》，頁96。

建物線繪圖與尺寸	陽面 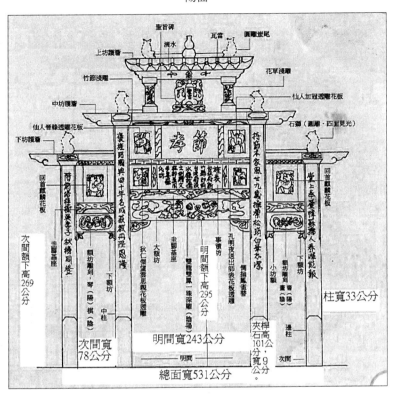 蘇氏節孝坊線繪圖
	圖版： 圖片：張德南，《新竹市的牌坊》，頁 93。 尺寸：筆者調查資料，2011/1/22。 圖註：反白部分為筆者調查資料，其餘為原著，各部名稱用法與本論文不完全相同。
	尺寸 1. 總面寬為 531 公分、明間寬為 243 公分、次間寬為 78 公分、柱寬為 33 公分、明間額下高 295 公分、次間額下高 269 公分。四柱之下前後各有一層夾杆石，石高 101 公分、厚 9 公分，裝飾功用大於結構功能。牌坊四周並無石護欄。 2. 張德南：總高度為 750 公分，總高與明間寬比為 3：1，是台灣牌坊中最挺拔者。〔註 97〕
備註	1. 臺灣地區高度最高的牌坊。〔註 98〕 2. 蘇進治喪夫之年有 26 歲、29 歲等之說。 3. 蘇氏子吳士敬為舉人。 4. 家族吳勝吉、吳讓記為殷厚郊商。 5. 蘇進治參與家族企業經營，且具決定權地位。

〔註 97〕 張德南，《新竹市的牌坊》，頁 92。
〔註 98〕 張德南，《新竹市的牌坊》，頁 91。

※牌坊相關之圖片

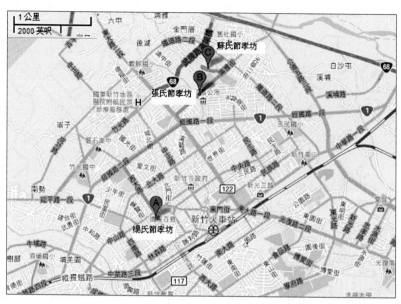

現存新竹市牌坊地理位置圖

圖版：Google 地圖搜尋，2011/10/20。

蘇氏節孝坊前解說牌

圖版：筆者自攝，2011/01/22。

蘇氏節孝坊舊照
圖版：張德南，《新竹市的牌坊》，頁 90。

蘇氏節孝坊明間匾額與字板
圖版：筆者自攝，2011/01/22。

台北市　黃氏　節孝坊

<table>
<tr><td rowspan="2">地點</td><td colspan="3">■原址：舊臺北府東城門附近（約爲今總統府左側靠近懷寧街附近）〔註99〕</td><td rowspan="2">調查者</td><td rowspan="2">施雲萍</td></tr>
<tr><td colspan="3">■遷建：
1.日治時期（明治 34 年，1901 年，光緒 27 年），爲拓建總督府官邸圍牆（今台北賓館），遷於今二二八公園內。〔註100〕
2.1990 年，台北捷運車站施工，先拆下，捷運完工後，於 1997 年 10 月，於二二八公園內復原。（台北市中正區凱達格蘭大道 3 號）</td></tr>
<tr><td rowspan="2">年代</td><td colspan="3">旌表年代：同治 9 年（1870）</td><td rowspan="2">調查日期</td><td rowspan="2">2011/02/26</td></tr>
<tr><td colspan="3">建坊年代：光緒 8 年（1882）</td></tr>
<tr><td rowspan="4">旌表人物</td><td colspan="2">人物</td><td>黃器（娘）〔註101〕。（監生王家霖之妻，泉州。）</td><td></td><td></td></tr>
<tr><td colspan="2">事蹟</td><td>1.黃氏，泉州人，生於嘉慶 25 年（1820），卒於光緒 19 年（1893），享年 74 歲。
2.16 歲時嫁入黃家，28 歲喪夫，上事翁姑，下撫育三子二女（長子幼殤，故共三子。）〔註102〕</td><td>類別</td><td>□貞孝
■節孝</td></tr>
<tr><td colspan="2">備註</td><td>1.生前旌表（同治 9 年，年 51。），生前建坊（光緒 8 年，年 63。）
2.由黃氏之二子王天錫建坊。</td><td>守節年數</td><td>47 年</td></tr>
<tr><td rowspan="2">建物形式</td><td rowspan="2">四柱三間二層中柱較高式</td><td rowspan="2">陽面判斷</td><td>判斷依據</td><td>無法判斷。〔註103〕
1.遷建。
2.下層護檐獅座呈側坐，獅頭無偏向。</td><td>材質</td><td>泉州白石
青斗石</td></tr>
<tr><td>事蹟枋內容</td><td>双面相同
「清旌表故儒士王家霖妻黃氏坊」</td><td></td><td></td></tr>
</table>

〔註99〕　楊仁江，〈台北市黃氏及周氏節孝坊之研究（上）〉，頁 35、頁 61 註 29。何良正則認爲牌坊坐落地點大約在現今外交部一帶。何良正等編著，《台灣的古蹟──北台灣》，頁 72。

〔註100〕根據：楊仁江，〈台北市黃氏及周氏節孝坊之研究（下）〉，頁 36；河出圖社策劃，《古地圖台北散步 1895 清代台北古城》，頁 63；牌坊旁台北市政府所立之碑文，此坊遷建時間均爲 1901 年。而根據：何良正等編著，《台灣的古蹟──北台灣》，頁 72，此坊遷建時間爲 1921 年。

〔註101〕「娘」字爲當時對女子經常性的稱呼，故以此判斷其名應爲「黃器」。

〔註102〕河出圖社策劃，《古地圖台北散步 1895 清代台北古城》，頁 63。

〔註103〕楊仁江認爲：此坊次間小額枋上陽面之淺浮雕「棋」與「書」，與陰面之「琴」與「畫」，爲日治遷建時所錯置。故而可由此得知楊仁江對此坊之陽、陰面之判斷。參見：楊仁江，〈台北市黃氏及周氏節孝坊之研究（下）〉，頁 124。

	陽面	陰面
建物圖片		
文獻資料	1.《臺灣通史‧卷35》列女列傳‧王家霖妻〔註104〕 　黃氏，淡水人，嫁艋舺仕人王家霖。夫死守節，卒年七十有四，奉旨旌表。光緒八年冬十月，建坊於城內東門街。 2.《總督府檔案》 3. 楊仁江根據《龍塘王氏族譜》手抄本更正王國璠之《臺北市志》志九‧人物志中，關於黃氏之生平。〔註105〕 　「黃氏，名器娘，諡端懿，係舖錦黃黨官之次女。生於清嘉慶二十五年庚辰（西元一八二〇年）九月初九酉時，卒於清光緒十九年癸巳（西元一八九三年）二月二十八日午時，享年七十四歲。十六歲時，嫁給福建省泉州府晉江縣南關外二十三都水頭鄉大她一歲的書生王家霖。王家霖本名媽赤，又名秋霖，字則澍，號敦嚴；家霖是他的官章。生於清嘉慶二十四年己卯（西元一八一九年）二月二十日，卒於道光二十七年丁未（西元一八四七年）二月二十三日，享年二十九歲。是道光庚戌，議敘按察使司照磨，後因助餉軍功晉州同加二級，從五品銜王宗河的長子。王宗河早年因蔡牽之役棄儒從商，往來於大陸與淡水廳艋舺一帶。王家霖也因此幫忙前往臺灣殖貨。故里留下黃氏一人，在家奉養王母許氏，但因許氏體弱多病，黃氏躬身在旁，服侍有加。至王母去世時，又代夫職全權處理治喪事宜。黃氏二十八歲那年，夫君因考試未取，力圖振奮，竟因體弱不支而辭別人世。黃氏哀慟之餘，立誓撫孤守節。其後，王宗河繼娶副室黃氏懿柔，定居艋舺頂新街（今萬華西昌街一帶），並接黃器娘一家來臺同住。來臺後的黃氏，奉事翁姑不遺餘力，平日以女紅為務，生活起居粗茶淡飯；親戚造訪，非有必要，絕不輕易相見。教子成人，各有所成。黃氏有子四人，女二。長子愛雅幼殤，次子天錫，字愛純，號純卿，別號蝦堂老人，貢監生，因山西賑濟，捐翰林待詔，賞戴藍翎，加中書科中書銜。三子天來，字愛柔，號遠卿。四子天均，監生，以軍功議敘六品藍翎。長女嫁艋舺直興街邑廩生文人黃中理。次女嫁國學生徐種玉。」 4.《臺灣全志》卷二‧土地志‧勝蹟篇〔註106〕 　位於臺北市中正區二二八紀念公園內，此坊之乃為旌表王家霖之妻黃氏節孝事蹟而立。黃氏，生於嘉慶25年（1820），卒於光緒19年（1893），28歲喪夫，其後侍奉翁姑、撫養遺孤，清操勁節，為鄉里所流傳。同治年間，地方官員仕紳奏請旌表，光緒8年（1882）建坊，為四柱三間造型，並有名士陳季芳題聯刻石於上，用於垂範後世。坊原建於臺北府城東門內，日治時代拓建臺灣總督府官邸圍牆，乃予以拆邊，現位於臺灣博物館東側為國家第三級古蹟。 5. 臺灣總督府公文類纂數位化檔案，臺北城內旌表ヲ公園豫定地內ヘ移轉ノ件，0502-006，0046。

〔註104〕連橫，《臺灣通史》，頁1026～1027。
〔註105〕楊仁江，〈臺北市黃氏及周氏節孝坊之研究（上）〉，頁34～36。
〔註106〕張素玢、陳鴻圖、鄭安晞，《臺灣全志》卷二‧土地志‧勝蹟篇，頁132。

	6.溫國良，《臺灣總督府公文類纂宗教史料彙編（明治二十八年十月至明治三十五年四月）》，南投市：臺灣省文獻委員會，1999.6。
建物文字	**陽面**（陽面、陰面根據楊仁江之調查報告） 匾額：節孝 事蹟枋：清旌表故儒士王家霖妻黃氏坊 明間中柱聯：清節厲冰霜辛蘗半生幸有遺徽型海上 　　　　　湛恩深雨露貞珉一片長留懿德在人間 　　　　　賞戴花翎欽加三品銜知臺北府事陳星聚拜題 次間邊柱聯：黃鵠譜悲歌淚灑素帷冰霜節苦 　　　　　紫鳶隆寵誥輝流彤管雨露恩深〔註107〕 　　　　　賞戴花翎補用府正堂前署淡水分府何恩綺拜題 **陰面** 匾額：節孝 事蹟枋：清旌表故儒士王家霖妻黃氏坊 明間中柱聯：有志事竟成喜當年畫荻和凡遽臻揚顯〔註108〕 　　　　　苦心天不負看此日封泥錫檢渥荷褒榮 　　　　　賞戴花翎署理臺北艋舺水陸參府海壇左營遊府銳勇巴圖魯鄭榮拜題 次間邊柱聯：廿八歲痛撫藐孤從夫之終從子之始 　　　　　六十載永操勁節為母則壽為婦則貞 　　　　　賜進士出身戶部主政掌教登瀛學海書院陳季芳拜題
藝術表現	石雕 雕法：圓雕、平浮雕、淺浮雕、深浮雕、陰刻。
建物線繪圖與尺寸	陽面 台北黃氏節孝坊線繪圖（陽面） 圖版：楊仁江，〈臺北市黃氏及周氏節孝坊之研究（下）〉，無標註頁碼。

〔註107〕楊仁江之調查為：紫「鶯」隆寵誥輝流彤「管」雨露恩深。參見：楊仁江，〈台北市黃氏及周氏節孝坊之研究（下）〉，頁125。

〔註108〕楊仁江之調查為：有志事竟成喜當當年畫荻和「丸據增」揚顯。參見：楊仁江，〈台北市黃氏及周氏節孝坊之研究（下）〉，頁125。

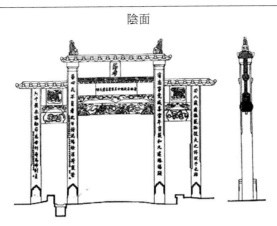

陰面

台北黃氏節孝坊線繪圖（陰面）
圖版：楊仁江，〈臺北市黃氏及周氏節孝坊之研究（下）〉，無標註頁碼。

尺寸
1. 筆者調查 　總面寬為 595 公分、明間寬為 272 公分（不含柱寬）、次間寬為 90 公分（不含柱寬）、 　柱寬：明間柱寬 36 公分、次間柱寬 35 及 36 公分、次間額下高 270 公分。四柱之下前 　後各有一層夾杆石，石高 72 公分、厚 11 公分，為裝飾作用。牌坊四周並無石護欄。 2. 根據《新竹楊氏節孝坊與李錫金孝子坊修復計畫》〔註 109〕 　總高 535 公分、明間額下高 305 公分。

備 註	1. 同治 9 年（1870），淡水廳同知陳培桂將黃氏列入其修纂之《淡水廳志》，時黃氏年 51。 　後工部主事高臚璟，奏請按例旌表。 2. 光緒 8 年（1882），次子天錫親自泉州延聘建坊之工匠及選購石材。 3. 光緒 19 年（1893），王天錫與王、杜等四人聯名向巡撫唐景崧秉請建節孝祠。節孝祠甫 　建成即遇乙未割台被日本團兵屯占，光緒 30 年（1904，明治 37 年）重建於台北圓山公 　園內（時為圓山動物園），光緒 32 年（1906，明治 39 年）王天錫寫下〈臺北節孝祠碑 　記〉。〔註 110〕 4. 中柱由上至下內凹成弧形線腳，占全柱 1／2，邊柱則占 2／3。 5. 柱寬明、次間不同。

〔註 109〕漢寶德主持，《新竹楊氏節孝坊與李錫金孝子坊修復計畫》，頁 8。
〔註 110〕以上備註資料參考自：楊仁江，〈台北市黃氏及周氏節孝坊之研究（上）〉，頁
　　　　34～36。

※牌坊相關之圖片

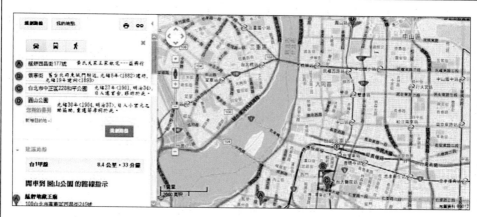

黃氏節孝坊與台北節孝祠遷移地理位置圖

圖版：筆者根據文獻資料，從 Google 地圖自繪，2012/11/20。

台北黃氏節孝坊明間

台北黃氏節孝坊次間

台北黃氏節孝坊次間

苗栗市　賴氏　節孝坊

<table>
<tr>
<td rowspan="2">地點</td>
<td colspan="3">■原址：苗栗市中正路與文昌街交叉口（苗栗文昌祠右側）</td>
<td rowspan="2">調查者</td>
<td rowspan="2">施雲萍</td>
</tr>
<tr>
<td colspan="3">■遷建：
1. 宣統元年（1909，明治 42 年），因開闢道路，遷移至苗栗高苗里天雲街天雲廟邊，與同治 12 年（1873）旌表黃天賢妻楊氏的天旌節孝碑及光緒 7 年（1881）日人褒彰的徐友妹天旌節孝碑同立巷頭。〔註 111〕
2. 民國 68 年（1979）天雲廟擴建，再遷牌坊至福星山公園現址，地址為苗栗縣苗栗市大同里福星山苗栗段 767 之 17 地號。</td>
</tr>
<tr>
<td rowspan="2">年代</td>
<td colspan="3">旌表年代：光緒 9 年（1883）</td>
<td rowspan="2">調查日期</td>
<td rowspan="2">2011/01/16</td>
</tr>
<tr>
<td colspan="3">建坊年代：光緒 9 年（1883）〔註 112〕</td>
</tr>
<tr>
<td rowspan="4">旌表人物</td>
<td colspan="2">人物</td>
<td>賴四娘（儒士劉金錫之妻，廣東嘉應州平遠縣東石鄉）〔註 113〕</td>
<td rowspan="3">類別</td>
<td rowspan="3">□貞孝
■節孝</td>
</tr>
<tr>
<td colspan="2" rowspan="2">事蹟</td>
<td rowspan="2">1. 賴氏生於嘉慶 11 年（1806），卒於光緒 14 年（1888），享年 83 歲。
2. 賴氏自幼指腹為舉人劉獻廷長子金錫為妻，年 14 喪夫，矢志守節。金錫弟金璧將長子過繼予賴氏，賴氏加以撫育成人。</td>
</tr>
<tr>
</tr>
<tr>
<td colspan="2">備註</td>
<td>生前旌表（光緒 9 年，年 78），生前建坊。</td>
<td>守節年數</td>
<td>70 年</td>
</tr>
<tr>
<td rowspan="2">建物形式</td>
<td rowspan="2">四柱三間三層中柱較高式〔註 114〕</td>
<td rowspan="2">陽面判斷</td>
<td>判斷依據</td>
<td>中層與下層護檐之獅座座向</td>
<td rowspan="2">材質</td>
<td rowspan="2">泉州白石
青斗石
砂岩</td>
</tr>
<tr>
<td>事蹟枋內容</td>
<td>双面相同
「臺北府新竹縣貓貍街儒士劉金錫之妻賴氏節孝坊　光緒九年葭月日」</td>
</tr>
</table>

〔註 111〕 關於遷建的時間，此處引楊仁江於《苗栗賴氏節孝坊調查研究》的説法。但根據陳運棟的説法：此坊因地震與道路拓寬而遷建的時間為昭和 10 年（1935，民國 24 年），兩造説法時間有出入。參見：楊仁江，《苗栗賴氏節孝坊調查研究》，頁 4、5。陳運棟，《重修苗栗縣志・卷卅二・人物志上冊》，頁 467。

〔註 112〕 陳運棟，《重修苗栗縣志・卷卅二・人物志上冊》，頁 467。

〔註 113〕 彭城（屬江蘇省）劉氏家族原籍武平（屬福建省），第 157 世劉懷莞遷至廣東嘉應州平遠縣東石鄉，並於乾隆年間挈眷來台，居於臺灣府彰化縣橋仔頭（今臺中市南區）。劉懷莞次子，第 158 世劉蘭斯，於乾隆 45 年（1780）舉家自彰化遷移至淡水廳南貓貍蛤仔市尖山莊（今公館鄉尖山村），經營有成致富。生有一子集璜，諱獻廷，即劉金錫之父。參見：楊仁江，《苗栗賴氏節孝坊調查研究》，頁 52～57。

〔註 114〕 張德南，《新竹市的牌坊》，頁 46～50。

陽面	陰面
建物圖片	

文獻資料

1. 苗栗縣文化中心，《苗栗史蹟巡禮》（苗栗：苗栗縣文化中心，1990.5），頁 8～10。
2. 《苗栗縣志‧卷 14》列傳‧列女‧節孝〔註 115〕
   賴四娘，貓裏萬盛女，爲舉人劉獻廷子金錫妻。年十四寡。夫弟舉人翰以孝順見重，遂以己長子世熙過繼爲嗣，娘加撫養族子。光緒九年旌，時年七十八。卒年八十三。
3. 楊仁江，《苗栗賴氏節孝坊調查研究》（苗栗：苗栗縣政府，1996.6）。
4. 楊仁江，《第三級古蹟賴氏節孝坊修護工程工作報告書》（苗栗：苗栗縣政府，2004.12）。
5. 《重修苗栗縣志‧卷卅二‧人物志上冊‧第二節　節孝》〔註 116〕
   賴四娘，貓里莊萬盛女，爲舉人劉獻廷子金錫妻，年 14 寡。夫弟人翰，以孝順見重，遂以己長子世熙過繼爲嗣；四娘加撫養族子。光緒 9 年（1883）旌揚，立石坊於文昌祠側。昭和 10 年（1935）大地震後，因拓寬道路，遷建於南苗天雲廟西側。民國 68 年（1979）又因天雲廟改建，而移置福星山（今改名貓裏山）。立坊時年 78 歲，卒年享壽 83 歲。
6. 《臺灣全志》卷二‧土地志‧勝蹟篇〔註 117〕
   位於苗栗市大同里，爲旌表賴四娘而建，原建於苗栗市文昌祠側，民國 68 年（1979）遷於現址。賴氏爲公館庄人，自幼送給劉家做童養媳，十四歲時其夫劉金錫過世，賴氏守貞盡孝，終身爲（原誤，應爲「未」字。）嫁，夫弟劉楨，感念其孝節，乃以長子世熙過繼爲嗣。鄉人敬佩其節孝風範，建請朝廷旌表，於賴氏 78 歲時，光緒 9 年（1883）奉准建坊。該坊爲四柱三間格局，以石材建構，上方刻有「聖旨」、「天旌節孝」、「臺北府新竹縣貓貍街儒士劉金錫之妻賴氏節孝坊」等字，亦有對聯多副。現爲國家第三級古蹟保存。

根據張德南在此書中的分法，將四柱三間二層的牌坊構造型式分成兩種，其一爲「四柱等高式」，此種牌坊的穩定性高，護檐結構的合理性也高。另一種爲中柱較高式，此類型的牌坊節點結構較不合理，穩定性較弱，但在牌坊高度相同時，此種型式的牌坊較四柱等高式的牌坊具有高聳之感。

〔註 115〕沈茂蔭，《苗栗縣志》，頁 211。
〔註 116〕陳運棟，《重修苗栗縣志‧卷卅二‧人物志上冊》，頁 467。
〔註 117〕張素玢、陳鴻圖、鄭安晞，《臺灣全志》卷二‧土地志‧勝蹟篇，頁 133。

建物文字	**陽面** 匾額：天旌節孝 事蹟枋：臺北府新竹縣貓貍街儒士劉金錫之妻賴氏節孝坊 　　　　光緒九年葭月日 明間中柱聯：十四齡節義守閨門無憝一家忠義 　　　　　　七八載孝名傳史冊增色兩代科名 　　　　　　三品花翎知臺北府陳星聚撰〔註118〕 明間中柱內側聯：青年尚未婚柏州永矢〔註119〕 　　　　　　　白髮能完節楓陞榮襃〔註120〕 次間邊柱聯：素履全貞直樹綱常萬古 　　　　　　黃章寵錫允堪俎豆千秋 　　　　　　新竹縣訓導劉鳴盛拜撰〔註121〕 **陰面** 匾額：天旌節孝 事蹟枋：臺北府新竹縣貓貍街儒士劉金錫之妻賴氏節孝坊 　　　　光緒九年葭月日 明間中柱聯：想當年夫死身婦死心不死青孀留勁節 　　　　　　觀此日顯對人幽對鬼自對皓首得芳名 　　　　　　三品花翎臺澎道監督學劉璈敬撰〔註122〕 次間邊柱聯：貞婦全夫直以苦衷補天憾〔註123〕 　　　　　　得親訓子祉留奇行翼人倫 　　　　　　□□周志侃□□〔註124〕
藝術表現	石雕 雕法：圓雕、平浮雕、淺浮雕、深浮雕、陰刻。

〔註118〕 楊仁江的調查為：「二」品花翎知臺北府陳星聚「拜」撰。楊仁江,《苗栗賴氏節孝坊調查研究》,頁71。

〔註119〕 楊仁江的調查為：青年未婚柏州永矢,無「尚」字。楊仁江,《苗栗賴氏節孝坊調查研究》,頁72。

〔註120〕 楊仁江的調查為：白髮完節楓陞榮襃,無「能」字。又此聯後有「朝考教諭拔貢劉瑛拜題」字,筆者實地調查卻未見。楊仁江,《苗栗賴氏節孝坊調查研究》,頁72。

〔註121〕 楊仁江的調查為：新竹縣訓導劉鳴盛拜,無「撰」字。楊仁江,《苗栗賴氏節孝坊調查研究》,頁72。

〔註122〕 楊仁江的調查為：「二」品花翎臺澎道監督學劉璈敬撰。楊仁江,《苗栗賴氏節孝坊調查研究》,頁72。

〔註123〕 楊仁江的調查為：貞婦全夫直以苦「哀」補天憾。楊仁江,《苗栗賴氏節孝坊調查研究》,頁72。

〔註124〕 楊仁江的調查為：新竹縣事周志保拜撰。楊仁江,《苗栗賴氏節孝坊調查研究》,頁72。

	陽面
建物線繪圖與尺寸	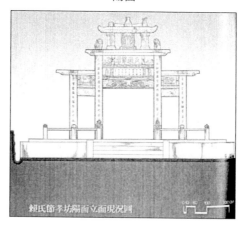 苗栗賴氏節孝坊線繪圖（陽面） 圖版：楊仁江，《苗栗賴氏節孝坊調查研究》，頁94。
	陰面
	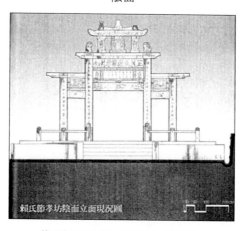 苗栗賴氏節孝坊線繪圖（陰面） 圖版：楊仁江，《苗栗賴氏節孝坊調查研究》，頁95。

尺寸
1. 筆者調查
   總面寬為486公分、明間寬為214公分（不含柱寬）、次間寬為74公分（不含柱寬）、柱寬：31公分、明間額下高215公分。四柱之下前後各有一層夾杆石，明間夾杆石頂部做平頂圓弧，高63公分、次間夾杆石做五弧形劍尖線腳，高57公分，為裝飾作用。牌坊四周有14根短柱所圍繞之石護欄，柱高47公分（不含柱頭）、寬18公分，柱頭以石獅、南瓜、文筆、印頭為飾。
2. 根據《新竹楊氏節孝坊與李錫金孝子坊修復計畫》〔註125〕
   總高510公分、次間額下高180公分。

〔註125〕漢寶德主持，《新竹楊氏節孝坊與李錫金孝子坊修復計畫》，頁8。

備註	1. 賴氏諸多狀況與林氏類似。（童養媳身分、守節年限之長。） 2. 劉獻廷於道光 14 年（1834）中舉，為貓貍地方鄉試及第第一人。次子劉金璧亦於道光 20 年（1840）中舉，因而劉氏故居公館鄉尖山村有「舉人坪」之稱。道光時期劉氏家族的發展，代表著苗栗地區移民的生活型態由初期的墾耕社會轉型為士子書香社會。 3. 本牌坊中柱內側有聯文。 4. 中柱由上至下內凹成弧形線腳，占全柱 1／2，邊柱則占 2／3。 5. 牌坊陰面分立〈徐友妹天旌節孝碑〉及〈黃天賢妻楊氏天旌節孝碑〉。 6. 牌坊週圍林蔭環繞，導致牌坊石材苔癬附著，恐加重牌坊風化。〔註 126〕

〔註 126〕楊仁江於 1994～1995 年對此坊之修復計畫，已針對此一問題做處理。然筆者於 2011 年實地調查時，苔癬附蓋建物情況再現。參見：楊仁江，《苗栗賴氏節孝坊調查研究》，頁 81。

※牌坊相關之圖片

武平到潮州地理位置圖

圖版：筆者根據 Google 地圖自繪 2012/11/22。

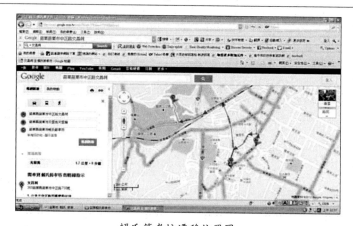

賴氏節孝坊遷移位置圖

圖版：筆者根據文獻資料，從 Google 地圖繪製，2012/11/22。

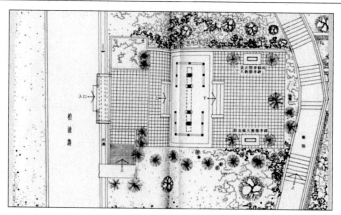

賴氏節孝坊平面位置圖

圖版：楊仁江，《苗栗賴氏節孝坊調查研究》，頁 92～93。

台南市　孔廟　泮宮坊

地點	■原址：台南市中西區府中街（孔廟正對面） ■遷建：日治時期因開闢南門路，將立於道路規劃用地上之泮宮坊，往前遷移至現址。〔註127〕		調查者	施雲萍
年代	旌表年代：非旌表性質牌坊 建坊年代： 1. 乾隆 14 年（1748），重修並擴大孔廟，在義路門外增建大成坊、左右新建泮宮坊。 2. 乾隆 42 年（1777），臺灣府知府蔣元樞重修孔廟，在巽方建泮宮坊，以對應艮方之文昌閣。		調查日期	2012/12/22

旌表人物	人物	表彰孔子之德，並與文昌閣相對，以壯規制。		類別	□貞孝 □節孝 ■其它 官坊
	事蹟				
	備註	乾隆 42 年（1777），由臺灣府知府蔣元樞重修孔廟時，因見大成坊的東北方建有高樓（文昌閣），遂決定在其東南方建泮宮坊，「以壯規制」。		守節年數	年

建物形式	四柱三間二層	陽面判斷	判斷依據	孔廟座向	材質	泉州白石青斗石
			事蹟枋內容	無事蹟枋		

建物圖片	陽面	陰面
	 圖版：筆者自攝，2012.12.22。	 圖版：四方通行網，http://guide.easytravel.com.tw/scenic.aspx?CityID=18&AreaID=244&PlaceID=3345，2012/12/20。

〔註127〕筆者實地田調時，訪問路旁攤商吳先生所得，受訪者不願透露全名。吳先生口述，訪談者施雲萍，訪談日期：2012/12/22，訪談地點：台南孔廟泮宮坊旁。

建物文字	陽面 額匾：泮宮 事蹟枋：無 明間中柱聯：集羣聖之大成振玉聲金道通中外 　　　　　　立萬世之師表存神過化德全乾坤 陰面 額匾：泮宮 事蹟枋：無 明間中柱聯：參兩大以成□時行物生無私化育 　　　　　　綜六經而垂教禮門義路不過範圍
藝術表現	石雕 雕法：圓雕、淺浮雕、深浮雕。
建物線繪圖與尺寸	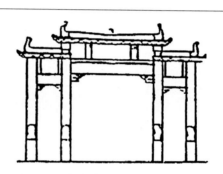 台南泮宮坊線繪圖 圖版：閻亞寧，《金門縣第一級古蹟邱良功之母節孝坊之調查研究》，頁62。 尺寸 總面寬為665.5公分、明間寬為303公分（不含柱寬）、次間寬為R：105、L：103公分（不含柱寬）、柱寬：42公分、總高550公分、明間額下高280公分、次間額下高255公分。〔註128〕四柱之下前後各有獅座夾杆石，共八座，陽面獅座平均總高約153公分、總寬約39公分、深約41公分。陰面獅座平均總高約157公分、總寬約39公分、深約41.5公分。
備註	1.「泮宮」指的是郡縣之學，泮宮坊指的是立於學校大門前的牌坊，有表彰孔子之意。 2. 台南孔子廟是在明永曆19年（1665）由參軍陳永華倡建，並設國學（明倫堂），開啓了本省儒學之先。又因是全臺灣童生們入學的地方，所以又稱「全臺首學」。從建廟起，歷經多次修建、增建，日治時被移作其它用途。民國72年（1983）被指定為國家一級古蹟，民國74年（1985）開始整修至民國78年（1989）完成為今日所見之面貌。 3. 面對廟門右手邊則有一塊下馬碑，上面以滿、漢兩種文字書寫「文武官員軍民人等至此下馬」十二個字。面對大門正前方為「泮宮坊」，是乾隆42年（1777）臺灣知府蔣元樞所建。當時蔣元樞在重修孔廟時，因見大成坊的東北方建有高樓（文昌閣），遂決定在其東南方再建一座石坊，「以壯規制」。日治時期因開闢南門路，從泮宮坊和大成坊中間通過，於是石坊與孔廟隔開，使泮宮坊失去了當初建造時的用意。

〔註128〕筆者礙於器材之限制，有關高度之數據，參考自：漢寶德主持，《新竹楊氏節孝坊與李錫金孝子坊修復計畫》，頁11。

4. 泮宮坊之石材來自泉州的花崗石，並於當地請石匠雕鑿後，運到台灣組立。全台孔廟中，僅台南孔廟有這項設施。

5. 整座牌坊除明間匾額與額枋間之櫃台腳有鏤空外，其餘花板與折柱間無孔隙，缺少穿透感但顯得渾厚質樸。

6. 明間、次間為青斗石鰲魚雀替

7. 四立柱均有抹角，獅座夾杆石則無抹角。

8. 整座坊有多處斷裂修補痕跡。

9. 牌坊旁府中街攤商林立，利用牌坊構件掛、綁東西情形普遍。

※牌坊相關之圖片

泮宮坊位置圖

圖版：筆者使用 Google map 繪製，2012.12.01。

泮宮坊側面圖

泮宮坊簷頂有許多裂痕

明間鰲魚雀替

獅座夾杆石

泮宮坊前之南門路

台南市　接官亭石坊

地點	■原址：台南市民權路 3 段 143 巷 8 號，風神廟前。			調查者	施雲萍
	□遷建：無，但於 1995 年原址重修				
年代	旌表年代：非旌表類牌坊			調查日期	2012/12/20
	建坊年代：乾隆 42 年（1777）				
旌表人物	人物			類別	□貞孝 □節孝 ■其它 官坊
	事蹟	建坊目的：做為恭迎聖旨、迎送洗塵餞別之處。			
	備註	1. 乾隆 4 年（1739），興建接官亭，初建有三進，分別為大門、官廳、風神廟。風神廟祀風、雷、雲、雨及山川諸神，當時清朝文武官員到台上任或離台必須在此祭拜，為清朝的官方祀廟。 2. 清乾隆 42 年（1777），臺灣知府蔣元樞重修官廳、廟堂，並在廟左增建公館，廟前建亭坊，做為恭迎聖旨、迎送洗塵餞別之處，此即接官亭石坊。接官亭石坊就矗立在風神廟廟口。〔註 129〕 3. 當時廟前有碼頭，為新官到台就任上岸之處，因此成為府城的門戶。 4. 原石坊後有石造鐘鼓樓一對，為迎送或朝夕擊鼓鳴鐘之用。日治大正 7 年（1918），為了拓寬府城時代大東、大西門之間的道路（今民權路），將原官廳之後的建築拆除，原官廳則改作風神廟。（光復後，鼓樓也拆除，僅留石坊。） 5. 日治大正 13 年（1924），居民於原官廳處重建風神廟。 6. 民國 84 年（1995）古蹟修復，拆除坊前民宅，重現坊前空曠風貌。修復石造鐘樓、新建石造鼓樓。〔註 130〕		守節年數	年
建物形式	四柱三間三樓二層中柱較高式〔註 131〕	陽面判斷	判斷依據	風神廟（原官廳）座向	材質	泉州白石青斗石
			事蹟枋內容	陽面：鯤維永奠 陰面：鰲柱擎天		

〔註 129〕台南市「鄉土之美」鄉土教學網站，http://weber.tn.edu.tw/edu01/tainan/main-2/main-3a1.htm，2012/12/20。

〔註 130〕備註 1、3、4、5、6 點，出自：維基百科網站，http://zh.wikipedia.org/zh-tw/%E6%8E%A5%E5%AE%98%E4%BA%AD，2012/12/20。

〔註 131〕張德南，《新竹市的牌坊》，頁 46〜50。
　　根據張德南在此書中的分法，將四柱三間二層的牌坊構造型式分成兩種，其一為「四柱等高式」，此種牌坊的穩定性高，護簷結構的合理性也高。另一種為中柱較高式，此類型的牌坊節點結構較不合理，穩定性較弱，但在牌坊高度相同時，此種型式的牌坊較四柱等高式的牌坊具有高聳之感。

建物圖片	陽面 	陰面 

建物文字	**陽面** 額匾：乾隆四十二年丁酉十月吉旦 　　　鯤維永奠 　　　福建知臺灣府事蔣元樞興建 事蹟枋：無 明間中柱聯：疊嶂重洋鞏內外千年鎖鑰 　　　　　　揆文奮武壯東南半壁金湯 **陰面** 額匾：丁酉孟冬 　　　鰲柱擎天 　　　□川蔣元樞□ 事蹟枋：無 明間中柱聯：四十二年十月穀旦 　　　　　　萬年聖烈奠南天牛女躔分舜野 　　　　　　一路福星迎北極風雲會際堯衢 　　　　　　知臺灣府事蔣元樞鼎建

藝術表現	石雕 雕法：圓雕、平浮雕、鏤雕、淺浮雕、深浮雕。

建物線繪圖與尺寸	陽面 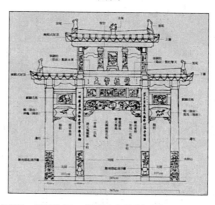 圖版：張德南，《新竹市的牌坊》，頁 45。

尺寸	總面寬為 666 公分、明間寬為 285 公分（不含柱寬）、次間寬為 106、107 公分（不含柱寬）、柱寬：明間柱寬 42 公分、次間柱寬 42 公分、總高 790 公分、明間額下高 345 公分、次間額下高 300 公分。〔註 132〕四柱之下前後各有兩層夾杆石，陽面夾杆石高約 136 公分、厚 16 公分，陰面夾杆石高約 136 公分、厚 15.5 公分。牌坊左半邊夾杆石明顯高於右半邊。
備註	1. 中柱陽陰面楹聯皆出自蔣元樞手筆。 2. 明間頂層為亭式，共八根侏儒柱撐柱檐頂，兩邊前後各三柱，龍鳳碑旁再兩柱，以彎枋和側邊侏儒柱之中間柱相連。彎枋疑為重製。中間兩侏儒柱以仿偷心造斗栱與檐頂槤相接。側邊前後四侏儒邊柱與檐頂間以捲草紋雀替相連。此亭式頂樓，在臺灣現存牌坊中，為唯一一件，形制相當特殊，大陸地區有類似之牌樓。 3. 龍鳳牌陽面陰面為紋樣，無鐫刻文字，應與此坊非皇帝下旨敕建者有關。但現存之龍鳳牌，疑為重製，原紋樣待查。 4. 陽面與陰面之下額枋浮雕接官亭官員送往迎來之交接場景，相當符合此坊之主題，與臺灣其他牌坊相比，主題性強。 5. 陽面明間下額枋，高浮雕龍首箍頭中夾以雙龍搶珠紋飾。額枋下為鰲魚雀替。 6. 陽面次間為月樑形小額枋，中有開光，淺浮雕祥鶴與老鷹。額枋之下為捲草紋雀替。 7. 陰面明間下額枋，高浮雕龍首箍頭中夾以雙龍搶珠紋飾。額枋下為鰲魚雀替。 8. 陰面次間為月樑形小額枋，中有開光，淺浮雕龍馬負圖、靈龜背書。額枋之下為捲草紋雀替。 9. 四柱皆有抹角，柱頂有櫨斗，並有粗壯丁頭栱。 10. 夾杆石較臺灣其他牌坊高，均有淺浮雕紋飾。 11. 鐘樓修復，無鐘；古樓新製，無鼓。 12. 廟前右方有原貌模型圖。 13. 接官亭坊現貌與蔣元樞之《重修臺郡各建築圖說》之圖不同。

〔註 132〕筆者礙於調查器材之限制，因此有關高度的部分，參考漢寶德主持，《新竹楊氏節孝坊與李錫金孝子坊修復計畫》，頁 11。

※牌坊相關之圖片

接官亭上層

龍鳳牌之陽面

龍鳳牌之陰面

接官亭之陽面字板，以圖像代替文字。

接官亭之陰面字板，以圖像代替文字。

接官亭陽面額枋

接官亭次間月樑

接官亭陰面額枋

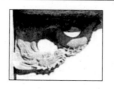

明間鰲魚雀替

次間捲草紋雀替

陽面次間

陰面次間之簷頂

※牌坊相關之圖片

接官亭之陽面淺浮雕夾杆石

淺浮雕夾杆石

接官亭旁鐘樓與鼓樓

接官亭地理位置大範圍圖
筆者使用 Google map 繪製，2012.12.23。

接官亭地理位置小範圍圖
筆者使用 Google map 繪製，2012.12.23。

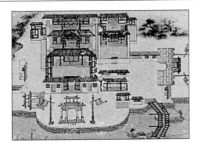

蔣元樞所繪製之接官亭圖
圖版：蔣元樞，《重修臺郡各建築圖說》。

接官亭模型

台南市　重道崇文坊

地點	■原址：創建於過去之龍王廟旁（另一說爲在過去兩廣會館旁，〔註133〕即今台南市南門路警察局前）。				調查者	施雲萍
	■遷建：台南市北區北門里公園路356號（中山公園的燕潭畔）					
年代	旌表年代：嘉慶18年（1813）				調查日期	2012/12/22
	建坊年代：嘉慶20年（1815）					
旌表人物	人物	清代貢生林朝英				□貞孝 □節孝 ■其它 義
	事蹟	1. 林朝英獨力捐貲萬金，修建縣學文廟之善行，而頒重道崇文匾額，賜六品光祿寺署正職銜，並准建坊，所建的坊，即重道崇文坊。 2. 林朝英（乾隆4年～嘉慶21年，1739～1816，年78。）爲臺灣臺南清代貢生、藝術家。小名夜華，字伯彥，祖籍漳州。乾隆54年（1789）以資授中書銜，並贈匾額。嘉慶初，林朝英萬金倡修縣學文廟（今台南孔廟）。廟成後，朝庭賜「重道崇文」匾、建坊，以資表揚。 3. 曾題寫臺南開元寺三川門的楹聯，爲其在臺灣僅存的遺墨。 4. 昭和9年（1934）因闢建南門路，龍王廟被迫拆毀，重道崇文坊也面臨了相同的命運。後經林朝英的後人向日本政府陳情重建保存。遂自費遷移至台南公園燕潭北邊。當年石坊頂檐及蚩尾損毀，遷至台南公園後重新組立，也把毀損部分一併修繕。民國81年（1992）發現柱身外傾，有傾塌的危險，市府緊急搶修，修護成爲今貌。〔註134〕			類別	
	備註	生前旌表建坊			守節年數	年
建物形式	四柱三間三樓二層四立柱等高式	陽面判斷	判斷依據	從職位高低 福建水師提督從1品 臺澎兵備道正4品 臺灣府知府從4品	材質	泉州白石 青斗石
			事蹟枋內容	陽面、陰面相同 「己酉科歲貢生原中書科中書欽加光祿寺署正職銜林朝英立」		

〔註133〕台南市「鄉土之美」鄉土教學網站，http://weber.tn.edu.tw/edu01/tainan/main-2/main-3c1.htm#top，2012/12/20。

〔註134〕事蹟之2、3、4點：維基百科，http://zh.wikipedia.org/zh-tw/%E9%87%8D%E9%81%93%E5%B4%87%E6%96%87%E5%9D%8A，2012/12/20。

	陽面	陰面
建物圖片		

建物文字	**陽面** 額匾：嘉慶十八年正月題 　　　重道崇文 　　　嘉慶式拾年參月建 事蹟枋：己酉科歲貢生原中書科中書欽加光祿寺署正職銜林朝英立 明間中柱聯：義舉著鸞宮碩望與文章並重 　　　　　綸音光石碣芳名共遒脈俱長 　　　　　提督福建水師軍務子爵世襲姻愚姪王得祿頓首拜 次間邊柱聯：碩行重東瀛洵人倫之冠冕 　　　　　隆恩來北闕邀天府之絲綸 　　　　　賜進士出身鹿港理番院同知前知臺灣縣事江陰薛志亮拜題 **陰面** 額匾：嘉慶十八年正月題 　　　重道崇文 　　　嘉慶式拾年參月建 事蹟枋：己酉科歲貢生原中書科中書欽加光祿寺署正職銜林朝英立 明間中柱聯：重道振儒風坊表榮褒海外 　　　　　崇文遵聖治爵銜寵錫雲中 　　　　　臺灣府知府前台澎兵備道兼提督學政楊廷理拜題 次間邊柱聯：功在聖門雅望長存奕世 　　　　　名旌天府高風永著千秋 　　　　　戊午科解元榮陞知縣前臺灣縣學教諭鄭兼才拜題
藝術表現	石雕 雕法：圓雕、透雕、淺浮雕、深浮雕。

建物線繪圖與尺寸	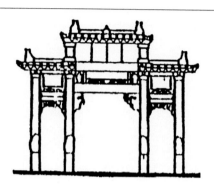 圖版：閻亞寧，《金門縣第一級古蹟邱良功之母節孝坊之調查研究》，頁62。 尺寸 總面寬為677.5公分、明間寬為299公分（不含柱寬）、次間寬為107與108公分（不含柱寬）、柱寬：40.5及41.5公分、總高480公分、明間額下高305公分、次間額下高265公分。〔註135〕四柱之下前後各有獅座夾杆石，共八座，陽面獅座平均總高約149公分、總寬約41公分、深約41公分。陰面獅座平均總高約149公分、總寬約41公分、深約41.5公分。
備註	1.石坊雕工細膩，陽面上額枋雕刻祥雲雙鳳朝牡丹紋，下額枋雕刻龍首箍頭雙龍搶火珠紋。小額枋為月樑形式，分刻龍馬負圖、靈龜背書。明間下額枋下為鰲魚雀替，次間額枋下為左右相連之如意形雀替。陰面上額枋雕刻祥雲雙鳳朝火珠紋，下額枋雕刻龍首箍頭雙龍搶火珠紋。小額枋為月樑形式，分刻蒼松福鹿、寒梅雙鶴。明間下額枋下為龍形雀替，次間額枋下為左右相連之如意形雀替。上下護簷兩端略微翹起，淺浮雕瓦當滴水。護簷之上為立脊，兩端飾以虯尾銜脊。明間簷頂正中有一葫蘆瓶。四立柱均有抹角，上端有櫨斗，四櫨斗正中均有丁頭栱出栱。 2.臺南開元寺三川門有林朝英之墨寶。開元寺地址：台南市北區北園街89號。 3.牌坊有多處修補痕跡。

〔註135〕筆者礙於器材之限制，有關高度之數據，參考自：漢寶德主持，《新竹楊氏節孝坊與李錫金孝子坊修復計畫》，頁11。

※牌坊相關之圖片

重道崇文坊側面圖

次間月樑與雀替

圖版：筆者使用 Google map 繪製，2012.12.20。

明間鰲魚雀替

丁頭栱與淺浮雕瓦當滴水

獅座夾杆石

獅座夾杆石放大圖

臺南開元寺三川門之林朝英之墨寶

台北市　洪騰雲　急公好義坊

<table>
<tr>
<td rowspan="2">地點</td>
<td colspan="4">■原址：台北府西門附近的石坊街，約在當時台北城的東北角。（約略是現在台北市中正第一警察分局所在，也就是台北市靠近補習街，中山北路與忠孝西路交叉叉口。）</td>
<td>調查者</td>
<td>施雲萍</td>
</tr>
<tr>
<td colspan="4">■遷建：日治時被台灣總督府拆下重建於現址，即今228公園（台北市中正區凱達格蘭大道3號）。</td>
</tr>
<tr>
<td rowspan="2">年代</td>
<td colspan="4">旌表年代：光緒13年（1887）</td>
<td>調查</td>
<td rowspan="2">2012/12/02</td>
</tr>
<tr>
<td colspan="4">建坊年代：光緒14年（1888）</td>
<td>日期</td>
</tr>
<tr>
<td rowspan="4">旌表人物</td>
<td>人物</td>
<td colspan="3">洪騰雲（台北艋舺－今萬華－貢生，祖籍泉州。）</td>
<td></td>
<td></td>
</tr>
<tr>
<td>事蹟</td>
<td colspan="3">
1. 洪騰雲，字合樂、一字會樂，號忠慎、合益，小名球唱。臺灣臺北艋舺人，祖籍閩南泉州府晉江縣。生於嘉慶24年2月4日（1819/02/17），卒於光緒25年8月7日（1899），享年81。〔註136〕
2. 6歲隨父玉輝（汝璽）定居台灣艋舺。成年後，考上貢生具四品同知銜。從事泉州艋舺間米、食鹽生意，號曰「合益」，以「艋舺港」為出口地，與泉廈互市往還，因而致富。
3. 樂善好施，名聞當時。
4. 為免除商旅逢大雨時，需守溪數日，水退才敢渡之苦，巡撫岑毓英興建大甲橋。時洪騰雲捐工70名協助。之後又捐建艋舺義倉、置義塚。
5. 最大的義行是：捐地興建考棚（前台北市市議會這一大片土地）。光緒6年（1880），洪騰雲捐地及銀兩來興建童生考試用的考棚（此座考棚可容二、三千人），如此，台灣北部的考生就不用到300公里遠的台南府城考試。
6. 光緒13年（1887）台灣首任巡撫劉銘傳請旌建坊來表揚洪騰雲。
7. 牌坊建在洪騰雲住宅附近，鄰近西門的街道上。（後來稱石坊街，即現在的台北市衡陽路。）
</td>
<td>類別</td>
<td>□貞孝
□節孝
■其它義</td>
</tr>
<tr>
<td>備註</td>
<td colspan="3">■生前旌表　光緒十三年　□死後旌表
說明：</td>
<td>守節年數</td>
<td>年</td>
</tr>
<tr>
<td rowspan="2">建物形式</td>
<td rowspan="2">四柱三間三樓二層中柱較高式〔註137〕</td>
<td rowspan="2">陽面判斷</td>
<td>判斷依據</td>
<td>楹聯落款鐫刻職位之職等高低</td>
<td></td>
<td></td>
</tr>
<tr>
<td colspan="2">陽面、陰面相同，為劉銘傳為洪騰雲請旨建坊之事。</td>
<td>材質</td>
<td>泉州白石
青斗石</td>
</tr>
</table>

〔註136〕事蹟欄資料參考自：YAHOO知識＋，tp://tw.knowledge.yahoo.com/question/question?qid=1009051602112，2012/12/01。
維基百科網路資料，http://zh.wikipedia.org/wiki/%E6%B4%AA%E9%A8%B0%E9%9B%B2，2012/12/01。
〔註137〕張德南，《新竹市的牌坊》，頁46～50。

建物圖片	陽面	陰面

文獻資料	1. 溫國良，《臺灣總督府公文類纂宗教史料彙編（明治二十八年十月至明治三十五年四月)》，南投市：臺灣省文獻委員會，1999.6。 2. 臺灣總督府公文類纂數位化檔案，臺北城內旌表ヲ公園豫定地內へ移轉ノ件，0502-006，0046。

建物文字	**陽面** 額匾：急公好義 事蹟枋：福建台灣巡撫劉銘傳□奏台北府淡水縣四品封典同知銜貢生洪騰雲因府城建造考棚行署捐助田地並經費銀兩核與請旨建坊之例相符仰懇天恩給予急公好義字樣以示觀感光緒十三年閏四月十六日奉硃批著照所請禮部知道欽此光緒十四年立 明間中柱聯：光緒十四年歲次戊子孟秋月 　　　　　　培子孫數十世種福之田積善有餘慶看雲初聯甲第 　　　　　　體國家三百年養士之德博施宏素願允邀日下沛恩綸 　　　　　　知臺北府事雷其建拜題 次間邊柱聯：高誼重斯文規拓風簷下筆聲添蠹食葉 　　　　　　令名騰上國恩頒綸閣褒榮詔寵鳳銜書 　　　　　　欽加六品銜調補臺北府學教授馮夢辛拜撰 **陰面** 額匾：急公好義 事蹟枋：與陽面同 　　　　福建台灣巡撫劉銘傳□奏台北府淡水縣四品封典同知銜貢生洪騰雲因府城建造考棚行署捐助田地並經費銀兩核與請旨建坊之例相符仰懇天恩給予急公好義字樣以示觀感光緒十三年閏四月十六日奉硃批著照所請禮部知道欽此光緒十四年立 明間中柱聯：光緒十四年歲次戊子孟秋月 　　　　　　稼穡體艱難食德飲和撙節退讓以明禮 　　　　　　鄉閭重模楷言坊行表今聞廣譽施於身 　　　　　　知淡水縣事汪興禕拜題 次間邊柱聯：慷慨荷宸褒見義勇為綽楔留芳年古仰 　　　　　　捨施先試院有基勿壞士林遍譽一時新 　　　　　　調補淡水縣教諭加三級溫陵蔣學瀛拜撰

根據張德南在此書中的分法，將四柱三間二層的牌坊構造型式分成兩種，其一為「四柱等高式」，此種牌坊的穩定性高，護簷結構的合理性也高。另一種為中柱較高式，此類型的牌坊節點結構較不合理，穩定性較弱，但在牌坊高度相同時，此種型式的牌坊較四柱等高式的牌坊具有高聳之感。

藝術表現	石雕 雕法：圓雕、淺浮雕、深浮雕。
建物線繪圖與尺寸	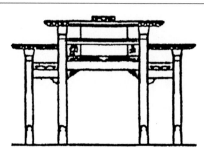 台北急公好義坊線繪圖 圖版：閻亞寧，《金門縣第一級古蹟邱良功之母節孝坊之調查研究》，頁61。
	尺寸 總面寬爲684.8公分、明間寬爲327公分（不含柱寬）、次間寬爲108公分（不含柱寬）、柱寬（陽面左到右）：35.3、36、35.5、35公分、總高550公分、明間額下高320公分、次間額下高290公分。〔註138〕四柱之下前後各有一層夾杆石，頂部做雙弧形劍尖線腳，柱邊抹角，高83公分、厚約10公分。夾杆石裝飾作用，大於實際作用。牌坊四周有石護欄，6根短石柱，無橫向欄杆，然短立柱上有卡榫洞。護欄陽面爲雄雌獅座方形石短立柱，陰面爲菱形球狀石質短方立柱。雄獅柱總高83.5公分、獅座高40.5公分、寬23公分、厚22.5公分、雌獅柱總高91公分、獅座高44公分、寬22公分、厚21公分。坊前大獅座：總高207公分、獅座129.5公分，寬68公分、深102公分。
備註	1. 洪騰雲之子（維基百科寫爲孫）洪以南參加瀛社，爲知名詩人，工書善畫。另外，洪騰雲的曾孫洪長庚，則爲台灣第一位眼科博士，開設「達觀眼科醫院」於稻江。 洪騰雲的生卒年月係依家譜；台北市志卷九人物志記載皆誤。 資料來源：（yahpoo知識＋） http://tw.knowledge.yahoo.com/question/question?qid=1106092908412&q=1009051602112&p=%E6%B4%AA%E9%A8%B0%E9%9B%B2，2012/12/01。 2. 台北市最繁華的商業街——衡陽路，關建於有清時代，稱爲「石坊街」，係因立有表揚艋舺貢生洪騰雲於光緒6年（1880），捐建考棚事蹟的「急公好義」石坊而得名。 3. 明間檐頂櫃台腳上似應原有物，現已佚失。 4. 檐頂無蚩尾、獅座，但牌坊四周有石護欄，陽面爲雄雌獅座方形石短立柱，陰面爲菱形球狀石質短方立柱，無橫向石欄杆，然短立柱上有卡榫洞。 5. 牌坊陽面立有雄雌2座大型石獅。 6. 夾杆石頂部爲雙弧形劍尖線腳狀。 7. 四立柱皆有櫨斗，櫨斗上皆有淺浮雕紋飾。 8. 明間雀替紋飾爲變體龍紋。

〔註138〕筆者礙於器材之限制，有關高度之數據，參考自：漢寶德主持，《新竹楊氏節孝坊與李錫金孝子坊修復計畫》，頁11。

※牌坊相關之圖片

急公好義坊側面圖

急公好義坊匾額

急公好義坊地理位置圖
圖版：筆者使用 Google map 繪製，2012.12.01

夾杆石	獅座護欄石柱	獅座護欄石柱	菱形球狀柱頭護欄石柱

牌坊前大獅座	牌坊前大獅座	龍紋雀替